中学校长管理艺术

ZHONGXUEXIAOZHANG
GUANLIYISHU

吉林文史出版社

中学校长管理艺术

目录
CONTENTS

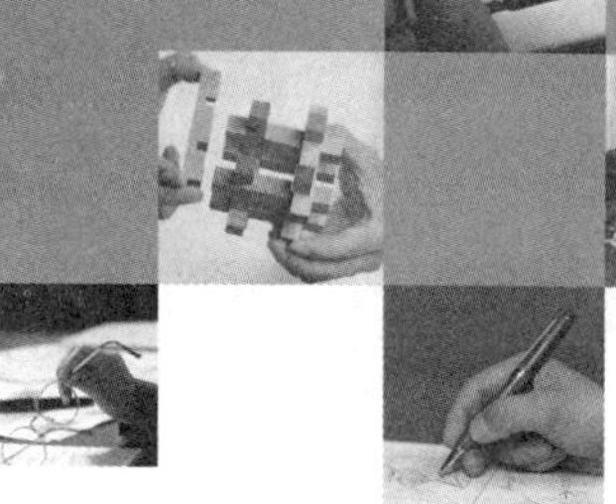

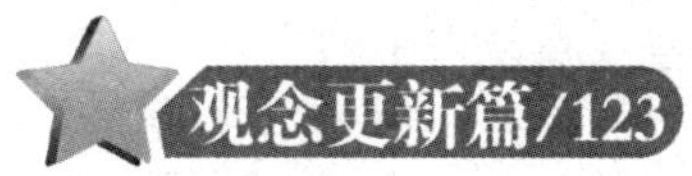
观念更新篇/123

管理创新篇/153

中学校长管理艺术

序

时值壬辰岁末，恰在党的十八大胜利召开之际，欣闻吉林一中夏军校长又一部力作《中学校长管理艺术》问世，这不仅丰富了我地区基础教育管理理论宝库，也填补了我市继续教育教材的空白。因此说，这不仅是夏校长个人的喜事，也是吉林市教育界的一件大事，也是吉林市理论界的一件幸事。

夏军同志，自2000年末竟聘担任吉林一中校长，十多年来，为谋求学校的快速发展，殚精竭虑，成功打造出了全国闻名的“幸福教育”品牌。2012年4月28日，在国家教育部校长培训中心于天津举办的“人民教育家论坛”“夏军教育思想研讨会”上，他的精彩报告，引起强烈反响，并在全国产生轰动效应。

《中学校长管理艺术》一书著者，以十多年教育生涯的厚重积淀，以教育家崭新的视觉，以中学校长的理性思维及独到感悟，站在科学发展观的高度，对中学校长管理艺术这一选题，进行全方位的审视，在校长管理思想、管理模式、管理机制、管理方法、管理目标、管理效能、支撑体系、保障措施进行多维度、深层次思考，给人耳目一新之感。这本书不仅是规范校长管理职能典型范本，也是提高校长管理水平的生动教材，也是教育工作者继续教育的行动指南。

学校管理是一门科学，也是一门艺术，更是一种境界。一个好校长，就

是一所好学校。校长的正义、真诚、大度、公平等内在美德与其行动、要求、权限、职责紧密相连。校长管理模式与行为规范是真善美教育的范式的引领,是人本管理的有效方式。愿校长管理艺术之花结出丰硕的创新教育之果。

是以为序。

吉林市副市长

杨金顺

2012 年 11 月 18 日

第一章
中学校长的管理思想

第一节　谈中学校长角色定位及办学目标

中学校长的管理思想，是校长对学校管理活动自觉能动反映所形成的逐步稳定化了的思维方式和意志品质的总和。校长的一切管理行为都受管理意识支配。许多校长的实践证明，正确而稳定的管理思想，是促成校长正确决策、规范校长管理行为、优化学校管理过程、提高学校管理效率的重要保证。

一、中学校长角色定位

“一名好校长，就能办好一所好学校”，正逐渐被社会认可，中学校长角色的定位在何处？作为当代校长这一角色应该具备以下几个方面的素质。

1. 必须努力成为追求卓越的团体组织者

学校之间的竞争没有硝烟，但当前地区校际之间的竞争的白热化并

不次于战场，两军相逢勇者胜，两勇相逢智者胜，校长就应该努力成为勇者和智者。勇，表现在大刀阔斧搞改革（教育、教学、人事制度）；智，表现在审时度势，充分调动教职工追求宏伟目标的主观能动性。中学校长虽不会投笔从戎，虽不如高校校长声名显赫，但中学校长肩负百年树人重任，时刻不忘追求“卓越”二字，才能名副其实、才德称位，才能办好自己管辖的学校。

2.必须努力成为拥有先进教育理念的领导者

教育质量是学习的水平，管理水平是办学的关键，而办学理念是管理水平的灵魂。从某种意义上讲，校长的办学思想决定了学校可持续发展的成败，校长如何能让全体教职工接受办学思想并始终不渝为之奋斗，成为检验校长办学水平的试金石。前苏联教育家苏霍姆林斯基断言，“领导学校，首先是教育思想的领导，其次才是行政上的领导”，其意非常明确，教育思想是学校领导工作中的重中之重。美国哈佛大学的校训是，“与亚里士多德为友，与柏拉图为友，但更重要的是与真理为友”，有崇拜，但不盲从，实事求是，崇尚真理，世界一流大学具备的一流胸襟值得中学校长深思。因此中学校长在自身努力成为教育专家的同时，还必须带出一批又一批具有先进教育思想的教师，使他们成为教师的教师。

3.必须努力成为科技发展与教育改革的学习者与实践者

作为一名中学校长，应该目光敏锐，关注科学技术的发展与教育改革的大势，使自己成为局内的清醒者，并成为团队学习的促进者。因此，校长首先要做表率，与书亲近，养成终生学习习惯。其二，要主动派教师外出观摩学习，告别孤陋寡闻，画地为牢。第三，应为教师指定必读书目，促进学习型的教师队伍建设。第四，倡导教师参加课题研究，撰写论文勇当“教育家”，全面提高教师队伍整体素质。

4.必须努力成为教育教学创新的倡导者

创新，是一个民族发展的不竭动力，创新也是一名成功的校长必备的素质。著名经济学家厉以宁的方丈管理说耐人寻味、发人深省。一个和尚挑水吃,两个和尚抬水吃,三个和尚没水吃,这说明方丈管理缺乏创新。如果方丈令三个和尚都挑水,并且规定定额,对超额完成任务的和尚给予奖励,那么寺庙的水缸就不会缺水。再者,如果方丈改变和尚挑水方式,让三个和尚三段接力挑水,三个和尚也不会偷懒,寺庙的水缸同样不会缺水。不管"激励"还是"接力",后两种管理方式都是创新,而创新的直接效果是改变现状、提高工作效率和质量。所以,每一名有责任感的中学校长都应该反思,要在教育教学观念上大胆创新,要勇于否定过去,才能正确把握现在,才能成功开拓未来,领先一步,才能步步领先,不辱使命。

5.必须争取成为点面兼顾的"钢琴大师"

毛泽东同志曾谆谆告诫全党干部要学会"弹钢琴",校长要管大事,德育、教学、后勤三大板块的工作校长不必事必躬亲,要充分放权,充分调动助手的工作积极性。中学校长是人不是神,精力有限,学校管理工作绝不能大包大揽,那样既不能做好工作,也不利于助手的成长。高明的校长应该主动从烦琐的事务工作中解放自己,努力让自己做一个"钢琴大师"。

6.必须争取成为海纳百川的大方之家

校长的胸襟和气度决定了校长办学层次的高低。学校要管人,管人要管心,管心要交心,交心要真心。校长除了关心教职工业务能力的提高,还要关心他们的前途与发展、身体健康和家庭的幸福。校长要虚心听取群众意见,要能团结反对过自己、实践证明又反对错了的同志。校长不能强求每个人的思想都整齐划一,允许一些人保留个人看法。校长不能搞宗派,拉山头,要搞"五湖四海",公正对待每一位职工。所以,一所好学校必定有一位有大家风范的校长,具有大家风范的校长才能以人格魅力团结部属众志成城、同舟共济,才能使学校兴旺发达、蒸蒸日上。

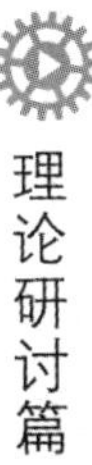

二、中学办学的三大目标

中学办学应该确立三大目标，那就是：要培养出优秀的毕业生，造就出优秀的教师，创造出先进的办学经验和理论。

（一）出优秀毕业生

作为一所学校，它的社会功能是什么？作为一名校长，一名教师，他为人民服务，为祖国做贡献，应当集中体现在什么地方？毫无疑问，一所学校、一名校长、一名教师的全部努力、全部心思都应集中在一个目标上，那就是为祖国、为人民、为社会培养出优秀的毕业生。所以说，出优秀毕业生是中学办学的第一大目标。

优秀毕业生要做到两个适应：一要适应高校继续学习的需要；二要适应未来社会发展的需要。两者，一个是眼前利益，一个是长远利益。那么，二者如何统一呢？就是抓基础。

中学阶段属于基础教育，属于学生的打基础阶段。我坚信："学生未来发展的高度，将取决于中学时代所打基础的深度。"基础打扎实了，才能在人的一生中长期发挥作用，体现出教育的后劲。因为基础的东西，相对是稳定的，如基本觉悟、基础知识、基本能力、基本心理品质，这些基本素质不会随着社会的飞速发展而过时变得无用。这是由基础的长效性的性质所决定的。因此，只有抓基础才能较好地解决"眼前"和"长远"利益的矛盾。

学生有各自不同的兴趣、爱好、特长，这完全是正常的，是好事情。客观上学生必然是多种多样的。因为个体的多样性是绝对的，这刚好和社会的多样性需求相一致，有利于学生将来的择校和择业。如果学生真成了一个样子，那倒反而很难适应社会多样性的要求了。作为为社会培养人才的地方——学校，当然希望自己输送的毕业生更适合于高校与社会对人才的需求，因而也就不仅不反对学生多样化，而且会自觉地去培养学生不一样的特长和个性。

如果出于竞赛、升学等功利的考虑，牺牲学生的全面发展，把学生训练成“应赛机器”；或者扼杀学生的特长，把学生变为“应试机器”，那就势必会影响学生的全面发展，势必会影响学生基础的夯实和特长的发展，而且这也将严重阻碍学生的未来发展，因为他们缺乏应有的基础和特长，将影响他们毕业以后的再学习和适应社会需求。这是中学阶段应当避免的倾向。

优秀毕业生的标准应当是：基本觉悟高，基础知识好，基本能力强，身心健康。

基本觉悟包括：能正确处理祖国利益、集体利益和个人利益的关系，具有良好的公德、个人品德和职业道德，谦虚谨慎，有礼貌，守纪律。

基础知识包括：自然科学和社会科学中基础的部分；上大学必备的知识；终身学习不可少的知识。

基本能力包括：观察能力，阅读能力，思维能力，记忆能力，动手能力，自学能力，其中思维能力是核心（在发展学生思维能力的过程中要有意识地为发展学生的创造性思维打下良好的基础）。

身心健康包括两点：一是心理品质好，对人生的态度是积极的，与人相处是和谐的，遇到困难和挫折是坚强的；二是身体健康，对环境的适应力强，对疾病的抵抗力强，人体各器官系统功能正常。

（二）出优秀教师

学校应在培养优秀生的过程中，造就能培养优秀学生的优秀教师。教师的职业要求教师应当是高尚的、完善的，应当是美的象征。但是一个教师自身的实际水平与教师职业所要求的水平之间，在客观上往往存在着差距。克服差距的办法：一个是在学生面前当“演员”；一个是自己不断努力缩小差距。当一个教师的修养达到了教师职业要求的高度，不再需

要当“演员”时，他距离优秀教师的目标也就不远了。

优秀教师应当是德才兼备，令学生佩服的人。

德，主要指教师的觉悟高，道德高尚。而这些都应当集中表现在对教育事业的极端热忱和对学生的极端热爱上，应当表现在全心全意地做好本职工作上。

才是指教师的本领。一个现代教师的才应当具体表现在三个方面。

一是两基。具体包括：基础知识扎实，功底雄厚，知识面广、新，不仅精通本学科的专业系统知识，而且精通与本学科有关的相邻学科的知识；基本能力强，除了一般的能力强之外，专业的特殊能力也应当强，在学生面前，要有很强的解答疑难问题和引导启发学生深入学习、思考的能力。

二是五胜任。具体包括：能胜任班主任工作；能胜任学科教学工作；能胜任选修课教学工作；能胜任课外活动的组织、指导工作；能胜任科研工作。

三是四会。具体包括：会讲外语；会使用电脑辅助教学；会用心理卫生知识帮助学生达到心理健康；会学习新的科学知识。

（三）出先进的办学经验和理论

一所学校应当通过著书和科研，不断地把干部和教师在实践中总结出来的先进办学经验和理论贡献给社会，以促进整个教育事业兴旺；把在实践中创新出来的，由成功的经验和科学的理论所组成的精神财富贡献给社会，以促进整个社会的文明发展。

我还认为，校长在追求实现办学目标的过程中，必须重视教育的基础研究，不断明确办学方向。校长要想做到“远见卓识，脚踏实地”，就要重视教育的基础研究；校长要想办成一流的先进学校，就要重视教育的基础研究。

教育的基础研究，主要指两点：一要善于学习，使自己的思维、见识能达到教育发展的最前沿；二要注重对学校实际的调查研究，使自己的脚踏在教育实际的土地上。

有了这两点，理想学校和实际学校之间的差距就清楚了，理想学生和现实学生之间的差距也清楚了，目标差距知道了，办学方向和思路、举措也就明确了。

可以这么说，一个既了解教育实际问题，同时又了解教育发展前沿的人，最容易捕捉到有理论和实践价值的科研课题。

一个校长只要牢牢抓住教育的基础理论、基本规律，不断学习、不断地了解并努力去结合实际，那么，学校的工作必将是又先进又务实，而且会永远保持不断进取的势头。如果这样，中学办学的三大目标也就不难实现了。

第二节　新校长的“四力”

中学校长要坚持“以人为本”治校，以“四力”之道管校。

一、敏锐的科学决策力

校长就是一面旗帜，是学校发展的指路明灯。校长要赢得教师的拥护和信任，给教师留下一个好的印象，首先必须亮出自己非凡的科学决策能力。上任伊始，“新校长”就要形成自己独特的工作思路，提出明确的发展口号，制定出学校发展的近期、中期和远期目标，以及实施计划和措施；工作雷厉风行，干净利落，不拖泥带水，更不能唯唯诺诺，六神无主；要善

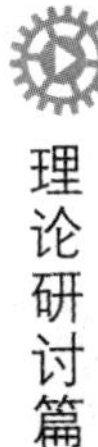

于观察和分析学校管理中存在的各种不良现象，以战略的头脑，敏锐的眼光，超凡的胆识，创新的意识，审视度势，不失时机地对学校存在的问题和现象进行剖析，根据问题的结症，及时做出科学有效的决策和部署，使学校沿着正确的方向可持续地发展。这样的科学管理和决策能力，可使教师对“新校长”的工作能力减少不必要的“怀疑”，增添可信度。

二、超群的才华吸引力

校长要博得教师的敬佩，让教师对你望而生“威”，就必须亮出自己出众的才华，包括自己的口头表达能力、处理问题时的非凡的胆识和应变能力、前瞻的思想和观点、对课堂教学的驾轻就熟的能力、教育科研的理论水平和实践指导能力，甚至还包括上知天文，下知地理，各方面都能说出点道道，以使教师对校长的敬佩之情油然而生。“亲其师，才能信其道”，学生如此，教师亦如此。校长通过自己无声的语言和“高大的形象”折服教师，使教师愿意接受其领导，效忠校长，从而有利于校长的各项制度和政策的推行和不折不扣地落实。

三、敬业的精神感召力

校长要使全校教师“劲往一处使，心往一处想”，减少不必要的扯皮和推诿，全身心地投入到教育教学中，这就要求校长要以身作则，为人师表。新校长上任后，必须表现出高度的事业心和工作责任感，一心扑在事业上，致力于集体，奉献于事业，不计较个人得失；时时以事业为本，少在乎个人的荣辱；处处以他人为先、一切为师生员工着想。校长以自己敢为人先、甘为人梯的敬业奉献精神凝聚全校教师，以自己的真心、热心、诚心和信心感召教师，使全校教师心悦诚服。“其身正，不令而行；其身不正，虽令不从。”校长的敬业奉献精神深深地感染和打动了教师，从而无形中增强了教师的主人翁责任感，使教师自觉确立“校兴我荣，校衰我耻”的意识，凝心聚力形成一股绳，主动投入到学校的教育教学之中。

四、自觉的自省调控能力

校长始终处在全体教师的监督之下，校长的一言一行终究逃不过教师的眼睛，随时都要接受他们的评价与检验。尤其是年轻的新任校长，更要时时处处注意检点自己的言行，经受住群众的考验和掂量。切莫在教师面前留下不良“把柄”。良好的开端，是成功的一半，不良的开端就会有失校长的形象和威信，留下不可估量的“后遗症”，使校长的话“失灵”，大打折扣。因此，年轻的新任校长在平时的管理实践中，要经常进行自我检点、自我反省。要特别注意做好自我调控，要有怒不形，遇喜不亢，善于克制自己，驾驭自己，切莫感情用事。在权力、荣誉、金钱面前必须具有坚强的控制力，只有这样，才能受到教师的拥护、爱戴和尊重。

第二章
中学校长的管理意识

第一节　谈中学校长应具备的“几种”意识

意识,是感觉、思维等各种心理过程的总和,是人脑对客观现实自觉反映的高级形式。人的正确意识一经形成,能帮助人们正确认识客观世界,引导和推动意识主体即人自身的行为,促使意识主体积极去完成某项任务,实现某个目标。

中学校长作为学校的主要管理者,其管理意识与一般的共性的管理意识有着密切的联系,同时又有其特定的内涵。这是许多校长之经验和笔者的实践体会,作为成功的中学校长,其管理意识一般由七个基本要素构成。这七个要素是:学生至上意识、教学中心意识、全面质量意识、教师为本意识、方针法规意识、科学治校意识和目标管理意识。

1.校长必须树立学生至上意识

搞企业的,搞经营服务的,主张顾客至上、用户至上,我们搞学校教育的则应该树立学生至上的意识。学校为学生而办,教师为学生而教,这是天经地义的事,古今中外无不如此。学生是教育的对象,也是学校管理的根本对象,是构成学校教育的主体。离开了学生,作为社会现象的学校教育便不复存在。对校长来说,这本是一个再简单不过的道理。作为一名领导文化学府的校长,既然身在校长之位,就必须谋育人之政,心头就应该时刻装着自己的学生。淡忘了自己的学生,不谋育人之政,便意味着背离了校长的根本职责。校长的学生至上意识应该体现在学校管理的全过程:做重大管理决策时首先要想到自己的学生,千万不可偏离育人这个主导目标;各种教育教学改革要落脚于学生,要符合教育教学规律和学生的认知特点;校园环境的建设与管理要有利于学生的健康成长,努力创设广大学生留恋的整洁、优美、幽雅、协调的视听环境。学校各类规章制度的制定要针对学生实际,力求规章制度的规范性和稳定性,充分发挥规章制度的教育功能。总之,校长应该把学生作为学校管理诸要素中的核心要素,把学生作为自己最根本的服务对象,使学校的一切工作都为教育和培养学生服务,为育人服务。

2.校长必须树立教学中心意识

教学是教师引导学生学习文化科学知识,发展智力,培养能力,促使学生身心健康发展的一种育人活动,是学校贯彻党和国家的教育方针,实现教育目的,培养社会主义事业建设者和接班人的基本途径,在学校各项工作中始终处于中心地位。不管人们是否认识到这一点,教学的这种中心地位始终是客观存在的,不会也不能任意改变。学校的根本职能是育人,而这种职能主要是通过教学活动来完成。舍去了教学活动,便是舍去了作为学校教育的主要的育人形式。一所学校办学水平的高低,教学工作的好坏是一个关键因素。显然,作为承担实现教书育人这一重任的校长,理所当然必须牢固树立起教学中心意识。校长的教学中心意识至少应该通过四个方面反映在其管理工作中:①目标指向明确:总是把不断提高教育教学质量列为诸管理目标中的核心目标,紧抓不放。②精力投放正确:总是把主要精力和活动时间放在搞好教育教学管理上。③人事安排合理:不轻易动用教学人员(尤其是骨干教师)做其他工作,总是把“精

兵强将”集中到教育教学岗位上。④财力使用恰当:在教学设施建设和教学工作奖励等方面敢于投入,舍得花钱。总之,一位教学中心意识强的校长,十分注意使学校的一切工作都围绕教学工作这个中心来开展,使各项工作都服务和服从于这个中心。

3. 校长必须树立全面质量意识

同优质高效是企业的命脉一样,教育教学质量是学校生存和发展的命脉。校长应该把提高教育教学质量作为学校管理工作的灵魂,铭于脑,付于行。校长的质量意识应该是一种着眼于提高学生整体素质的全面质量意识。在这种质量意识引导下的校长管理行为一般能显示出“三兼顾”的特征。一是德、智、体、美、劳各育兼顾,彼此有机结合,不重此轻彼、顾此失彼或相互割裂。二是抓大面积合格与抓英才教育兼顾,把着眼点首先放在提高每个学生的整体素质上,高度重视大多数学生的提高和学困生的转化,同时对少数智力特别聪慧的学生有目的、有计划地进行典型培养。三是抓全面发展与培养特长兼顾,在着力抓好学科课堂教学这个主渠道的同时,重视各学科竞赛和社会实践活动的开展,重视发展学生健康个性,培养学生的特长,努力造就合格加特长的人才。大凡谈教育质量都很难回避升学率这个问题。在当前国家高考制度不变的情况下,升学率似乎已成为社会上一种相当普遍的教育质量取向,这种质量取向至今还束缚着许多中学校长开展质量教育的手脚。辩证唯物主义观点分析,合格率与升学率是既相互区别又相互联系的两个概念,没有合格率做基础,升学率便无从谈起;没有一定的升学率,合格率也难于获得社会的认可。校长应该正确把握合格率与升学率的辩证关系,寓升学率于合格率之中,面向全体学生,以不断提高合格率为根本目的,以全面实施素质教育为根本途径,在此基础上去实现必要的升学率,把“二率”作为辩证统一的目标兼而求之,切不可用违背教育教学规律的做法,以牺牲合格率去片面追求升学率。

4. 校长必须树立教师为本意识

教师直接担负着向学生“传道、授业、解惑”的重任，是提高教育教学质量的根本保证，作为校长，既要把教师看作是管理的对象，更要把教师当作学校管理的主体、学校管理的根本力量。这就是教师为本意识。大量事实证明，倘若只把教师看作是管理对象，处处管字当头，就很难真正尊重教师，就不可能真正调动广大教师的积极性，很难发挥教师在学校管理中的主体作用。许多校长从自己的工作实践中体验到，只有当自己制定的管理目标被教师们认同，自己的管理意图被教师理解并接受，自己提出的管理主张和措施与教师们的教育教学实践真正结合了，学校的各项管理目标才能真正实现。校长的教师为本的意识，反映在其工作实践中主要有三种表现形式。首先，能正确处理做好教师工作与做好其他工作的关系，自觉地把工作重心放在做好教师工作上。其次，做教师工作时重在建设，能把对教师的培养、使用与管理有机结合起来，千方百计塑造一个师德高尚、乐教敬业、业务过硬、教艺精湛的高素质的教师群体。第三，把教师当作国家和社会的宝贵财富，全面关心，倍加爱护，建立健全教师激励机制，积极创造条件满足教师们的生活、工作和心理等方面的合理需要，努力造成一种干群团结和谐，教师爱校恋教、奋发进取的心理氛围和工作环境，不断提高广大教师的幸福指数。

5. 校长必须树立方针法规意识

党和国家的教育方针和教育政策法规是我国教育改革和发展的生命线。校长树立坚定的方针法规意识，是以法治教的需要，是实施有效管理的需要。校长应该清醒认识到，我国一定时期的教育方针及教育政策法规，是根据我国这一时期的教育目的、任务及教育运行过程中的实际情况与需要制定出来的，反映了我国教育的内在规律，具有客观真理性。认真贯彻执行教育方针和一系列教育政策法规反映了我国教育改革和发展的根本要求。校长应该从宏观和微观两个方面体现自己坚定的方针法规意

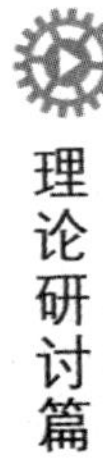

识。在宏观上，要始终把握住为社会主义现代化服务的办学方向，按照教育方针和教育政策法规的要求来确定自己的管理目标，来决策和部署自己的管理工作。在微观上，即在具体的日常实际工作中，自觉用教育方针和教育政策法规来规范、调控、检查和评价全部的管理活动。同其他方针法规一样，教育方针法规也具有导向功能、调控功能和评价功能。作为一名素质优良的校长，应该正确认识并自觉运用这些功能来引导和规范自己的管理活动，严肃认真地而不是随心所欲地、忠实地而不是阳奉阴违地贯彻执行教育方针和各项教育政策法规，决不能为了局部的、眼前的某种利益搞“上有政策，下有对策”，或以某种牵强附会的理由对教育方针法规搞所谓的“变通执行”。

6. 校长必须树立科学治校意识

科学是人类进步和社会发展的灵魂。同一切事业的前进和发展都离不开科学一样，教育的改革和发展也离不开科学。尊重科学，学习科学，运用科学，是校长应该具备的一种重要品质。只有既精通(至少一门)专业，又有科学头脑，善于科学治校的校长，才能称得上是一名完整的、优秀的教育工作者。许多事例证明，一所学校管理水平的高低，办学质量的优劣，很大程度上取决于校长科学治校的意识和科学治校的能力。科学治校意识强的校长，其思维方式，工作方法，乃至工作的计划和部署，不仅会表现出经验性特征，而且更具有科学性、艺术性色彩。校长的科学治校意识一般可以从三个方面表现出来。一是热爱科学，对科学信息富于敏感性，自觉学习教育科学理论和其他科学理论，善于吸收科学的营养，坚持科学发展观，发挥专家治校优势，带头在工作实践中运用科学理论。二是能积极引导和组织广大教师及管理人员学习教育科学知识，热情鼓励，大力支持教师和管理人员用科学理论指导自己的教育教学或管理实践，联系实际开展教育科研和教改实验，有意识培养教师和管理人员科学施教、科学管理的能力，力求使教育科研在提高教育教学质量和管理效率上见成效、结硕果。三是十分重视建立健全教育科研和教改的保障激励机制，大力推广教育科研和教改成果，认真创造教育科研和教改的有利条件和良好环境，为教育科研和教改推波助澜。

7.校长必须树立目标管理意识

目标管理是当今世界普遍采用的被实践证明是最有效的管理方法之一。没有目标的管理是无效的管理。目标管理之所以重要，不仅在于管理目标本身对管理者和被管理者都具有导向和激励功能，而且在于实施目标管理能使学校管理过程系统化、程度化，使管理活动产生环环紧扣、层层递进的效果。校长必须树立牢固而持续的目标管理意识，自觉运用目标管理的原理与方法来实现自己的管理任务。一位目标管理意识强的校长，在其实施目标管理的过程中特别注重以下三个最基本也是关键的环节：一是正确制订管理目标，胸中始终装着既定目标，包括宏观的、长远的目标和阶段性的、近期的及当前的目标。二是善于分解目标，善于将学校管理目标转化为学校各部门和全体师生的职责和美好期望，善于通过有效途径勾起师生对美好目标的向往，并把对美好目标的向往转化为实施目标的积极行动。三是搞好目标实施过程中的严格检测与调控，防止指标、计划、措施彼此脱节或不落实的“空运”。一位目标管理意识强的校长能使人们感受到，他（她）的管理不是那种上面布置我怎么做就怎么做，我想到了要做什么就做什么，遇到什么问题就处理什么问题，年年老套套，岁岁旧模样的随意性、刻板化的管理，而是管理思路清晰，工作计划性强，管理活动严谨有序，年年有新追求、新目标、新招数、使师生觉得年年有新变化、新起色的科学化管理。

以上便是中学校长应该具备的七种基本管理意识的内涵与要求。此七种管理意识既相互区别，又彼此联系。这些管理意识的有机结合，便构成了一名成功的中学校长的完整的管理思想体系，校长的正确的管理意识源于校长对科学管理的探究和丰富的管理实践，在管理实践中不断成熟、

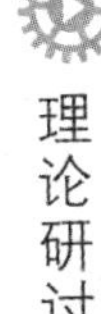

不断升华。同时,校长的管理意识又必须在与学校管理实践的进一步结合中证明其正确性,体现其价值。作为肩负着管理中国现代基础教育的中学校长,应该自觉坚持马克思主义的知行统一观,努力把自己造就成为一名既有正确而稳定的管理意识,又勇于实践,善于实践的教育管理专家。

第二节　中学校长管理“四识”

随着以人为本的素质教育的推行。基础教育应突出培养下一代的全面素质、学习能力和创新能力。这一切都对中学校长提出了更高的要求,应“与时俱进”。具有在不断变化的新形势下履行岗位职责的能力。笔者认为,最重要的有四条,也可称为“管理四识”。

1. 见识

就是领导者以“学识”征服人。“权”和“识”是为官之本。有了它就有了一切;缺少它,就缺少一切:丢掉它,就丢掉了一切。可以说世界上没有一个“无权无识”的领导,能管好一个单位,能办出一件大事,能创出一项业绩,能做出一番贡献。

世界文化有它的多元性,因此管理也有它的差异性。西方多讲“文治”,就是靠法律法规来“治人”:东方多讲“人治”。就是靠理论、学说来“教化人”。就当前中国国情来讲,则需要“文治”与“人治”并举、“以德治国”与“以法治国”同行。立足思想教育、依照法律行事。由于国情决定“领导者必须有权有识”。所谓“识”就是“见识”。这是第一位的东西,是一个领导的综合素质。包括领导者的思想水平、文化素养和应变能力等。

这种“见识”:(1)来源于对邓小平理论、“三个代表”思想和科学发展观的认知、学习、融会和贯通，变为自己的世界观、人生观和价值观，使理论转化成一种感情和自觉的行动，而不是死背教条，用教条来说服人、吓唬人、约束人，甚至是整治人。老百姓说，听了有水平人讲话，是一种精神享受：听无水平的讲话，是一种受罪。由此说明理论水平的重要性。

(2)来源于对相应的文化科学知识的学习和运用。20 世纪 50 年代末，毛泽东同志要求领导干部做到又红又专。当时的教育部门也要求学校领导认真钻研业务，做到“精一门，通三门，熟五门”，虽然过高，但不是没有道理的。

(3)来源于对最新信息的接收、鉴别筛选和运用。要与时俱进，放眼世界，放眼未来，放眼高科技的发展。有人说现在高科技的发展是“洞中方七日，世上已千年”，这就说明获取新的信息的紧迫性。

(4)来源于对单位具体情况的观察、了解、分析和认识，这就是实践的观点。

(5)扎实的管理学知识。有了以上五点，也就有了“见识”。这种见识是一种高品位的思想水平、高品位的文化水平和高品位的能力的综合体。有了见识，领导工作就能得心应手，言能以理服人，行能以力服人，管能以高水平驾驭人。有“见识”，才能称得上人才，见识广、见识高就是“高才”。有了“高才”，就有了立于不败之地的基本保证。缺少“见识”的领导，充其量不过是一个“传声筒”，恐怕任何员工都不会赞赏的。

2. 权识

权是一种社会关系，以服从为前提，它是“势”、是“权威”。“权”的重要性勿需赘述，关键是当领导要有职有权，在位要掌好权，行事要用好权，要发挥好权的作用和威力。一个单位的领导无权是可悲的，用不好权是残酷的。一个单位的统筹安排，计划发展、员工的合理调配、上岗下岗、晋升职称、资格认定，都和本单位的兴衰息息相关。如果基层领导有了这个权，并用好这个权，这个单位领导就有了威望。就有了制约的能力，就可

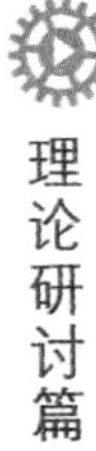

掌握主动、做好工作；如果失掉这个权，单位就会失控，就会乱套。就中国的国情而言，无权的，即使才高八斗，也是无用武之地的。“权识”重于一切。用好权是艺术。作为法人代表，中学校长应处理好以下几种“权力”的关系：

政党权力。无论权力有多大，都要置于党的领导之下，坚持社会主义办学方向，围绕党的教育方针做好各项工作。

行政权力。权力的基础是合法的职位，正式的任命就可以获得职位的权力。这是领导干部权力的基础。然而，仅靠此是不可能完美行使其权力的。需要顺“势”和“威信”。

学术权力。不占学术优势的人就不具有对教学和研究事务的发言权。也就不能为被管理者(学术力量)所接受和认可，职位的权力也就难以实现。还要善于培养业务干部，从教育教学骨干分子中聘用中层管理人才。

3. 财识

现今我国实行的是社会主义市场经济，经济利益对人的诱惑力在一定意义上来说是不可抗拒的。可以肯定地说，任何单位都会有不少人不计个人得失，乐于对国家对人民做出无私奉献，他们是群体的骨干、员工的榜样、民族的脊梁，是可歌可泣的，但总是离不开一定经济利益作为持久奉献之基础的。经济利益对一些人来说“一是生活需要，二是欲望的满足”。单位工资有保障，加班有报酬，创新有奖励，多劳多得。这个单位就能招引“能人”，留住“能人”，使用好“能人”，所谓“种下梧桐树，引来金凤凰”，就是这个道理。

某个单位有了经济实力、有了支配权力就会产生一种威力，就能根据本单位的具体情况做出重要决策。办一些该办的事、急办的事、必办的事，就能取信于民、得心于民、造福于民。如果某单位失去了经济实力。那个单位的领导就失去了威力。甚至成了乞讨的叫化子，这个单位不但不能招到“能人”，就是原有的能人也会“一江春水向东流”。由此这个单位也失去了生命力，失去了发展力，甚至失去了生存力。

单位领导绝对不能失去财务控制权。要重视经济，要会花钱。理好经济，用好经济，利用经济杠杆作用成就事业、发展事业。要会挣钱，发展经济，一般而言，能否较好地解决人际关系、管理效益和教师队伍水平问题，都反映出校长的能力和水平。至于办学经费方面的问题，学校经费筹措与校长相关。学校经费也不完全只是“等、靠、要”社会投入的问题。“思想一旦离开物质就一定使自己出丑”，从某种角度讲，校长也是“经济人”。

4. 品识

要具备管理者的优秀品质，要以诚信感化人。讲诚信是中华民族的传统美德。同时，是在市场经济条件下遵循市场运行规律的必然要求，也是加强社会主义精神文明建设的题中之义，更是基层领导的做人之本，为官之道。朋友之间讲“诚信”，同事之间讲“诚信”，领导对员工也应当讲“诚信”，言必信，行必果，该说的话要说好，“一言九鼎”。该办的事要办好，力争尽善尽美。不讲假话，不讲大话，不讲空话，不讲没根据的话。建国初期，如果没有周恩来等人的诚信为人，钱学森等一批高级知识分子就不可能克服重重困难、远渡重洋回祖国参加社会主义建设，航天、导弹等高科技领域的发展就会受到制约，民族利益、国家地位也会受到影响。“诚信”是人格、“诚信”是党格、“诚信”是国格。一个单位的领导必须树立公仆意识，老实做人，以诚待人，方能取信于民，立足社会。否则、就会失去群心、失去民心，等待他的就是“无可奈何花落去”，“原本相识燕不来”的结果。

实践表明，成功的管理者除了需要智慧、权势、财势和诚信而外。一般还具有以下基本特征（角色个性）：通晓人性。善与人同；有事业心和成就感；喜爱和赞赏学校员工；关心和帮助员工；信任和尊重员工；谦虚谨慎；有抱负和信心。

第三章
中学校长的管理方法

第一节　校长有效管理的“三字经”与“三块石”

一、“三字经”

作为法人代表的一校之长要从领导走向管理，必须掌握管理艺术，要实现有效管理，必须念好“三字经”。

有效管理的“三字经”第一经是“活”。

“活”在决策，知人善任展其才。一切有效的管理活动，都是正确决策的结果。正确的决策来源于正确的判断，而正确的判断来源于校长丰富的学识，多年的办学经验以及正确把握政策导向的能力和创造性的思维。把创造性思维运用到学校工作中，就能帮助校长掌握学校管理工作的本质和规律，预见学校工作的进程，并对学校工作中出现的问题进行多方面的思考，创造性地开展工作，全面提高教育质量。只有在决策前做到一个“活”字，才能处乱不惊，运筹帷幄，决胜千里。在用人工作方面，“活”的校长会用人所长，根据各人不同的专长，灵活分工，使其乐意去做自己擅长的工作，真正做到人尽其才，才尽其用。

第二经是“谋”。

"谋"在攻心,民主管理促发展。实施民主管理,就是要集中群众的智慧,增加心理认同,培养教师的主人翁意识。一是扩大参与决策面。凡重大决策交校领导班子统一认识后交职代会征求意见再决定。二是定期召开教职工大会。尊重和维护教职工在学校管理中的主人翁地位,虚心听取教职工的意见、建议和批评,实行民主决策和科学决策,以教代会为实行机构的"校务公开、民主管理"制度得到落实。三是依法治校。常规工作要制订完善的规章制度,让广大教师,特别是行政领导有章可依,按章办事。四是多渠道协调学校与家长的关系。多让家长参与教学活动,为家校协同教育做好准备。五是善于把握契机,激励教师士气。现在的高中教师工作时间长、要求高、压力大,身体亚健康状态的多,校长要利用和创造机会让他们放松、休闲,恢复精力和体力,适应繁重的工作,高效完成教育教学任务。六是集思广益,群策群力,共建文明校园,实现环境育人新格局。

第三经是"善"。

"善"在待人,提高素质挖潜力。首先,要熟悉每个教师的心态及性格特征,在以诚待人的基础上,必须做到因人而异,确定好内容,安排好时间、地点,选择好方式方法。充分展示其灵活性,有的要提前打招呼,有的要感情沟通,有的要个别交谈,有的要含蓄委婉,决不能用单一的方式去与众多具有不同性格特征的教师进行沟通,否则就会适得其反。其次,校长应有计划地组织教师进行学习进修,并在进修的时间、经费上给予大力支持。在校内实行教师结对子"师徒制",组织好传、帮、带等活动,互帮互学,或开展教育教学的研讨活动等。第三,要注意调整学校人际关系,倡导"相助为理"的校风,改革教师评价制度、方法,消除环境中容易发生冲突、挫折和过重压力等因素,营造良好的工作氛围,使他们从奋发向上的集体中不断汲取力量。第四,要创设条件,激发教师的科研热情,挖掘其科研潜力,多渠道培养"名牌教师",更好地推动教育教学改革向更高水平

发展。

校长管理工作不仅要引经据典，更要“务本求石”且常备“三块石”。

面对纷繁复杂的学校工作和千头万绪的管理内容，校长要想把学校管理得井然有序，运转自如，就需常备“三块石”：即“磨刀石”、“吸铁石”和“试金石”，以此打磨自己的惰性，凝聚师生的人心，检验自身的素质，从而不断开创学校工作的新局面。

二、“三块石”

（一）磨刀石：打磨学习的惰性

校长们工作都比较忙，以至于读书学习的时间有时很难挤出来，久而久之，也就懈怠学习，滋生惰性。于是，在工作中有的校长甘当“真理二传手”，照抄照搬，照本宣科，人云亦云，不思考，不创新。因此，作为一名现代校长，就必须常备一块“磨刀石”，自觉打磨滋生的惰性，养成“挤”时间学习的习惯，凡事多问一个为什么，一问多思；同时还要向书本学习、向实践学习、向他人学习，要找出最适合自己的学习方式，抓住一切学习机会，从中汲取丰富的营养。

（二）吸铁石：凝聚师生的人心

在学校，学生看老师，老师看班子，班子看校长。说到底，学校管理关键是看校长的凝聚力。因此，校长应常备一块“吸铁石”，以深深吸引住全体教职员工，使大家如影之随形，响之随声，合作共进。校长的凝聚力从哪里来呢？一是来源于高尚的人格魅力。校长要关心尊重教师，真诚坦率地与教师交往，用宽容、忍耐的态度对待教师的错误，要以身作则，严于律己，成为遵守制度的典范。这样，教师就会对校长产生信赖感，支持校长的工作。二是来源于丰富的理论和广博的学识。三是来源于勤奋务实的实践行动。四是来源于一定的领导艺术。校长不仅要知人善任,发挥好每个人的作用,做到人尽其才,才尽其用,还要学会适当授权和赏识激励,以调动每个人的积极性和创造性。作为校长,做到以品德感召人,以真情团结人,以能力带动人,以事业成就人,使班子成员内部关系、班子与教师关系和谐互动,就一定能形成一支凝聚力强、战斗力强的优秀团队。

(三)试金石:检验自身的素质

办学思想是校长素质的试金石,它能试出校长知识的深度、人文的广度、目光的锐度、战略的高度。有思想的校长才能办出有灵魂的学校。衡量一个校长有没有思想,关键是看两方面:一是有没有自己先进的教育理念。凡优秀的校长,都能理性地思考未来社会对教育的要求,深刻理解国家的教育方针政策,善于学习与研究,精通教育原理,拥有科学、先进的教育思想,形成明确的个性化的办学主张、办学目标、办学举措,并在实践中不断探索教育规律,从而形成先进的办学理念,并被人们普遍认同且为之奋斗;二是有没有创新精神。创新是办学的灵魂,是学校保持旺盛生命力的关键。优秀的校长,不是从“过去”来推演“现在”,而是能适应教育改革的时代潮流,以“未来”的要求去设计、规划学校的发展,在工作中敢于冲破陈旧办学思想的束缚,探索出顺应时代潮流、适应教育发展的教育思想及人才培养模式,形成独特有效的办学之路。

我在工作实践中深刻体会到,当一名合格中学校长不容易,而要当一名优秀校长更是难上加难。在其位,谋其政,岂能尽如人意,但求无愧我心。尽职尽责,就能体味到苦中有乐。

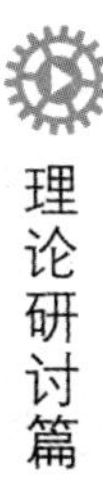

第二节　谈中学校长管理的“三要素”

随着新课程实验的不断深入各种新的教育理念、教育模式也随之在德育实践、教学、教研活动中开花结果。但在新课程背景下,中学校长作为学校发展的领头人而需要什么样的管理思想？什么样的管理行为？这就是中学校长必须考虑的问题了。笔者认为,一位好的校长,基于新课程的背景,把握课程改革发展的脉搏,带领学校抢占课程改革的潮头,为学校的发展带来主动;新课程对校长的管理思想提出了更宽阔的视野、更全面的要求。校长以前瞻的理念、超前的思考,把握机遇,正确认识新课程给学校管理带来的巨大变化,并通过管理创新来应对变化,确立新的学校观和管理观,以人为本,突出学校管理为学生、教师和学校的发展服务的思想,尊重广大师生,发现他们的优长,激励他们不断自我发展,从而保证新课程的顺利实施,提高学校的办学水平和教育质量。为此,校长必须具备管理的要素。

一、校长的工作态度

1. 不想当,感到搞业务比较踏实,要当就要当好。不想当,权欲观念就少一些。很想当,如果事业心很强,还好,权欲重的人非常想当校长就不好了。

要当就当好,这是作为教师和校长应该具有的态度。柳斌说,一个好校长就是一所好学校。拿破仑说,一支由狮子所率领的绵羊部队,其战斗力胜过由绵羊所率领的狮子部队,这是强调领导人的作用。

2. 宁愿做清澈见底的小溪,不要做深不见底的泥潭。不要城府很深,让人望而生畏。毛泽东说,“世界是我们的,做事靠大家来。”学校是我们的,做事要靠大家一起来。

3.“海纳百川,有容乃大”“壁立千仞,无欲则刚”。

冰心老人欣赏的三个对子:

澹泊以明志,宁静以致远。现在很多人心态比较浮躁,这是致远的障碍。

有为有不为,知足知不足。

海阔天空气象,风花雪月襟怀。

当校长的三个“不”:一不自以为是,有时要自己否定自己,保持谦虚;二不偏听偏信,在大会上批评人要慎重,容易造成领导和群众之间、群众和群众之间的隔阂;三不要独断专行,有事多商量,很多情况下没有必要立刻就独自决定,学校的事情没必要当机立断,当然特殊情况例外。

二、校长工作的定位

学习:学习党的方针政策,重在理论联系实际,不要做传达室、收发室。陈云说:不唯上,不唯书,只唯实。重点学习与教育有关的内容。

学习教育学、心理学的原理和理论。重点放在共性和个性的统一,不是为了装扮门面,附庸风雅,不要一知半解,不懂装懂。这也是一个理论联系实际的问题。不要盲目搬用外国的、其他地区的理论和经验。我们搞实验不是用实践去证明某理论的正确,而是用理论去指导我们的实践。很多理论的正确性根本不用实验。

学习自己原来所从事的专业,对原来的专业不要放弃。至少在本校

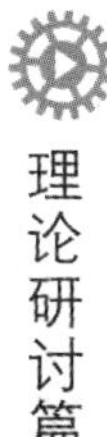

要有权威的发言地位。现在强调学者型的校长，至少要在学校里不低于中上游水平。对于其他学科不要远离内行，不要讲外行话。

向师生员工和学生家长学习。这是和大家的沟通，群众当中蕴藏着极大的创造性和积极性。这其中也有民主管理的思想。

向社会各界学习。

服务：领导就是服务，服务要从事业的高度，从全局的观点理解服务的含义。服务不是指琐碎小事。做好校长的岗位职责才是最好的服务。

依靠：依靠上级，上级是从全局的角度对学校关心和指导。依靠全校的师生员工，把他们中间潜在的积极性挖掘出来，要根据法律法规办事。

组织活动：活动不是目的，校长要协调学校的各种活动，使学校正常运转，避免疲于应付。活动要合理安排，要根据年级的特点。不要一刀切，要讲究针对性和实效性。

引导：就是用党的方针政策引导教职员工的思想和行动，既要符合上级的精神和要求，又要符合本校的实际，不要急于求成，允许多次反复。上下左右多交换意见，反复交流和比较。

引导还要注意权力因素和非权力因素的结合。权力因素，就是发指示、发命令；非权力因素，则是利用校长的人格魅力为师生作表率。有时要随和一些。身教是最好的引导。校长本人的形象是非常重要的。

协调：协调学校的各种矛盾：

1. 学校与上级的矛盾；

2. 学校党政员工之间的矛盾；

3. 校长室内部的矛盾；

4. 领导与师生员工之间的矛盾；

5. 教师群体内部的矛盾：大学科与小学科之间、班主任与非班主任之间、高年级与低年级教师之间，一线与二线工作人员之间，新老教师之间的矛盾；

6. 师生之间的矛盾；

7. 学校与社会周边之间的矛盾；

8. 教师邻里之间的矛盾；

9. 教师家庭内部的矛盾。

处理这些矛盾要依法办事。根据法律和法规办事。按分工进行。学校各部门各有其职能，应该发挥其各自的职能，切忌事无巨细，一手包办。非原则性问题冷处理，大事化小，小事化了。要相信同志们的自觉程度，注重自我教育的发挥。

三、校长工作的出发点

1. 按照党的教育方针政策办事，这是必要条件，是不可缺少的。但是一定要把校长自己的正确理解体现出来。要把党的方针政策与教育的内在规律联系起来理解，不要把领导人的讲话当成方针政策，当成全局性的指导性意见，讲话有一定的背景环境。要改变长官意志、人治的局面。要注意学校工作的个性化。

2. 学校固有的传统，不要轻易改变传统。习惯势力是最可怕的势力，一旦形成，改变起来很困难，不要急转弯。

3. 根据学校现有的场地设备，因地制宜，扬长避短，眼睛向下。不要向上级要这要那。有的时候困难的条件逼迫你创造性地思维，找出出路。物质条件差，应该争取逐步改善。

4. 学生的来源，强调生源是物质的，不是唯心的。要承认生源的不平衡性，尽管生源好的时候也有另外的问题。从生源的实际出发，不好高骛远。通过自己的努力和工作，树立新的形象，改变局面，吸引更好的生源。吸引生源的方法：可以利用无形资产，通过自己的努力打出品牌。

5. 尊重原有的老师。发挥他们的长处，不能过多地否认，否定现有的

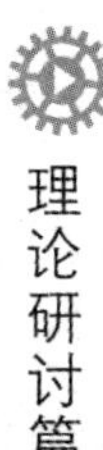

老师就是否定校长自己。要对现有的老师持肯定的态度,有利于提高水平。尊重现状,利于发展。总结归纳出现有教师队伍的长处。

评价教师的几个方面:工作态度、教育思想;专业水平;学历和学力。经历和能力一起看。工作方法:包括教学方法。

人际关系:在群体工作当中,相互协调和配合很重要的。校长要注重利用各种人际关系。

不断提高自身的学识、见解、境界,校长见识学养是办学的重要依据。校长的从学经历,兴趣和爱好,有利于加强对教育的认识。教育有两层意义:社会意义和个性发展的意义。长期以来教育过多地强调了社会性,忽视了学生的个性发展。校长个人的兴趣爱好应该在工作中体现出来。

第三节　中学校长的六项管理

一、教育思想管理

教育思想管理是学校教学管理的核心,教学思想管理首先是坚持在教育教学中全面贯彻“坚持教育为社会主义现代化建设服务,为人民服务,与生产劳动和社会实践相结合,培养德智体美全面发展的社会主义建设者和接班人”的教育方针。积极推进课程改革,在教学管理过程中不断帮助教师树立五种现代教育思想观念:

1. 树立既教书又育人的教育观:教育学生学会做人,学会求知,学会健体,学会劳动,学会审美,学会创造,促进学生全面和谐发展。为学生的终身发展、终身幸福尽职尽责。

2. 树立发展性教学观:教师是学生发展的促进者、引领者。引导学生采用自主、合作、探究的学习方式，师生互动，共同达成知识与技能、过程与方法、情感态度价值观三者统一的目标。

3. 树立平等民主的师生观：教师既是教学活动的组织者又是参与者，教学要营造平等、民主、宽松、活泼的教学氛围，做到“相互沟通”。

4. 树立全面的评价观：淡化选拔性评价，注重激励与导向。实施发展性评价和多元性评价。

5. 树立多元的人才观：造就适应国家和未来社会发展、有现代科学知识、体魄健壮和良好心理素质的高素质劳动者、专门人才和拔尖创新人才。

二、师德师风管理

1. 加强师德建设。建立师德师风的组织机构，制定师德师风的奖惩条例，严格考核。要经常开展各种形式的师德师风教育活动，提高干部教师的思想品德素质，树立爱岗敬业、无私奉献的精神。

2. 教师热爱学生是师德教育的宗旨。教师要尊重学生人格，关心每一位学生的健康成长，坚持正面教育，做全体学生的良师益友，保持教师为人师表的高尚情操。

3. 树立教育的良好形象。行风建设贵在坚持，提高教育在全社会广大人民中的满意度。

三、教学计划管理

1. 认真执行国家制定的课程计划。做到开足、开齐、开好各门课程。特别要加强综合实践活动课的教学管理。

2. 认真制订学校教学工作计划。学校制订的学期教学工作计划，必

须交全校教职工进行充分讨论，集思广益，颁布执行。

3. 认真制订学校教改科研工作计划。督促部门与教师制订教研组教研计划、教师学科教研计划。积极倡导行动研究和案例研究。

4. 认真做好工作总结。总结要突出针对性和实效性，学校教学工作总结在每学期放假后两周内完成。

四、教学过程管理

1. 加强教学管理制度建设。学校教学常规管理制度包括：教学计划管理制度、课堂教学管理制度、教研组管理制度、年级组管理制度、教改科研管理制度、教学质量监控评价制度、教师教学评价制度等。学校要以制度建设为保证，切实加强教学管理。

2. 坚持学校校长把主要精力放在教育教学管理工作上。学校行政办公会专题研究教学工作每月不少于1次。做到"四个深入"：深入一个年级组、深入一个教研组、深入一个班、深入一项教改科研课题。每学期校长听课、评课不少于30节。

3. 坚持把教学管理的重点放在课堂教学的研究与指导上。学校要认真执行上级的有关规定并根据学校实际制定相应措施。每学期学校对教师的课堂教学情况进行综合检测、分析、评价不少于2次。认真总结教师教学经验，找出教学中存在的问题，提出教学建议，帮助教师改进教学工作，切实提高课堂教学质量。

4. 完善教学评价制度。认真建立"教学开放日"制度。认真开展教学的多元评价研究，把"学生评教、教师评管、干部评师、家长评校"活动经常化、制度化。实行考核奖惩制度，充分调动教师的积极性。

五、教学质量管理

1.建立健全考试考查规章制度。学校要建立严格的考试命题制度、试卷保密制度、监考巡考制度、试卷评阅制度和考试质量分析制度等。

2.严肃考纪,端正考风。认真组织考试和检测,严格考试管理,严肃处理各种考试舞弊事件。

3.认真组织教师分析评价考试质量。要求教师对学生试卷进行抽样分析,总结教学成绩,分析存在的问题,制定改进教学的措施。写出学科教学质量分析报告。定期召开班级、年级的教学质量分析会,每学期不少于2次。

4.认真分析评价学校教学质量。学校领导分析各年级教学质量,肯定成绩,总结经验,分析原因,指出不足,提出教学工作要求。写出学校教学质量分析报告。校长每期至少做2次学校教学工作专题报告,指导全校教学工作。

六、教研教改管理

1.加强教研活动管理。加强教研组建设,建立学习化组织,开展校本教研和校本培训活动。教研组活动要以"三课"研究为主要活动载体。要认真开展教师的"三课"活动评价考核的研究与实践,教研组的"三课活动"评价考核的研究与实践。

2.加强教改科研管理。要按照区教改科研管理办法,认真履行教科室的管理、培训、研究、推广、评价职能。做好教改科研课题的过程研究和管理,注重推广教改科研成果,讲求实效。

3.认真组织每年一届的教研月活动和坚持开展"四个一"活动,即每学期组织教改理论研究与实践一次。每学年组织干部教师研读一本教育理论书籍,撰写一篇教研教改论文,承担一次"三课"研究活动。

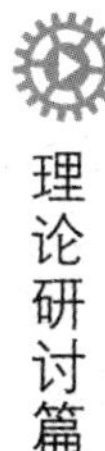

4.学校要制订实施“名师培养”计划，加强继续教育工作，形成全民学习、终身学习的学习型组织。学校要为教师的终身学习与终身发展创造条件与营造氛围。保证教师完成每年规定的学分，促进教师的发展。

5.学校要努力提高教师信息意识与现代信息技术能力，促进信息技术与学科教学的整合，促进学校的信息化管理，以信息化促进学校的现代化。

总之，校长在教学上坚持认真管理，就会见成效，实现有效管理。

第四章
中学校长的管理要素

第一节　谈学校治理的基本要素

一、加强领导与治校的执行力

学校治理的目的是要充分发挥校内人力、物力、财力诸因素的作用，利用校内外各种有利条件，组织学校全体成员有效地实现学校的教育目标。我们可以看到，既往学校治理的前提是一位校长至多面对几十位教师和几百名学生；但是现今的校长却常常要面对数百名教师和数千名学生，其组织行为方式就应随之改变。严格地说，治理与管理在一定意义上是同等概念。随着管理经验在国家行政领域的推广，管理这个词也被列入国家行政的领域。组织理论的发展趋势表明，今天的组织理论迫切需要一种基于价值与目标、战略与综合视野的理论创新——领导理论。作为领导，他不可能也不必要事无巨细什么都管，他必须明确自己的角色定位，他履行的不是一种管理行为，而是一种治理行为。比如：一个学校，它要有一个发展定位和走向，这反映了一个校长的价值判断，而不是一种管理模式判断。作为一个校长，就是要对整个学校的办学理念、办学特色、发展方向进行把握，它是一种文化判断和价值判断。因此，领导就是决定

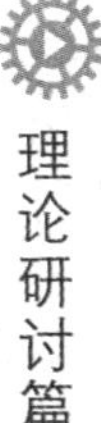

做正确的事。而治理就是把决定要做的事情设法做到最正确,也就是说管理就是正确地做事,这是一种职业的执行力。这就意味着,领导更强调的是设计,治理更强调的是实施。纠偏校正管理重要维持组织秩序,治理重在推进组织发展;前者是既定目标下的一种组织行为,后者是在某种组织愿景下的一种组织行为。因此,治理和管理有着本质的差别。

二、校长应做治校的强者

俗话说:没有规矩,不成方圆。校长应当做维护"国法"和擅用"家法"的"卫道士"。

(一)校长要维护"国法"

校长是学校的法人代表,平时要认真学习并深刻领会《教育法》、《教师法》、《未成年人保护法》。校长不仅要守法、懂法,还要用法、依法。首先,树立依法办学的观念,认识到法制化的教育才是理性的教育。其次,以法律为准绳管理学校,切实提高师德师风修养,努力造就一支遵纪守法、师风清纯的教师队伍,从法律的角度自觉把握和规范学校各种办学行为。再次,用法律作武器捍卫学校。面对社会上、网络中各种不良现象对学校的冲击,校长要拿起法律武器与之抗争,坚决维护学校、教师、学生的各种合法权益。

(二)校长要擅用"家法"

校长治校的首要任务之一就是要致力于健全和完善"家法",即学校的各项规章制度,要根据学校具体情况制定科学化的切实可行的规章制度。校长在规定制度时"以人为本",以肯定和奖励为主,以利于充分调动全体教师的积极性;执行规章制度时规范严格、公平公正、一贯到底,切不可时紧时松、因人而异，以确保规章制度的严肃性。校长在制订制度的过程中，要注意发挥教代会的作用，使制度“合法化”，这样才能被广大教职工认同并自觉遵守。总之，有了“家法”，就能确保学校做任何事都有章可循、有法可依，真正实现学校管理法制化、规范化、科学化。

三、学校的治理与学校的目标

学校治理是一组规范学校相关各方在责、权、利的制度安排，是现代学校中最重要的制度架构，它包括教育行政机构、学校治理层、教师、学生和其他利益相关者之间的一整套关系。通过这个架构，学校目标以及实现这些目标的手段得以确定。我国颁布实施的《教育法》、《教师法》等法律法规也规定了“二会二权”（即教职工代表大会、工会和教育行政机构、督导机构）的学校治理结构。我们也可以把学校治理简单地理解成是确定谁负责决策，需要决策什么等。具体来说，学校治理包括以下几个方面：建立授权的责任链；度量评估的有效性；指导学校建立满足其目标的策略；建立控制机制以确保遵从性；保证顺畅沟通以使所有相关方都获得通知。从上述分析中可以看出，学校治理的实质是办学者及其他当事人，对治理者行为的激励和约束的过程。由于学校也是一个在特定环境下由国家（政府）、治理者、教职工和学生构成的利益群体，各利益群体不同的利益驱动和目标动机，使得学校治理的目标选择可能是组织价值最大化、政治利益最大化、治理者个人利益最大化、内部人利益最大化等。作为一个社会组织，学校（本文中主要指公立学校）的所有者——政府为了保障自己作为办学者的利益，往往会通过所有权控制来选择政府利益最大化目标；学校的治理者（比如校长）实际操纵着学校的治理过程，他们的目标选择往往是治理者个人利益最大化；学校的教师是学校教育教学活动具体的实施者和执行者，学校运行的每一项成功，都与其“劳动”密不可分，

因而人们就会选择内部人收益最大化作为其控制目标。作为一个社会性的组织，学校是社会系统的一部分，与其他社会子系统会发生经常的物质、资金、人员和信息的交换，在社会系统中承担着一定的社会责任和社会功能。因而作为社会治理者的政府和社会事务参与者的其他组织、社区和个人，也都会通过某种途径和方式对学校施加影响，从而以各自的目标选择满足各自的基本需求。由此可见，学校目标在现实中是一种综合的目标，而从来就不会是单一目标，更不会是某种单一目标的最大化。学校的现实目标是各种利益主体通过各自所追求目标的妥协而实现的一种目标。因此，对作为一个由追求不同目标的不同利益主体契合而成的学校，在分析其治理问题时，就必须分析其内部和外部的利益主体从各自目标选择出发的利益机制，以及由此形成的制衡机制和学校治理的结构与过程。学校治理可分为内部治理和外部治理两个方面，其中内部治理是由教职工大会和上级教育行政部门进行监督的机制，学校治理者的决策机制，治理和执行者的激励约束机制，以及在此基础上形成的学校治理的自我调控机制构成；外部治理由各种政府力量和社会力量构成，由此形成学校治理的合力。

为此，学校要加强结构治理和功能治理。

现代学校是一个典型的、具有内在结构和外在功能的“社会系统”，学校治理即对治理者和治理行为的约束，可以通过结构性治理和功能性治理两个途径来实现。这样通过强化治理，提高学校的教育效能。另一方面，学校的功能输出（与政府、社会的交换）反过来会成为约束治理者治理行为的重要力量，从功能上——结构是由党委、教代会、校务委员会及学校治理者组成。学校的结构性治理是通过与组织建构相适应的监督机制、决策机制、激励约束机制和在此基础上形成的学校治理的自我调控等机制的设置而实现的。多元治理主体通过教代会、工会、校务委员会、家长委员会、董事会等组织形式，对学校治理的治理行为、学校办学质量等进行监控和约束;并通过学校治理者的社会地位、职业声望及提职晋升等途径对治理者进行激励,以调动他们的积极性。学校治理者也会通过一定的自我调控机制调节自身的办学行为,通过强化学校治理,提高学校的教育效能。

第二节　校长如何领导学校

一、加强“正圆集体”建设,强化团队领导

有人说:“校长是一校之魂”,其实校长好比是一个车轮的轴心,几位副校长都站在这个半径相等的圆上,他们所围成的是一个饱满的正圆,正圆车轮的滚动是平稳的。这就意味着学校法人必须重视并加强“正圆集体”建设,这不仅是学校管理的一个重要环节,也是增强领导班子的向心力、凝聚力、执行力的重要举措。

如果校长忽视了“正圆集体”效能,就容易出现“失衡”、“跑偏”现象。工作中,校长面对几个副手,“自觉不自觉”地会有远近之分。其实在班子中各位副校长虽然在排名上有前后之分,但地位上却无上下之别,他们的职责都是协助校长管理学校,都在各自的岗位上生龙活虎地开展工作,保证学校各项工作高质量、快速度地运行。只有在“正圆集体”背景下,这种充满活力的集体领导才会长久存在,而“正圆集体”的建设关键取决于“一把手”校长的行为。校长绝不能感情用事,滥用职权,搞“顺我者昌”,“随意委任”,也不能搞“逆我者亡”“随意免职”。要保持副校长们能够正常地运行在“正圆”的轨迹上,校长和副校长们必须保持“相等距离”。如果校长在工作中稍不注意,只“重用”其中某个副校长,就会出现副校长领导副

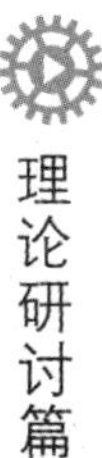

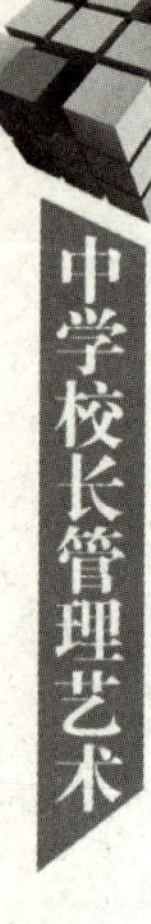

校长的现象，就会使原来很和谐的正圆关系发生型变，破坏平衡，改变原本“正圆”格局。“远距离”的副校长就有一种被“排在局外”和被“降级”的感觉，工作积极性必然会受到挫伤，从而形成“椭圆集体”。学校领导班子一旦形成“椭圆集体”，必然会颠簸滚动，集体领导下的分工负责制将会形同虚设。一些工作即使“一把手”忙不过来其他人也不会主动帮忙，而是隔岸观火，尽可能地把球踢给“靠近圆心”的副校长，工作就会出现彼此牵制，内耗丛生的现象。要形成以“校长为圆心”的校级领导班子“正圆集体”，校长不仅要使几个副校长“等距”，还要把副校长的角色定位在决策层，而不是执行层面。每位副校长对分管工作的决策，校长都要尽可能地予以支持和协调，不能凭个人情绪、喜好随意否定。要注意不“越级”直接插手副校长分管的职能部门的工作，不能错误地认为“一把手”可以不通过分管副校长随意介入学校的任何职能部门。以为那样做不仅违背工作原则，也是对分管副校长的不尊重，无形中降低了副校长在职能部门的威信，也往往使下级为难，造成工作上的困难，甚至会带来一些不必要的损失。在只有不同的分工而无“近臣”和“远臣”之分的工作环境中，副校长们才会有“全局一盘棋”的观念，从而能增强整个班子的领导能力、战斗能力，使学校各项工作实现无缝对接。班子成员之间做到：互敬不争权，互补不拆台，互信不猜疑，互谅不非难，互助不推诿。领导班子实现了团结、奉献、务实、高效，为学校和谐发展奠定了坚实的基础。

团队领导实现的关键是学校组织行为的制度化变革。其主要标志一是真正形成集决策、管理、执行于一体的组织系统，明显提高组织效率；二是在学校领导团队中不断培育非制度性的领导要素，充分发挥学术领导的作用和功能；三是逐步形成教师参与学校重大决策的制度和机制，为提升教师整体素质和综合能力创造有利条件。

二、培树“学校精神”品牌，深化价值领导。

“价值领导”是一个新概念，主要包括以下三层涵义：一是重视学校精神（包括办学理念和教育哲学）的地位和作用，以此作为学校的领导核心，统领学校管理和发展的方方面面。二是以学校精神和价值为基础，建立学校发展的共同愿景，形成学校的共同认知、共同行为和共同意向，形成价值分享和文化共享的团队和集体。三是确立起教育的“道德”和“伦理”规范，但这并非指德育范畴而是指学校发展范畴，为学校规范办学及师生幸福奠基“立法”。从价值实现角度看，学校领导要把校长的思想变成学校的执行力，从而实现学校全体师生的共同创造。这种共同创造具有以下基本特征：首先，在继承中创新，具有明确的变革和创新的指向，为了学校最终实现发展的共同愿景，有前瞻性；其次，把学校变革和创新理解为一种动态的持续发展的过程，关注现实的变化和师生发展的实际，强调通过行动解决现实中的问题，不断生成校本化的知识和认识，有可持续性；再次，是围绕学校现实问题，全体师生共同参与变革，共同创造学校文化，共享学校发展成果，真正成为学校的主人。

学校精神包括办学思想和理念。这不仅是校长治校的前提条件，也是实行正确领导的必要条件。苏霍姆林斯基指出：“对学校领导，首先是教育思想的领导。”校长一定要有自己的办学思想，而办学思想首先是一种信仰、一种理念、一种境界。它是校长的教育理念、信仰、价值观在学校工作中的体现，是校长智慧和创造才能的展示；办学思想体现了校长在学校发展中的思路、计谋、策略和韬略；也是校长向自我的智力和体力极限挑战的过程。

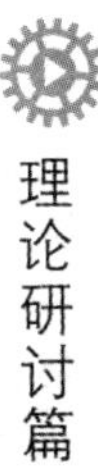

三、坚持“四条基本原则”，优化整合领导

领导，顾名思义，其职责就在于“领”和“导”。人们常说：“其身正，不令则行；其身不正，虽令不从”。加强领导班子建设，校长是关键。校长个人时时身体力行，处处以身垂范会收到催化剂功效。为此，我给自己制订“四条基本原则”：

1. 多统揽，少包揽。作为一校之长，要相信领导班子的每个成员都是优秀的，相信他（她）们都是能人，而且都有追求成功、努力实现自身价值、建功立业的愿望，必须让他（她）们觉得在本校有充分展示自己才华的“用武之地”。校长必须坚持依靠全体教职工，尤其是重视学校管理核心班子中副校长的职能作用，真诚地信任他（她）们，有事共商，推心置腹，通力合作。

2. 多称赞，少责备。每个成员都想把自己的工作做好，并且也确实付出辛勤，做出最大努力。每个人都想得到肯定、信任，所以，校长应及时鼓励和赞扬。尽量避免求全责备。表扬在当众当场，提出意见或建议最好个别交谈。

3. 多参与，少干预。这也是信任人、尊重人的基本要求。只要不犯原则性错误，就要放心大胆让班子成员去干、去闯。对班子成员具体负责的工作，开展的相关活动，校长要积极参与，校长的配合就是对他们工作的最大支持。

4. 多尊重，少猜疑。班子成员都有自己的个性，对分管的工作各有各的策略，各有各的处事方式、方法，要充分尊重、相信，做到“用人不疑”。

只有这样，校长才具有向心力、凝聚力、亲和力，从而真正成为领导核心。

整合领导，是领导科学，也是领导艺术。整合领导的内涵就是平衡、协调和整合各种力量、利益和资源，形成共赢的格局。具体说来，学校领导要面对以下三方面关系：

一是与国家和教育行政部门相关的对上的关系。学校作为国家设立的公共机构，要完成国家规定的学校教育的培养目标和教育任务，目标达成度是与此相应的考量指标。

二是与师生紧密联系的对内关系。学校作为一个共同体，要使学校内的广大师生形成共同意志、共同愿望和集体规范，积极而进取，宽松而有序、融洽而愉快地生活和学习。师生幸福感与满意度就是与此相应的考量指标。

三是与学生家长、社区和社会的平行关系。学校作为一种社会组织，不仅要与学生家长发生密切联系，而且要与所在社区和社会发生紧密联系。学校在社会中生存和发展，要担当社会责任，要注重社会形象。社会认可度就是与此相应的考量指标。如何协调好学校与各方面的关系则需要更有效的应对之策。近年兴起的综合治理理论与实践，就是一种有效途径。

总而言之，校长的角色意识与角色转换是校长从管理走向领导的必然要求；校长的责任意识与使命意识是校长从管理走向领导的前提条件。校长的大局意识及专业标准的国际发展目标乃是教育领导的最高境界。在全球教育一体化的大环境下，校长从管理走向领导乃大势所趋，势在必行。

第五章 中学校长的管理模式

第一节　略论学校的柔性管理

一个真正有生命力的管理系统，需要以严格的管理制度为基础，但更需要有一种能感染、激发全体员工始终保持崇高的信念和精神，并能满足员工情感需求的群体氛围。一所学校一旦形成了一种真诚、和谐、奋发的群体氛围，那就给生活在其中的每一位教职工提供了一个自由、广阔的工作空间，就能引导教师在关注自身价值实现的同时，去追求更高的人生目标，体验生命的意义，实现自我超越。这种柔性管理方式更能适应管理系统的多维性联系，更能使学校管理系统各要素之间产生非线性的相互作用。

一、学校柔性管理机制形成的要素

（一）强化思想管理：树立先进的教育管理思想和理念，加强管理者和被管理者的思想、观念方面的沟通，不断形成共识；克服管理工作中官本位、一刀切、形式主义、教条主义的现象;尊重和激发被管理者的工作创造性和主动性,以人为本,弘扬个性,促进管理主体与客体的双向可持续发展。

(二)强化队伍素质:提高柔性管理,强调以人为本的管理,人的素质是决定管理成败和管理水平高低的更直接因素,因此,柔性管理更注重提高管理者和被管理者的素质。

(三)强化管理过程优化:既强调按照事物发展的本质规律开展工作,更强调管理工作的系统性和人的主观能动性的发挥,把科学与经验有机地融通起来,民主决策、科学运作,给被管理者以更大的选择和发展空间,使之能够以最优化的工作过程,实现工作目标理想化和工作效益最大化。

(四)强化和谐管理氛围的形成:1.学校要有浓郁的集体荣誉感,全校上下树立起自觉的学校形象意识,共同打造学校教育名牌。2.有积极向上的管理态度和工作态度,政通人和、快乐工作。3.注重情感交流,宽容、体谅、理解。4.形成良好的交往与合作氛围,具有团队精神。5.有崇高的人格境界和学术境界,追求真理、实事求是,敢于面对主观和客观的挑战。6.有效地调控宏观管理氛围,使之在高品质境界运作。7.教育评价要更加突出艺术性。8.建立和谐融洽的干群关系。在干群关系中,思想情感相互信任、理解、融洽是柔性管理成功的基础。9.注意充分发挥党、政、工、团,以及其他群众团体的凝聚作用,创建和谐的组织文化。

二、学校柔性管理实施的途径

在目前学校的常规管理中,主要是运用刚性管理和柔性管理相结合的方式来达到管理的最佳效果。刚性管理主要是严格按照规章制度并利用学校结构、责权分配来实现由支配到服从的管理。柔性管理则是指在研究人们心理和行为规律的基础上采用非强制方法,在人们心中产生一

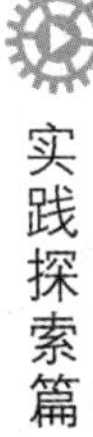

种潜在的说服力，从而把学校意志转变为人们自觉行为的一种以人为中心的管理。学校实施柔性管理的主要途径如下：

(一)尊重关心教师的需要

自我实现的人性观认为，效率的最大化不是管理的全部内容和唯一目标，人的情感需要、发展需要也是管理目标不可缺少的重要内容。因此，在学校的管理中，应力求为教师创造一个适宜人性张扬的良好环境，尽量从以下方面尊重、关心每一个教师的切实需要。

1. 尊重教师的劳动、尊重教师的创造。在学校教职工和学生中，应着力营造尊师重教的氛围，让学生与教师、教师与学校不同层级的领导之间有一种感情上其乐融融的良好人际关系，并形成健康积极的情感氛围。让每一个教师的劳动都得到应有的尊重，每一个教师的创造都得到应有的认可，使教师在劳动的成就感中迸发出自己的智慧。

2. 重视教师的公平需要，营造公平竞争的良好氛围。在学校规章制度的执行中，尽力做到考核评价公平、物质分配公平、奖励处罚公平、发展机会公平，营造一个公平竞争的良好氛围，满足教师心理层次上的公平需要。

3. 尊重教师的发展需要，营造有利于教师发展的良好环境。在学校管理中，应强化班子“依赖教师、满足教师、发展教师”的意识，在发展上协助教师进行职业生涯设计，培植有利于教师发展的环境，使教师在职业生涯规划中不断地寻求一个更加完善的自我实现；政治上要满足教师入党，加入各种学术团体的需求；工作上充分授权，大胆起用，让每一个教师都觉得自己是在“挑大梁”，以充分发挥个人潜能，展示个人特长；学习上鼓励他们自主学习，让他们获得再学习、再提高的机会；生活上帮助他们，改善居住条件、提高福利待遇和奖金，满足他们子女的入学要求，使他们无后顾之忧。

(二)在制度上给教师留有属于自己的空间

1. 建立人性化的考勤制度。学校可以规定凡是没有课的教师，每月有若干次不签到的余地；考勤制度则是以奖励为主、惩罚为辅，缺勤者累计到一定数量后才给予适当罚款。对不同的岗位，也留有一定的考勤和岗位工作失误余地，让教师在一种愉快的心理氛围中轻松工作。

2. 减轻教师的工作负担。为了平衡教师超负荷工作的心理压力，学校可以从整体上调整教师的周平均工作时数，对超工作量的老师加大课时津贴补助；对原工作量不足的老师，增加一些工作量；对学生的作业，教师的课外辅导次数都严格按照国家规定执行：对不同资历不同水平的教师在备课、听课、作业等教学环节上，有针对性地做出不同要求。符合条件的教师可以写略案，或成为免检教师，其最终目的是完成教学任务，达到要求的教学目标。

3. 灵活的评价机制。在学生的评价上，学校不应只是单纯地以考试成绩作为唯一的评价标准，而是要更看重学生的综合素质发展状况，把学生的思想品德、兴趣爱好、创新意识、成长过程等都作为评价学生的重要内容，用德育评价等来合理评价学生，同时也将之作为评价任课教师和班主任工作实绩的重要依据，从而把教师从片面追求升学率的桎梏中解脱出来。对教师的学科教学成绩，学校可以采用模糊评价方法，只排等级，不排名次，同一层次班级的学科期末考试平均成绩相差 3 分之内都不予以奖惩，这样就淡化了教师之间的恶性竞争，减轻了教师的心理压力，增加了教师之间的合作与协调。与此同时，学校对教师的期末考核也应从多角度、多方面进行，将教学能力、教学成绩、师德师表、教学艺术、教研能力、合作意识、组织管理等作为综合评价的内容，这就让每位教师都能从不同角度得到肯定，从而在内心产生积极自信的心态。

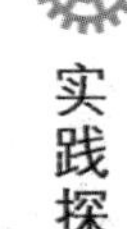

（三）淡化领导观念，强化服务意识

人本主义管理理念认为，学校管理者与被管理者只是岗位分工的不同，扮演的社会角色不同。但他们在人格上是平等的。这就要求作为管

理者的学校领导要尊重教职工的人格，与之建立起一种平等、亲密的友善关系。要建立这样一种关系，就要求学校领导班子成员必须淡化领导观念，以人格服人；认真加强业务学习，努力躬身实践，注重自身的人格修养，努力做到胸襟坦荡、言行一致、涵养正气、廉洁奉公、爱岗敬业、脚踏实地；关心教职工的生活、学习和工作，洞悉他们的思想、心情，体谅他们的困难和疾苦，多一份祥和真诚；经常与教师和职工进行换位思考，严以律己、宽以待人，想他们之所想、急他们之所急，持之以恒、全心全意为教职工做好最热情的服务。

（四）建立通畅的沟通渠道，增强情感的凝聚力

1. 要倾听实情，学校领导要甘当小学生，虚心地听取教职工意见和建议，不带框框和偏见，全面地听；不惜时间和精力，耐心地听；只有切实倾听到实情，才能把握教师的思想脉搏，洞察到教师的内心世界。

2. 要融入真情，在和教职工沟通时要诚恳、及时，真情投入，用真情感化对方，用真情打动对方，与交流沟通者产生同志之情、手足之情，达到水乳交融、心心相印。

3. 要投入爱心，学校领导爱护教师、关心教师，在制度允许的范围内，竭尽全力为教师办实事、办好事。当教师的利益受到侵害或教师被误解时，要敢于直言；当教师遇到困难时，要尽力为其提供真诚的精神和物质帮助。只有具有这样殷殷的爱师之心，才能在情感上形成强大的凝聚力。

三、学校柔性管理实施的保障

（一）实行柔性管理关键在学校领导，因此，学校领导要做到：

1. 以美德、善行、真情感化教职工。学校各级干部尤其是行政领导班子成员要清正廉洁、克己奉公；要矧办大事、会办难事、敢办新事、一心一意办实事；而不蓦大事不办、难事绕道、新事犹豫、实事只为自己办；要“让

教职工高兴、让教职工放心”；要与教职工多接触，对他们多了解、多关心、多支持、多帮助，付之以真诚的爱，待之以炽热的情，使之充分体会到“学校的温暖，友爱的甜蜜，真情的芳馨”。

2.以平等、民主、尊重激励教职工。学校领导坚持发扬民主作风，注意树立平等意识，平等待人，无论是在职工大会上或是在个别谈话中，都以平等探讨的方式充分说理，避免居高临下的说教；充分重视教职工提出合理化建议，并善于吸收；要善于倾听各种意见，使教职工能畅所欲言；提倡教职工不论能力大小，只要尽力，就应得到赞扬，受到尊敬。

（二）保障教师民主自由的学术权利。学校的教师是由具有创造性人格的个体组成，而创造性人格的发展和形成需要民主自由的环境氛围。因此，保障教师民主自由的学术权利是柔性管理的重要内容之一。在实际工作中，要保障教师民主自由的学术研究权利，就必须给予教师更多的宽容和自由。这要求学校领导，在管理活动中尽量减少对教师各种教育教学研究活动和创造性活动的干预，尽量不用简单划一的规章制度去套教师千差万别的学术实践，尽量减少对教师的一些强制性和监督性的管理，而只是为教师提供一些方向性和指导性的意见和建议，为教师发展提供强有力的舆论支持和环境支持。敢于为教师创造性活动的失败承担风险和压力，以鼓励教师学术活动的百花齐放和百家争鸣。

（三）构建良好的校园文化，充分发挥柔性管理的价值导向功能，校园文化是一所学校独特的风格或整体精神，是学校成员之间相互理解的产物，是联系协调学校所有成员行为的纽带，是学校的灵魂之所在。良好的校园文化是教师成长和发展的土壤，它构成了学校生存和发展最稳定、最有活力的基础，对于增强学校的凝聚力、向心力和持久力，保证学校行为的合理性，推动学校的发展具有重要作用。因此，构建良好的校园文化是柔性管理的高层次追求目标。学校领导要千方百计地向教职工传达学校的一套清晰明确的价值系统，使教职工能够理解、接受、认同它，从而自觉

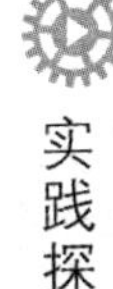

地将其内化为自己的意识追求，并为实现这种共同的价值目标而竭尽全力。一个学校的教师来自四面八方，存在着不同的价值观念和文化特征，管理者一定要对这种多样性、差异性持一种宽容、谅解、包含的态度。从本质上讲，大家认可的共同价值观本身就是一种包容性的价值观，只有承认而不排斥这种包容性，才能将学校组织中教师个体的价值选择与学校的目标追求结合起来，使教师意识到实现学校的组织价值就意味着肯定、尊重个体价值，意味着个人成功。这样具有学校共性的价值目标就有了无限的吸引力。而以学校的共同价值目标推动一种生活活泼的、健康向上的、人人心情舒畅的校园文化氛围的形成，正是柔性管理所追求的一种至高境界。

第二节　再谈现代学校的柔性管理

长期以来，学校管理的基本模式是“刚性管理”模式。刚性管理着重强调外在的规范，主要通过各项政策、法令、规章、制度形成有序的行为，体现管理者的意志。

柔性管理是在制定相关制度的基础上，引导师生淡化制度，进入超越制度状态，将制度内化为自己的自觉的管理模式。这种管理模式尤其强调“规律”、“非强制”“潜在”和“自觉”这些概念。由此可知，柔性管理是一种更加深刻、更加高级的管理模式，也是一种难度很大、丰富多彩的管理模式。柔性管理的本质就是依据人们自身的心理和行为规律，对管理对象施行软控制，既要控制，又不是声色俱厉；既要控制，又要自然而然，自觉自愿；既要控制，又不违背人们的心理和行为规律。实际上，这是把管理对象当作人还是机器的观念问题:把管理对象当作机器、当作工具就不存在教育的问题了;把管理对象当作人,而且是现代人,就必须尊重人格、理解人心、关心人生。柔性管理通过心灵沟通、认可,在自觉自愿的情况下主动发挥人们潜在积极性。在其实施过程中没有咄咄逼人的气势,没有畏惧无奈的应付,而是靠管理者的人格魅力,靠管理者公平、公正的处事原则,靠管理者与被管理者双方心灵的感应。感应虽然闻之无声、视之无形、触之不及,但大家能感觉到它的存在,像一座无形的桥梁联接彼此的思想,它像一只巨大的无形的手驱动着人们共同行动。因此柔性管理一旦发生作用,就会变成人们心领神会、心驰神往的意志,成为发自内心而见之于外的行动,成为自觉的意识。人们不再是被动地接受管理,而是从“必然王国”进入到“自由王国”,成为自觉处事的执行者和垂范的示范者。

一、学校如何运用柔性管理

1. 要为教师构建展示自身特长的舞台。没有教师的特长,也就没有学生的特色;没有教师的创造性,培养学生创新精神和实践能力就无从谈起。一个管理者可以不知下属的短处,但一定要知道他的长处,为其提供充分展示聪明才智和创新才能的舞台。

2. 要为教师营建自由的学术氛围。教学有法但无定法,这就要让教师增强研究意识,提倡“百花齐放,百家争鸣”。学校要为教师提供深入探究、各抒己见、畅所欲言的氛围与机会,满足教师的成功欲,使每个教师的优点都成为闪光的亮点。

3. 要提倡团队精神。在新课程方案的实施过程中,将会遇到很多新命题、新困难、新问题,这就需要提倡团队精神,充分发挥广大教师的集体智慧,群策群力。这样,既有利于提高效益,又利于形成和谐的人际关系。

4.要形成“容人”的氛围。“金无足赤，人无完人”，作为一个社会人，谁都有缺点、弱点，但只要不影响学校正常教育秩序，不损害学校利益，不破坏师生之间团结和友谊，管理者就应采取容忍的态度，不仅要有识才之明、用人之胆，更要有容人之量。特别要把个性与缺点、心理问题与思想问题区别开来，要容纳敢于提相反意见、甚至反对过自己的人。正因为有了这种民主氛围，大家才敢说真话、说实话，人心才会更齐，工作才更有劲，绩效也就更明显。

二、教师如何运用柔性管理

1.要引导学生的个性。创新的人格是有个性的。如果把所有的学生都塑造了整齐划一的统一样板，则是教育的悲哀，违背了教育的原则。教师应像雕琢根雕艺术品一样，缘其自然的本质使之成为独一无二的有利于社会的“个人”。尤其要引导那些盲目狂奔，只希望挣脱束缚和颠覆的年轻人，让他们在一种崇高精神力量的支撑下，充分张扬个性。

2.要保护学生的“异想天开”。爱因斯坦认为：“想象力比知识更重要，因为知识是有限的，而想象力是无限的。是推动着人类进步并且是知识进步的源泉”。数学大师希尔伯特曾这样解读过爱因斯坦：“为什么在我们这一代唯有爱因斯坦说出了有关空间和时间的最有卓识、最深刻的东西？因为一切有关时间和空间的哲学和数学他都没有学过”。有时候，“无知”便是“无畏”，更善于想象和思考，往往是人创新的源泉。教育的任务即在于唤醒人的自由意识，去发掘本身的潜能。

3.要容纳学生对权威的否定。长期以来，教师是知识的绝对权威，学校的“刚性”管理制度是学生行为规范的模本，不容否认。实际上，若没有对权威的突破，怎会有不断的提高与创新？所以，教师应为学生对权威的否定而欣幸，应积极鼓励、引导这种“质疑精神”成为创新的原动力。当然，与刚性管理相比，柔性管理表现为一定的滞后性，要给人一段理解、认同的时间。在整个管理工程中，刚性管理构建了一个骨架，规定了目标、幅度、时间、空间及必要手段，使一切行为在这种框架下有序地运作，而柔性管理则将人们的潜力发挥到最大限度，实现了刚性管理所无法实现的功能，体现了血肉对于骨架的作用。强化柔性管理看起来教师自由度大了，但自我压力也加大了；看上去宽松，但教师之间竞争更激烈了。这种有序而又自由、紧张而又宽松的环境，可以让大家体会到当教师苦中有甜，工作紧张但心情舒畅的滋味；这种氛围可极大限度地促进人的自我发展，也是人本化管理的成功所在。

三、柔性管理在现代学校管理中的应用

(一)柔性管理在学校管理中的运用

1. 树立民主化的学校管理理念，发挥柔性管理的精神激励功能。教师群体是一个具有较高文化素质和道德素质的特殊社会群体。他们中的每一个人对事物的认知都有其独特的判断能力，较少迷信和盲从他人，难以接受命令式的管理，更反感学校管理者用行政命令的方式来推动学校管理目标的实现。而柔性管理重视的正是对教师的情感和内心激励，这种非强制性和非权力性管理的影响力将对教师产生长久、深远的精神激励作用。因此，树立民主化的学校管理理念，对学校实施人文化管理应当成为现代学校管理的价值目的。

(1)要在管理活动中遵从参与一体的原则。即让教师在学校的管理活动中参与管理。这样做，一方面可以增强教师的主人翁意识和工作责任感，满足教师多方面的需求，激发其采取积极行动的动机，达到有效激励的目的；另一方面，可以使教师全面了解学校情况，提高对学校管理决策的承认和接受度，从而进一步增强教师与学校的一体感。因此，现代学

校一定要建立和完善保证教师充分参与学校管理的各种决策和咨询机构，从制度安排上保证教师对学校管理事务的知情权、参与权和决策权。

(2)要遵循教师自我管理、自我激励的原则。即让教师根据学校发展目标和工作任务，自主制订计划，实施自我控制，实现自我管理，达到自我完善。为此，学校必须改革现行的教师管理体制，转变管理职能，充分发展以教师为主体的各种学术研究组织，并赋予这些组织相应的学术事务管理职能，为教师的自我发展、自我激励提供平台。

(3)要保障教师民主自由的学术权利。现代学校是由具有创造性人格的个体组成的，而创造性人格的发展和形成需要民主自由的外部环境。因此，保障教师民主自由的学术权利应当成为现代学校管理的一种制度选择。要保障教师民主自由的学术权利，就必须给予教师更多的宽容。

2.充分关注教师的情感需要，发挥柔性管理的情感凝聚功能。

(1)要“弘扬人性”，培养“亲和力”。“一个管理者的人性如何，将会影响激励和领导方法”。首先，学校管理者要尊重教师劳动、尊重教师创造、尊重教师需要，着力营造尊师重教的环境，保持管理者和教师之间有一种感情融洽的良好人际关系，并形成积极的情感。其次，要重视教师的公平需要，营造公平竞争的环境，做到考核评价公平、物质分配公平、奖励惩罚公平、发展机会公平，以增强教师的满足感。再次，重视教师的发展需要，营造有利于教师发展的环境。学校管理工作不仅要做到“为了人、尊重人、理解人”，还要做到“依赖人、满足人、发展人”。发展是人的高层次追求，学校应鼓励教师进行职业生涯设计，实行生涯管理，培植有利于教师发展的环境。

(2)要淡化“官”念，减少“离心力”。学校的管理较之政府行政管理和企业生产管理有着明显的特殊性，它的任务是通过对学校有限教育资源的配置，促进人的全面发展，为社会培养更多、更好的合格人才。其管理对象是人，其管理方式主要是通过智力活动和知识中介来进行，其工作性质具有很强的精神性。这种特性决定了学校的管理工作不是一般意义上的行政管理工作，学校管理者也不是党政部门的“官”。因此，学校管理者应淡化“官”念，经常与教师进行换位思考，想教师所想，急教师所急，持之以恒地为教师服务。管理者应不以“官”威号召人，而以人格折服人，做到严于律己、率先垂范，行不言之教；做到淡泊名利、宽容大度，容难容之事；做到爱岗敬业、脚踏实地，做诚实之人。

(3)要善于沟通，增强“凝聚力”。沟通是管理者和教师之间的相互理解，沟通的过程就是加深理解、增进感情、统一认识的过程，不懂得沟通或不善于沟通，就达不到以情感人、使人心悦诚服的目的。因此，管理者要做到：第一，要倾听实情。甘当小学生，虚心地听；不带偏见，全面地听；肯花时间和精力，耐心地听，这样才能掌握教师的真实思想。第二，要融入真情。沟通要诚恳、及时，要用真情打动对方。第三，要投入“爱”情。学校管理者要爱护教师、保护教师、关心教师，在政策允许的范围内，竭尽全力为教师办实事、好事。当教师的利益受到侵害或教师被误解时，要敢于直言；当教师遇到暂时困难时，要尽力为其提供真诚的精神和物质帮助。学校管理者只有具备这样殷殷的爱师之心，才能形成强大的情感凝聚力。

(4)着力构建良好的校园文化，发挥柔性管理的价值导向功能。校园文化建设的核心是构建学校共同的价值观。值得注意的是在强调学校组织的共同价值观“共同性”的同时，必须承认学校共同价值观所具有的“包容性”，即承认教职工个体价值的多样性、差异性。学校成员个体的价值观与学校组织的共同价值观之间应当是包容、理解和融合的关系，个体价值观应当得到尊重，而不是排斥。从本质上讲，共同价值观自身就是一种包容性的价值观，只有承认而不排斥个体的价值观，才能使学校组织中教师个体的价值选择与学校的目标追求结合起来，使教师意识到实现学校组织的价值就意味着肯定、尊重个体价值，意味着个人的成功，这样学校组织的共同价值目标就有了吸引力。

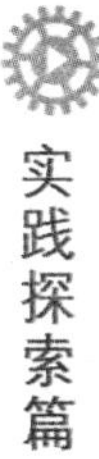

四、学校实施柔性管理应注意的两个问题

1. 柔性管理应与刚性管理相辅相成

我们把柔性管理作为学校管理的价值追求，是基于教师劳动的特点和特殊性，目的是通过柔性管理，在学校建立一种互动的思维模式，创造一种多向的、多元的、多视角的评价标准体系，建立一种宽松式的、包容式的、理解式的学校组织文化。实现学校与教师双方共同发展。我们倡导柔性管理并不是为了取代、否定刚性管理。因为两种管理模式虽然在外部特征上有所区别，但它们在实现学校管理目标的本质上是一致的，柔性管理实质上是刚性管理的完善、补充，是在具备刚性管理框架的基础上，管理思想和管理方法的升华。正像人的肌体一样，刚性管理犹如人的骨架，柔性管理犹如人的血脉，离开刚性的学校管理，学校运行将陷于瘫痪，流于无序；离开柔性的学校管理，学校发展将缺乏动力，缺少活力。“刚柔相济，崇德广业”才是现代学校管理所追求的终极目标。

2. 实施柔性管理必须注重教师素质的提高

实施柔性管理是学校管理的一场革命，它涉及学校管理的方方面面，不但需要树立柔性的管理理念，形成柔性的管理方法和构建柔性的组织结构，而且需要建立一支高素质的教职工队伍。因此，在推动学校柔性管理的过程中，一方面要在柔性管理观念的统领下不断尝试各种柔性化管理制度的改革，通过大胆的放权、转变作风、民主协商等手段来追求柔性管理的满意效果；另一方面必须通过各种途径提高教职工的素质，培养教职工的团队精神和满足其自我实现的高层次需求。只有在此基础上，柔性管理在学校管理中才能发挥其应有作用。

第六章
学校人力资源管理

第一节　谈学校人力资源管理的原理及原则

一、基本原理

1. 互补原理。人是有个性差异的，主要表现在人的知识、能力、性格、生理上的不同。在学校人力资源的使用上应该优势互补，充分发挥人力资源的效益。互补原理就是要使个体在群体结构中的不同要素相互补偿，以避免相同要素之间的抵消效应。该原理的目的在于充分利用组织人力资源的优势，取长补短，形成整体的优势，进而实现组织的目标。互补的形式和内容是多种多样的，归结起来主要有：知识互补、能力互补、气质互补、性格互补、年龄互补、性别互补。

2. 公平竞争原理。公平竞争是指在教师的考核、聘任、晋升、评价、奖惩等人力资源管理活动中，应该做到公开、公平、公正的原则，优胜劣汰，择优选用。这就要求学校的人力资源管理活动必须规范化、制度化和透明化；要获得教师的理解和认同，同时要建立教师申诉制度，对学校的人力资源决策和具体的操作进行监督和评价。

3. 激励原理。心理学的研究表明，工作效率高低与人的工作动机和

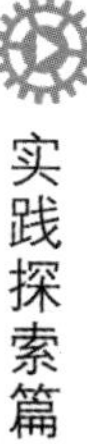

积极性紧密相联。人的需要引起动机，动机导致工作行为，行为指向一定的目标。激励就是要组织采取一定的行为和方式激发员工的工作动机。作为学校的管理者，就是要善于根据激励的基本原理，利用教师需要、爱好和兴趣，激发其工作的动机，调动其积极性。

4. 人—职匹配原理。人—职匹配是现代人力资源优化配置的基本原理。人是有差异的，主要表现在知识、能力、技能和行为方式上；同时，不同的人对职业的兴趣和爱好也是有差异的，因而并不是所有的人都能适合某一特定岗位；同样，组织内部的何种岗位对从事该岗位的人的能力、知识、技能和行为方式都有一定的标准和要求。在人力资源的配置过程中，只有做到人—职匹配，做到人尽其才，才能提高学校组织人力资源的使用效率。

5. 动态适应原理。动态适应原理是指在人力资源开发与管理中，人与事的不适应是绝对的，适应是相对的；从不适应到适应是在运动中实现，是一个动态适应的过程。因此我们对人力资源要实行动态管理。学校的内外环境也在不断发生变化，教师要不断地学习新的知识，掌握新的技术，解决新的问题；同时，学校的各要素也在不断地发生各种变化。因此在学校的人力资源开发与管理中，要遵循动态适应的原理。

6. 培训开发原理。随着信息化、全球化社会的到来，信息、知识、技术在不断地迅猛增长，唯有学习才能维持持久的竞争优势，因此，人力资源的培训和开发变得十分重要。通过学校组织的培训和开发活动，提高教师的学习能力，不断更新知识、技能和行为方式，才有保持学校持续发展的人力资源优势。

7. 文化凝聚原理。组织的凝聚力强，才能吸引人才和留住人才，才能调动人才的工作积极性。凝聚力包括两个方面：一是组织对个人的吸引力或者个人对组织的向心力；二是组织内部个人与个人之间的吸引力或粘合力。组织的吸引力，不仅与物质条件有关，更与精神条件、文化条件有关。组织目标、组织的道德、组织精神、组织的风气、组织的文化是组织凝聚力的根本,缺了它就无法满足成员的社交、尊重,自我实现、自我超越等精神需要。因此在学校的人力资源管理中,应该加大校园文化教育的建设力度,通过文化的功能,来提高教师的工作动机。

8.新陈代谢原理。任何一个人力资源群体都有一个生长、发展、消亡的生命周期。因此,一个明智的学校管理者应该在人力资源群体发展高峰期,就通过建立预备班子或年轻人更换部分老化的人才,来保持活力。人也有一个从潜人才到显人才,到创造力的顶峰,再到最后衰老的过程。因而一个学校组织对其人力资源要不断地进行吐故纳新,这样才能使学校的人才队伍充满生机与活力。

二、基本原则

在学校人力资源开发与管理中要遵循的原则很多,但从大的、基本的方面来看,主要有以下一些原则:

1.人性原则。现代管理理论认为,在管理中人的因素是第一位的,是最重要的和最活跃的因素。因而,管理应以人为中心来进行,必须把人性原则放在第一位。人是一种有多种需要(生理的、心理的和社会的)渴望得到满足和发展的、有不同思维能力和个性的社会性人。要开发好、管理好、使用好人力资源,就要求以人为本,充分尊重人性。这就要求把握好以下几点:(1)维护人性尊严。所谓维护人性尊严,就是必须把人当人。因为人性尊严是人创造力的基础,教师积极性和潜力的发挥必须是基于教师的自动自发或自觉性。所谓正确的思想工作乃是在尊重人性尊严的基础上,使人发挥自身潜力的积极性。如果离开了这一基础,仅仅强调方法、手段,那么,任何形式的空洞说教都是徒劳无益的。(2)把对人力资源的开发与管理建立在人的心理活动规律的基础上。在人力资源的开发与

管理中,心理因素是影响其有效性的极为重要的因素。比如,学校的目标与教师心理上的需求是否一致,就是关系到教师积极性和工作效率的一个重要方面。在学校人力资源的开发与管理中,不仅要注意教师的心理活动,研究教师的心理活动,而且要把整个活动建立在人的心理活动的基础之上,使管理符合人的心理活动规律,以此来挖掘教师们的潜力,激发其主动性、积极性和创造性。(3)承认人的个性差异,运用个性差异。个性的差异可概括为三个方面,即能力方面的差异、气质方面的差异和性格方面的差异。对个性差异的承认和理解,在人力资源开发与管理方面尤为重要。因为要达到人尽其才的理想状态,就必须首先承认、接受、尊重个性差异,然后才能量才使用。在学校人力资源的开发与管理上,要力求人与事的恰当的、密切的配合或配置,以充分发挥不同人的不同潜能。为此,要根据每个教师的个性和能力特点,给其安排合适的工作和任务,扬长避短,使教师的个性和能力与岗位相匹配。(4)重视教职员工的需要。只有不断满足人的合理需要,才能有效地激发人的内在动机,引发人的自觉行动。因此在学校人力资源的开发与管理中,要研究教职员工的需要和动机,有的放矢地进行激励,从而收到事半功倍的效果。

2. 教育与培训原则。教育和培训是学校组织对教职员工施加影响的重要方式。通过教育培训,可以改变和培养教师的态度、工作行为与精神状态,引导或诱发教师对工作效率的关切感以及对学校组织的认同感。

3. 系统原则。针对学校组织来说,每一个学校都是一个系统,每一个学校的管理者和每一位教职员工都是学校系统的要素。在这个系统里,各要素都按一定的秩序组织起来。系统与系统之间,都是相互关系、相互作用的。学校系统的运动和发展,不仅受学校系统内部诸因素的制约,而且还要受外部系统和整个社会大系统的影响和制约。这就要求在学校人力资源的开发和管理中要树立生态系统观念。

4. 科学原则与标准原则。人力资源开发与管理是建立在多种学科之上，并且充分利用了控制论、系统工程、信息论、运筹学等最新成果的一门综合性很强的新兴学科。作为学校的管理人员，特别是高层管理人员，必须具备与此相关的基础科学知识，掌握管理的科学方法，方能有效地进行人力资源开发与管理。学校人力资源开发与管理的目标是建立一支具有创造精神和良好整体观念的、精干高效的教师队伍。要达到这一目标，不仅需要挑选和安排合适的教师、并伴之以适当的激励、配备得力的学校管理人员，还必须确立明确的标准。标准就像靶子一样，可以作为比较过去、当前和当前行为的准则。

5.权变原则。在学校人力资源的开发与管理中，权变的含义可从三个方面去理解。一是时间上的含义，是指因时代的变化而导致学校内外部环境条件和管理对象的变化，从而引起管理方式和手段的改变；二是空间上的含义，是指学校管理者由于所处职位的不同以及所处环境条件的不同，而在管理方法上所作的调整变化；三是对象上的含义，是指因为管理对象的多样化和变化性而在管理方式和手段上的改变。由于不同的教师具有不同的文化素质、不同的价值观以及个性上存在着差异，所以，学校管理者除了有一致的作用于整个工作群众的管理方式和手段以外，还应有不一致的影响和作用于群体中每一个人的管理方式和手段。如针对不同的教师的沟通方式、激励方式等。权变原则作为学校人力资源开发与管理工作的一项重要原则，要求先有“权”，然后“变”，也就是说要进行分析思考，然后再决定解决问题的方法和策略。为此，作为学校管理者首先就应该将不同的管理对象和不同的环境条件进行比较，分清它们的差别，然后才能依据差别选择合适的管理方法。

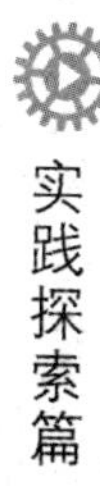

第二节　学校人力资源规划管理的程序

一、学校人力资源规划的定义

任何组织工作都是通过一定数量的人来完成的，学校也不例外。学校要制订合理的人力资源规划，主要解决以下一些问题：学校需要多少人？学校需要什么样的人？学校在什么时候需要他们？学校将从什么地方获得这些人才？学校将如何获得这些人才？学校对各类人才应该如何安置？学校人力资源规划是指根据学校的发展战略、学校的组织目标及学校内外环境的变化，来预测未来学校组织的任务和学校经营管理环境变化对学校提出的各种要求，以及为了完成这些任务，学校需要什么样的人力资源结构。学校人力资源规划的目标，是确保学校在适当的时间和不同的岗位上获得适当的人选（包括数量、质量、层次和结构），一方面，满足变化的学校经营管理环境对人力资源的需求；另一方面，最大限度地开发和利用学校内现有的人员潜力，使学校、学生和教师都得到发展，实现学校、教师、学生三赢的格局。学校的经营管理者在制订人力资源规划时应该首先回答以下基本问题：

1. 现在我们的情况怎样？回答这一问题的目的是通过考察学校组织外部、组织本身和教师个人方面的因素来确定目前组织的人力资源管理状况，实际上是对学校组织人力资源现状进行分析和诊断的过程。

2. 我们的目标是什么？回答这一问题的目的是在明确学校组织目标的基础上，衡量目标和现状之间的差距，其中最大的和最重要的差距就成为组织人力资源管理的目标。确定目标需考虑有哪些条件要改变，需要采取什么标准来衡量学校的成功与失败等。

3. 我们怎样才能实现目标？为了缩小现实与目标之间的差距，需要花费一定的时间、精力和资源从事人力资源管理活动，这也是人力资源管理工作的主要内容。人力资源规划就是要进行全面的分析，把学校的发展和人力资源状况整合起来，建立一个适合学校发展的人力资源保障体系。

4. 我们做得如何？在实施了计划的人力资源管理活动以后，我们需要来考察学校组织是否已经达到了既定的目标，然后再回到人力资源规划的第一个问题上并重新制订新一轮计划，如此不断循环。

二、学校人力资源规划的程序

学校人力资源规划的一般程序可以分为以下几个步骤：

1. 分析和研究学校外部、内部经营管理环境及其变化的外部环境，主要包括国家的教育法规、教育政策、课程大纲，教育督导评价体系，地方性的教育政策，教育市场的变化等，它们都会影响学校的经营管理战略和学校的人力资源规划系统。内部环境包括学校的规模、办学效能、学校文化和所拥有的资源等，它们也会对学校的人力资源规划产生影响。

2. 确定学校的经营管理战略。每个学校的内外经营环境是不同的，学校的管理者应该根据学校的实际情况确定学校的经营战略，分析学校的战略目标和具体经营计划对人力资源的要求及其变化趋势，这是人力资源规划的依据所在。

3. 摸清学校现有人力资源状况。现有的人力资源是学校人力资源规划的基础，学校战略目标的实现首先要立足于开发现有的人力资源。因此，必须对学校现有的人力资源数量、质量、分布、利用状况等进行认真的

统计分析是学校人力资源规划的一项基础性工作。

4.对学校的人力资源需求与供给进行预测。这是学校人力资源规划的关键性工作,科学合理的预测是学校人力资源规划有效性的必要保证。规划就是对未来的人力资源工作进行预先的统筹安排,因而必须要对计划期内人力资源的余缺状况有充分的了解。

5.制订学校人力资源开发与管理的总计划和各专项计划。它要求在对学校战略、经营环境和人力资源现状进行分析研究的基础上,根据对学校规划期内人力资源的供需预测,提出人力资源管理方面的各项具体要求、目标、措施及实施步骤等,以便有关部门能照此执行。

6.对人力资源计划的执行过程进行监督、分析与评价。一方面采取各种措施保证计划的实现;另一方面也可找出计划的不足,进行适当的调整,以保证学校教育目标的实现。

第七章
中学教师管理

第一节　教师管理效能及能力取向模式探析

教师管理是教育管理的重中之重，教师管理方式渐趋多元化，其管理方法和形式将显得越来越重要。

情景管理强调看问题、处理问题既要从多方面去思考和研究，又要以发展的、动态的观点去分析处置，不能孤立、静止地去处理。

择优管理主张教育发展目标是在进行管理活动时，必须尽可能提出多种方案与办法，并充分进行比较研究，从中选出一种令人满意的方案付诸实施。择优管理会取代传统的不计教育成本、不讲经济效益的管理。

成就管理要求教育管理者特别注意创造条件使教师和其他教育工作者在工作中充分发挥创造性，获得更多的成就，培养更多高素质的人才，创造更多的新鲜经验，积累更多的科研成果。

环境管理提出要重视教育管理的生态效益，重视受教育者、教师和其他教育工作者的健康及其保障措施。因而，弹性工作（学习）制、工作（学习）重构、工作（学习）网络支持等将在教育系统十分普及。

信息管理是科学管理的重要手段，信息管理将成为教育系统进行纵

向、横向沟通，不断改善公共关系状态，树立教育组织良好形象的主要管理方式。教师管理必须注重效能，而效能理念尤为重要。

一、关于教师管理效能理念

（一）教师管理效能理念提出的理论渊源

美国著名心理学家班杜拉认为，人类的行为不仅受行为结果的影响，而且受行为主体自我效能感的影响。自我效能感即个人对自己在特定情境中是否有能力去完成某种行为的预期。这里的预期包括两种成分，即结果预期和效能预期。结果预期指的是人对自己的某一行为可能导致的某一结果的推测。效能预期指的是人对自己能够实施某一行为的能力的推测或判断。班杜拉进一步研究指出，自我效能感不仅仅是对未来状态的估计，而且通过一些中介过程作用于个体的行为，从而构成决定个体行为的一种内部原因。首先自我效能感影响着个体的选择过程。当个体面临不同的环境条件和不同的活动行为方式的时候，个体往往选择自我效能感强的环境和活动行为方式，而回避自感把握性不大的环境和活动行为方式。其次，自我效能感影响着个体的目标设定、活动心像、归因分析等思维过程。自我效能感强的个体，自我设定的目标常具有挑战性，其成就水平也高。在活动场面的想象中，自我效能感强的个体往往会想象着成功的场面，而自我效能感不强的个体，往往会想象失败的场面，从而影响活动的执行。在归因分析中，自我效能感强的人一般把成功归因为自己的能力和努力，而把失败归因为自己的努力不足。而自我效能感不强的个体，则一般归因于环境，认为自己无回天之力。最后，自我效能感也影响着个体的身心反应过程。它决定了个体的应激状态、焦虑反应和抑郁程度。自我效能感不是常常会引起退缩或防卫行为，主观上的焦虑、痛苦感极易导致抑郁寡欢。在此基础上，班杜拉与其他一些教育学家、心理学家对教师的教育教学效能感与教育教学效果的关系作了深入的研究，结果表明：教师的教育教学效能感与教育教学效果有显著的正相关。北京师范大学的林崇德教授，曾对影响教师工作积极性的内外因素做过深入的研究，结论是：教师工作积极性与教师教学效能感、价值期待和学校客观状况之间在显著的线性关系。教师工作积极性可以通过这三个因素进行预测。出人意料的是教师工作的积极性与教师教学效能感、价值期待的相关远远高于与学校客观状况的相关系数。综上所述，教师的教育教学效能感是影响教师教育教学心理、行为、效果的一种重要的内部因素，因此，教师的教育教学效能感应成为教师管理的一个重要方面。

（二）教师管理效能理念的基本观点

1. 关于教师的假设。管理者持有什么样的教师假设，就有什么样的管理行为。效能管理理念认为，教师是有潜能的、可持续发展的。这里的潜能不仅是指教师先天具有的而尚未显现的能力，更主要的是教师的尚未激发的与自我发展相联系的能量和兴趣。管理者的管理行为只有激发这种潜能，才能由外因转化为内因，焕发出强劲的动力，催动教师主动积极地投入工作，不断地完善自己，从而使自我效能感得到极大的发展。效能管理理念也认为，教师的主体性是教师作为教育活动的主体的本质属性。它包括自主性、主动性和创造性三个基本本质特征。自主性是对自我的认识和实现自我的不断完善；主动性是对现实的选择，对外界适应的能动性；而创造性则是对现实的超越。主体性一方面表现为主体意识，另一方面表现为主体的能力。教师管理应着眼于教师的主体性的发挥。

2. 关于教师管理的目的。效能理念认为教师管理的最终目的是以发挥教师的自主性、主动性和创造性为核心的教师工作能力、效益和职业精神的全面提高，而培养教师的自我效能感仅是提供教师自我发展的动力

的一种手段。

3.关于教师管理的过程。教师管理是效能取向,而不是任务取向。教师管理的目的,并不仅仅是完成某项任务,更重要的是提高教师的自我效能感。这种效能取向,主要着眼点有两个,一是教师教育教学水平的提高,二是教师对工作的情感、意志等。教师管理的过程是合作配合的过程。管理者不仅仅是命令教师,而应该提供各种机会,让教师去锻炼发展。教师工作的评价采取协同自评的方式。管理者在帮助教师评价的时候,应立足于教师的发展,发现和肯定教师的成绩和长进,让教师在评价中认识自己、发展自己,看到自己的成功与力量,提高自我效能感,同时,也找到自己的不足,满怀信心地改正缺点,努力工作。

二、关于"能力取向"教师管理模式的构建

(一)传统教师管理的现代反思与模式转型

传统的教师管理建立在以对象化的"主体一客体"二元对立管理观的基础上,属于典型的"权力型"管理模式。管理方作为管理的主体,相对于客体一教师而言始终处于主动和优越的地位。管理过程中本应存在的"主体一主体"关系被当作"主体一客体"关系对待。管理方把管理等同于控制,在主客体完全疏离的情况下,将"我"(主体)的意志强加于他人。这种"主体一客体"二元对立的教师管理模式,以控制教师的行为为目的,表现为管理过程的非人性化和管理结果的非效能化:(1)忽视教师的非理性因素,过分强调教师管理的权威性和严密性。(2)忽视教师的个性,过分强调教师的共性。(3)忽视教师的自主性,过分强调管理的统一性。知识经济和信息社会的快速发展,传统的教师管理模式受到了挑战。那种控制教师行为管理方式已经成为阻碍教育改革与发展的绊脚石;一种重视

教师内在因素,强调教师"能力取向",回归教师管理本义的新的管理模式呼之欲出。这种能力取向的教师管理模式,以"以人为本"的管理理论为基础,以教师能力为管理的价值取向,以教师能力为管理的对象和管理的核心,把管理最终落实到对教师能力的管理上来,实现教师管理模式的现代转型,使之达到:宏观层面——教育系统——塑造能力型系统;中观层面——学校组织——建立能力型组织;微观层面——教师个人——成为"能力人"。

(二)"能力取向"教师管理模式的价值分析

从哲学的角度看,"能力取向"教师管理模式是一种从哲学意义上产生的对教育组织管理本质的新认识。从社会发展理念看,"能力取向"教师管理模式凸显了新的价值观念和价值尺度。在教育领域中,引入"能力取向"的教师管理理念,对教师实行能力管理,这是对教育管理理念重新审视、教育管理思想重新清理的结果,是对教师管理的全新认识、全新理解和全新把握。可以预言,"能力取向"教师管理模式将在教育领域形成一种新的教育管理哲学。"能力取向"教师管理的价值反映在学校组织文化的各个方面。对于教师个体而言,必须以提高和发挥自身能力作为证明自身价值的根本途径。对于学校的管理而言,必须以发挥教师的能力和实现教师能力的优化组合作为教师管理的根本任务。对于学校的机制而言,必须形成"能力强者上、能力弱者下"的用人机制。对于学校的文化价值取向而言,必须是人人都重视能力,并以能力的发挥和教育的贡献作为人生价值追求。对于学校的发展目标而言,必须是教师能力的提升与学校核心竞争力的增强同步并进,并通过教师能力的优化组合达到能力的放大效应。"能力取向"教师管理模式的产生,改变了传统教师管理中教师的地位与作用,具有非常重要的理论意义和实践意义:(1)教育学意义。它是教育研究的新视角,教育理论的新突破,教育管理的新手段。

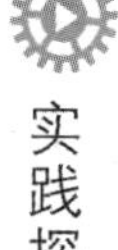

(2)伦理学意义。教师以其能力的充分提高和发挥为首要的价值追求,在与其他价值追求发生矛盾和冲突时,教师宁可放弃其他价值追求以保证首要价值追求的实现,甚至不惜付出一切代价,以保证能力的充分提高和发挥,实现自己的首要价值追求。(3)社会学意义。对教师进行"能力取向"的管理,使教育组织的规章、制度、管理体制、运行机制、发展计划和政策决定等,都围绕着有利于正确、充分地发挥每一位教师的能力来设计和运作,这样能有效地消除"人情关系"、"权本位"和"钱本位"在教育组织中的消极影响,营造一个强有力的"能力型组织",形成一个长效的"能力型"运行机制。(4)经济学意义。从教师人力资本运营的角度看,挖掘和提高教师能力是一种长远投资,能产生很强的经济效应。

(三)"能力取向"与"以人为本"的关系辨析

所谓"能力取向"教师管理,是以教师能力为管理的核心,把教师能力作为管理的首要对象和最终价值目标。"能力取向"管理属于"以人为本"管理的范畴,是"以人为本"管理理论发展的新阶段。在"能力取向"的教师管理运行中,把"能力"这一最重要的教师人力资源作为教育组织发展的核心因素,通过采取科学的方法和策略,最大限度地调动和发挥教师的能力,实现教师价值的最大化。"能力取向"与"以人为本"是辩证统一的关系,首先,"能力取向"与"以人为本"具有相同的人性基础,两者都关注教师的社会属性,注重管理中教师的价值,强调教师的主体性和主观能动性。其次,"能力取向"与"以人为本"相互统一,"以人为本"的本质是以教师的能力为本,它以"能力取向"为载体和前提;"能力取向"的管理结果必然是"以人为本",它以"以人为本"为价值和目标。再次,"能力取向"与"以人为本"相互依存,两者都以对方的存在为前提,它们之间相互依存,相互促进。没有"能力取向"教师管理的实施,"以人为本"的教师管理就不可能实现;同样,没有"以人为本"的教师管理理念,"能力取向"的教师管理就成为一句空话。

（四）“能力取向”教师管理模式的实施路径

构建“能力取向”教师管理模式的根本目的在于实现“能力取向”的教师管理效能，为此，必须将“能力取向”的管理思想贯穿于教师管理的各个环节。

(1)选人——按需设岗、因岗择人。设置教师岗位是教师管理的一项重要的基础性工作。“能力取向”的教师管理，要求根据完成教育工作目标的实际需要设置岗位，根据岗位工作的实际需要选择具备相应能力的教师，改传统的“因人设岗”为“按需设岗”，变传统的“身份管理”为“能力管理”，这样，既可以破除选人上的不正之风，又能够有效地提高教师管理的针对性和科学性。

(2)用人——因能上岗、按能配工。每一个岗位都有其对应的能力要求，而每一个教师都有与某一个岗位相适应的能力阈限。只有在教师与岗位相互匹配的情况下才能够发挥教师人力资源的最大效益。

(3)考核——能绩为据、科学测评。在“能力取向”的教师管理中，要根据教师工作的性质和特点，建立客观公正、科学、合理的能绩评价指标体系，以调动教师的积极性，发挥教师的能力。

(4)分配——以能定酬、优绩优酬。马克思指出：人类的特性就是自由自觉的活动。这意味着，人按其本性而言，要求自由自觉地发挥自己的能力。教师具有人类的一般特性，是创造和索取相统一的存在物。教师的能力发挥内在要求得到相应的回报，能力越强，业绩越大，要求得到的回报就越高。因此，“能力取向”的教师管理要求在分配机制上适应教师的本性要求，遵循教师能力发挥的基本规律。

(5)激励——能上庸下、能进劣出。在教师“能力取向”管理中，要做到能绩、贡献与岗位、职位相匹配，压力与动力相统一，选拔有能力的教师

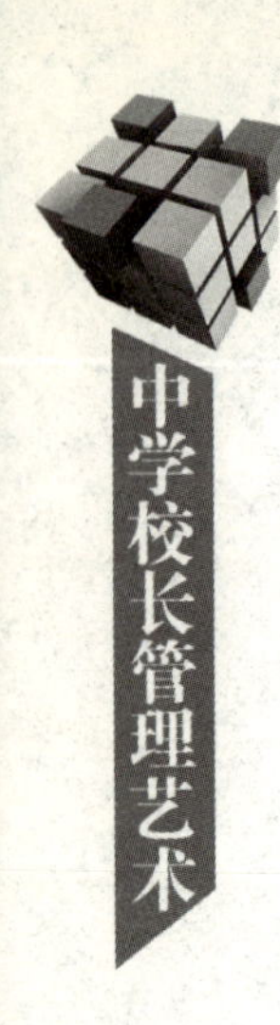

并把其安排在相应的岗位上，使有能力的教师找到合适的舞台充分发挥，使才能平庸的教师感到有生存和发展的压力，从而激活教师人力资源。

三、关于教师管理的内容及策略

（一）教师管理的内容

1. 教师任职资格管理。教师的任职资格管理是对一个人是否具有担任教师资格的审查。教师是履行教育教学职责的专业人员。教师工作的特殊性决定了并非人人都能从事教师工作。当代世界各国都对教师的任职资格作了规定，不具备教师任职资格条件的人，不能从事教育教学工作。

2. 教师思想道德管理。指对教师的思想政治理想和职业道德的管理。我校结合师德建设，强化思想道德管理取得明显成效。

3. 教师业务水平管理。指对教师的学识水平和科研活动的管理。我们结合青年教师师能培养，在学术科研成果上取得大面积丰收。

4. 教师身心行为管理。指对教师的行为能力、心理素质、身体状况、精神面貌、人际关系的管理。

5. 教师队伍管理。指对教师队伍的数量、结构、学科带头人和骨干教师的管理。

6. 教师工作管理。指对教师的工作制度、教学工作、科研工作、班主任工作等的管理。

7. 教师的待遇管理。指对教师职称评定、生活待遇、社会活动的管理。

（二）教师管理策略

教师相对于学生是管理者，而相对于学校又是管理的对象。教师总是希望学校管理者把他们当作独立个体来进行管理，承认并尊重他们个人的价值和尊严。教师是有更高层次心理需要的“社会人”，教师的精神需要原则应当成为学校管理的第一要义。

(1)理念创新——学校教师管理的基础。从根本上说，教师管理的核心理念是人本管理。教师管理的基本理念要求对过去的传统管理理念有所超越，包括：从追求利益最大化到合乎法律和伦理的方式转变；从手段的人到目的人方式转化；从关注组织目标、战略、结构、制度到强调组织价值。这种管理观越来越成为管理界的共识：第一，遵循人性是教师管理的基本思想，教师管理的核心就是突出以人为本。第二，学校管理须关注教师劳动的特殊性，注意培育自律意识。第三，学校管理须关注教师心理的特殊性，注意满足教师的精神需要。第四，学校管理须关注教师需求的特殊性，注意满足教师的高层次需要。

(2)压力管理——教师管理的处女地。教师职业压力管理，应成为学校人力资源管理的重要方面。教师压力管理的目的并不是彻底消除职业压力，而是学会一套有效应对压力的方法，从不同层次和角度来缓解压力，使教师保持一种积极、乐观向上的心态，避免压力对学校和教师个人带来不良的影响。恰当定位，自我解压。缓解职业压力，教师自身需要做出努力。自我认知，正确定位。认识自我，包括认识自己的个性、兴趣、优缺点、工作能力及所担当的角色。面对现实，积极应对。教师必须正视并接受来自于内部和外部对自尊心有威胁的各种挑战，否则就会产生职业适应障碍，降低工作效率。自尊自强，悦纳自己。学会悦纳自己，提高自信心和耐压力；学会放松自己，降低紧张感；掌握沟通技巧，做到坦诚、友好、信赖、尊重、同情与理解，建立和谐的人际关系；给自己创造更多训练和提高的机会，不断超越自我。管理创新，帮助卸压。实现服务性管理。建立发展性的教师评价体系。增加对教师的精神支持和物质支持。

(3)心理契约——教师管理的新领域。近年来，在西方组织行为研究和人力资源管理领域出现了一个新兴的理论——心理契约论，它认为在

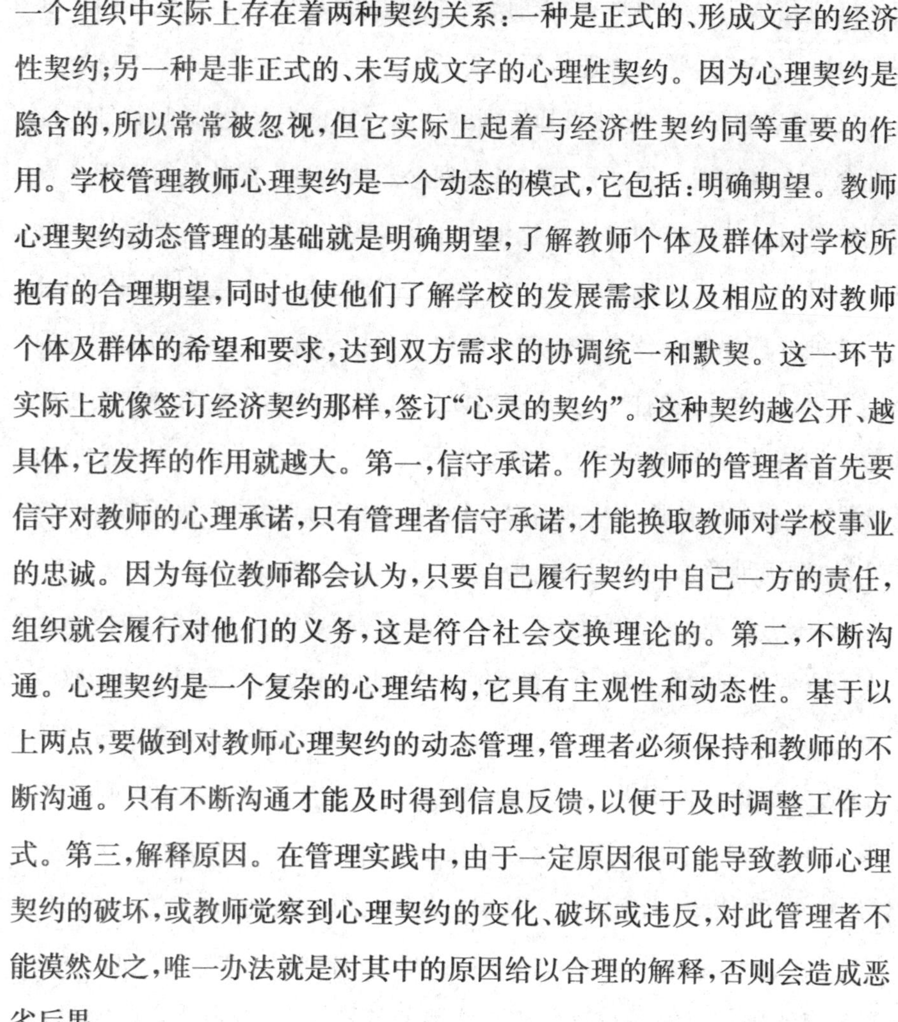

一个组织中实际上存在着两种契约关系:一种是正式的、形成文字的经济性契约;另一种是非正式的、未写成文字的心理性契约。因为心理契约是隐含的,所以常常被忽视,但它实际上起着与经济性契约同等重要的作用。学校管理教师心理契约是一个动态的模式,它包括:明确期望。教师心理契约动态管理的基础就是明确期望,了解教师个体及群体对学校所抱有的合理期望,同时也使他们了解学校的发展需求以及相应的对教师个体及群体的希望和要求,达到双方需求的协调统一和默契。这一环节实际上就像签订经济契约那样,签订“心灵的契约”。这种契约越公开、越具体,它发挥的作用就越大。第一,信守承诺。作为教师的管理者首先要信守对教师的心理承诺,只有管理者信守承诺,才能换取教师对学校事业的忠诚。因为每位教师都会认为,只要自己履行契约中自己一方的责任,组织就会履行对他们的义务,这是符合社会交换理论的。第二,不断沟通。心理契约是一个复杂的心理结构,它具有主观性和动态性。基于以上两点,要做到对教师心理契约的动态管理,管理者必须保持和教师的不断沟通。只有不断沟通才能及时得到信息反馈,以便于及时调整工作方式。第三,解释原因。在管理实践中,由于一定原因很可能导致教师心理契约的破坏,或教师觉察到心理契约的变化、破坏或违反,对此管理者不能漠然处之,唯一办法就是对其中的原因给以合理的解释,否则会造成恶劣后果。

(4)梯度协商——教师管理的新视角。a. 确立梯度,对教师进行分层。按一定的标准将教师分成适于管理的若干类群,是梯度协商式管理的第一步。对教师分层,有多种方法。在学校教师管理中,有年龄标准、年级标准、学科标准、阶段标准(低、中、高年级)等。而对我们启示较大的则是斯特菲的教师职业/生命周期理论,该理论将教师的职业社会化过程分为六个阶段:实习教师阶段、新教师阶段、专业化教师阶段、专家型教师阶段、杰出教师阶段和退休教师阶段。教师在学校的工作实践历程中,实际上只有上述六阶段的中间四阶段。由于学校教师在专业成熟水平上呈梯度分布，所以这四个阶段在全校所有教师身上同时可以得到体现。因此教师实际上可分为如下四个梯度：新手型教师、职业型教师、专家型教师和研究型教师。b. 梯度协商式管理在实践中的运用。参与新手型教师教育工作过程，对其职业蓝图进行协商。对于新手型教师，协商管理的重点在于帮助其尽快适应工作，并确定自己的职业方向与发展蓝图。为职业型教师提供较高级的学习与进修的机会，促进职业意向的良性发展。对于职业型教师，协商的重点在专业意向的健康发展方面。为专家型教师创造展示自己的舞台，促进其自我实现。对于专家型教师，协商的重点是教学工作的创造性及自我实现的程度。让研究型教师承担一定的课题研究项目，充分发挥其专长，追求更高的专业工作的挑战。管理者应鼓励研究型教师开设更高水平的课程（如校本课程），承担重大攻关性课题及攻坚性工作任务，参与教师评价工作，担任教育决策顾问，为学校重大决策提供咨询。

四、教师管理：从“工作体”向“生命体”回归

长期以来，我们在教师管理中缺乏对教师生命的完整理解，往往把教师看作是抽象意义上的客体——“工作体”，教师的个体独特性和多样性被抹杀了，人被物化了。于是对教师的要求千篇一律，管理过程也变得高度程式化，升学率成了评价教师优劣的唯一标准，教师内心的体验、情感、个性、人格的发展都成了可有可无的东西。要改变上述状况，就必须确立全新的教师管理理念：回归生命，关注生命。

我校的办学理念“为每一位学生的终生幸福奠基”，就包含幸福教育对于教育者本身创造幸福工作环境。从“工作体”向“生命体”回归，就是把谋求教师的全面自由发展当作教师管理的终极目标，全力营造和谐的

教师管理文化，为教师的生命发展提供能源，让更多的教师找到自信和价值，拥有幸福的人生。要做到向"生命体"回归，校长就应当树立"关注生命"的理念，学会感激、赞赏、公平和引领。感激什么呢？感激教师默默无闻地对学生的倾心付出；感激教师在平凡的教育生活中的创造和超越；感激出色、平淡和差异；感激教师的尊敬和信任、理解和宽容、支持和忍耐，甚至挑剔和责备、怀疑和不满；感激教师每一个踏实的脚印、每一滴辛勤的汗水、每一次成功和失败的探索、每一句心底发出的牢骚……心存感激，它能使管理者的管理有情有味；诚心感激，它能使管理者和教师的心贴得更紧，情结得更深。如何才能公平？公平要靠制度保证，制度要通过民主程序来制定，这样的制度才能最大限度地体现公平。这就要充分保障教师有权参与事关他们利益的决策过程，使教师享有"做主"的权利，享有自我教育、自我管理和自我发展的权利，这是对教师生命体最深切的关怀。赞赏什么呢？赞赏一种可贵的精神、一种美好的情怀、一种良好的品质、一种不懈的追求、一种健康的爱好和特长；赞赏一条建议、一声责问、一次行为上的闪光；赞赏教师这一生命体在生活中独特的、斑斓的智慧之光和生命之光。赞赏是一把火，会把教师心灵中的那份激情点燃！引领什么呢？这就要求管理者引领教师努力做到"五个和谐"：面对自身、职业、自然、社会、他人时，要做到与自身和谐、与职业和谐、与自然和谐、与社会和谐、与他人和谐。生命，只有在身心感到和谐愉悦的时候，才会激情四射，活力焕发。要千方百计缓解教师的种种压力，让教师在尽可能宽松和谐的氛围中尝试改革、自主发展，让教师在和谐中体验生命的尊严和欢乐，提升生命的品质，促进生命的成长。引领是一面飘扬的大旗，为真诚的生命追求指点方向！

第二节　谈教师的“四自”与专业化发展

现在不管是重点中学还是一般中学，都存在“编满人缺”的境况。论编制，人不缺，但是有些学科，师资明显不足，尤其是优质师资资源匮乏。直白地讲，就是缺优秀教师，缺名师、缺大师。据新浪网教育频道推出的一项关于“明天，我们怎么样做教师”调查表明：95%的人认为将来的社会对教师职业的要求越来越高。在参与调查的教师和社会人士中，在针对“你认为将来社会对教师的哪方面要求最高”这一问题中，63%的人认为将“综合素质”和“专业技能”列为首选。同时85%的人认为将来当教师的学历“门槛”会越来越高。

不久前，胡锦涛在全国教育工作会议上明确提出：“教育大计，教师为本”。要把教师队伍建设作为教育事业发展最重要的基础工作来抓。努力造就一支师德高尚、业务精湛、结构合理、充满活力的高素质专业化教师队伍。要采取有力的措施，提高教师地位，维护教师利益，改善教师待遇。加强教师培训，关心教师身心健康，为教师解决后顾之忧，要在全社会大力弘扬尊师重教的优良传统，使教师成为最受社会尊重的职业。

现在的事实和将来的事实完全可以证明：选择教师职业，都将是今天教师和明天教师无悔的选择。教师社会地位的提高与待遇的改善，必然对教师的师德、师能提出更高要求。

所以，要当老师，就应该争取做优师、名师。要立志争当“大师”。最起码要做一个幸福的成功型教师。

国学大师季羡林在《谈人生》一书中提到一个成功公式——天资＋勤

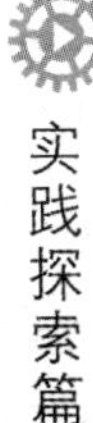

奋+机遇=成功。三个条件中,天资由天定,有机遇不期而至,无机缘,期而不至。对此,我们都无能为力。只有勤奋这一项完全是我们自己决定的。以"衣带渐宽终不悔"的精神作学问,干事业,这是成功必由之路。

怎样才能走上成功之路,成为优秀教师、名师、大师呢?优秀教师专业化发展是一个多阶段的连续过程,并且是一个不断学习、不断实践、不断创造的过程。整个成长历程大体要经历四个阶段:工作适应期、目标定向期、自我探索期和成熟创造期。不同阶段表现出不同特征,具有不同的发展任务,且受不同因素的影响。

1. 工作适应期。一个青年刚走出大学校门,步入三尺讲台,会有初为人师的激情和对未来充满幻想,面对复杂的课堂教学同时会感到茫然而无从入手,这时角色认知模糊,可塑性强,工作盲目性大,情绪易冲动,特别期盼他人的理解、尊重、信任和支持。这一阶段的主要发展任务是沉下心来,努力适应学校环境,有意识地把握从学生到先生的角色转换,良好地适应学校运作系统,稳妥地处理教育教学事务,学会理解学生。这一阶段教师关注的焦点是课堂教学内容与过程。关心如何上好一节课,对教学对象即学生以及学生中分化的需要几乎是没有意识的。一些小获即安、发展目标定位不高的教师,此阶段容易停止发展,失去向纵深发展的内驱力和机遇,此后的生涯仅限于经验的积累,缺少必要的反思和理性的师能拓展。而具有名师优师潜质者,在起步阶段,就快速定位,积极适应,进入角色。抓住良机,主动发展。这一阶段,学校会有序组织新教师参与基本功大赛,通过说课及"三字一话"评比,调动青年教师积极性,学校会选派指导教师对新教师进行传帮带,同时灌输备课、评课、教研常规,有心人会抓住良机,自我强化训练,进行角色确认,为专业发展夯实基础。

2. 目标定向期。经过工作适应期的努力,一些教师对自己的发展提出明确目标,主动接受先进理念的指导,大胆尝试,了解学生以及根据学生的变化灵活运用或变革教学方法,尝试将所学知识与实践结合,不断探索教育教学规律，教学能力得到增强，并且能够根据实际教学环境及自己个性特征、自身优势，寻求新的教学技巧和解决问题的方法。此阶段发展优劣，首先是根据前一阶段的发展情况，提出新的发展目标，然后制订具体的发展任务，其中包括更新知识结构，接受先进理念，提高教学技能等。此阶段，学校通过引进竞争机制，激励教师积极主动发展，通过聘请专家做报告，输送教师外出学习，帮助青年教师拓宽教学思路形成自己的教学风格。

3. 自我探索期。处于这一阶段的青年教师乐于出席研讨会、观摩会，希望通过比较，尝试反思总结自己的教学风格和特色，努力成为具有先进的时代特色、教学理念的教育工作者。在教育教学中视学生为具有独立人格和个人特色的教学观念，体会了高水平教学内涵，注意克服传统灌输注入式教学弊端，将通过良性互动，达到有效教学的目的。

这一阶段的主要任务是完善教学技巧，提升教学技能，实现运用教育教学新方法、新策略，形成独特的教学风格，实现自我超越。这一阶段，学校会通过经验交流会、学科研讨、校本课程开发等多种途径，促进青年教师专业成长。

4. 成熟创造期。这个阶段，教师能够达到对学生的深层次了解。不仅了解学生知识水平，还了解学生的情感变化，而且能因材施教，在娴熟的教育技能的配合下，教学绩效不断增长，经验升华成理论，产生更大的实用价值和社会价值，受到学生与家长的欢迎，得到同行的认可及领导的重用，体验逐步走向成熟的成就感。在校内外介绍经验，一些具备理论素养与目标追求的教师可以形成教育理论，成长为教育家。这一时期的发展任务是选择更新、更难、更大的创造目标，成为思想深刻、通晓教育理论驾驭教学的现代名师。教师只有将教书育人视为人生价值的体现，才会有不竭的发展动力。

归纳起来，教师专业化发展的经验有许多条，但根本一条是“四自”。

一是自我期待。首先明确专业发展目标。明确走专业发展道路是自

己的理想追求，不是他人的期待，是燕雀小志想当一个教书匠，还是鸿鹄大志做名师或当教育家。所以，每位青年教师都应早立志、立大志，确定发展目标。拿破仑说："不想当元帅的士兵，不是好士兵"。推而广之，不敢当名师的教师，就成不了教育家。

二是自主学习，厚重专业化发展的底蕴。教师首先要向书本学习，学习本学科知识及拓展性专业知识，不断摄取最新的教育动态及前沿知识，提高自己文化底蕴的学科理论水平，建立起又专又博的完整知识体系。其次是向他人学习，向一切内行人学习。多听报告，多听研讨会，不断提高自己专业水平。

三是自主实践，不断提升专业发展能力。教师专业发展需要拥有综合的教学素养，形成综合的教学实践能力，为此，平时要用心观察，细心体会，在实践中发现问题，解决问题，提高专业发展能力。

四是自动反思，生成专业发展智慧。美国心理学家波斯纳提出教师成长公式：成长＝经验＋反思。只有经过反思，使原始的经验处于不断地被审视、被修正、被强化状态，这样的经验才会得到提炼，得到升华，从而生成专业发展智慧，所以真正意义上的教师专业发展必须通过主动的反思，架构起"经验"和"理论"的桥梁。在经验的"理论化"和"情境化"过程中，生成个体的专业发展智慧。美国中学教师专业化，有一些值得我们借鉴的地方。比如，美国强调教师专业起点统一规范化。2002 年 8 月，美国联邦教育部颁布实施《不让一个孩子掉队》法案，并指出实施法案需要高质量的教师，同时具体规定了教师必须达到的基本标准：1. 本科学历。2. 获得教师资格证书。3. 专业要求达到教学领域的合格标准，必须通过考试认可。

美国坚持以学生为中心专业发展标准、专业发展围绕改善学生学习进行。教师的继续教育硬性要求与灵活选学相结合。教师资格证书，5 年有效期，要保证继续有效，5 年内必须完成 175 小时进修学习。美国要求教师的专业发展必须与学校特色发展相一致。

对照国外，反思我们教师的专业化发展，不难得出这样的结论：在同等环境和相同条件下，有的教师成为名师，有的教师一辈子都是个“教书匠”。其影响因素是什么？我认为：因素之一是“专业发展愿景”不同。有“名师梦”才有成名师可能。而当教师之初，就根本没想过当名师，成为名师可能性为零。

因素之二是自我效能感，自我效能表现的是一种自信心。没有自信力，仅有他信力，是不会成功的。

因素之三是实践磨砺。名师之所以有名，不唯有高尚师德，更有高人一筹的师能。即卓而不凡的育人才能和出类拔萃的教书技能。在“课堂拼搏”中“学会教学”是他们锐意进取、努力实现的规律性进程。

因素之四是研究反思，学而不思则罔，教而不思则困。名师总是通过探索，有所发现，有所建树，才走出迷途，摆脱困境。

因素之五是专业引领。多数名师都有名人名家指点，更重要是他们虚怀若谷，善于学习，善取他人之长，补己之短。

因素之六是环境因素。在一所具有先进理念，有文化底蕴的名校做教师这也是得天独厚的环境资源。在这里，名师荟萃，近朱者赤。在这里教书，与名师为伍，可尽享育人的幸福。

教师专业发展，“师能”是个硬实力，但并不意味着“师德”是个软实力。教师的职业道德是教师专业化不可或缺的重要维度。德是师之本，爱是教之源。一个想当人师、当名师的青年教师，必须从我做起，从现在做起，首先修炼师德。陶行之的名言应该成为我们的座右铭：“捧着一颗心来，不带半根草去”。既然选择了教师职业，开始自己的职业生涯，就应该恪守师道，树立尊严。温家宝总理说过“没有爱就没有教育”。这是师魂所在。温总理强调要“博学之，慎思之，明辨之，笃行之”。号召开一代师风，让我们以此互勉，争做一名无愧于时代的人师吧！

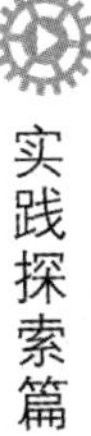

第八章 学校文化管理

第一节　传承百年校训，深化学校管理

校训是一所学校的灵魂，体现了学校的办学理念、办学传统，是学校人文精神的高度凝练，是激励师生精神气质和规范学生言行的准则。在吉林一中百年的办学历史中，我们积淀了丰厚的文化底蕴，其中“敦品励行，热心向学”的校训，至今还体现着较强的时代精神，读来总有一种使人如沐春风的人文精神，体现着润物无声的人文关怀。

一、“敦品励行，热心向学”是学校光荣传统的发扬

早在建校之初的1907年（光绪三十三年）七月，兼任吉林中学堂和满蒙两科监督的顾德宝就制定了《中学堂创办章程》，规定了学校管理规范，确定了“敦品励行，热心向学”的校训。秉承这一校训，吉林中学堂从创办之初就固守“端正趋向，造就通才”，“智育体育而外尤宜注重德育”的信条，注重在师生中敦进品德、激励作为，树立风气，培植传统。学堂开学仅四个月，“教职各员各能尽其职司，相助为理，而学生等亦复循循规矩，争

自磨砺，略无嚣张之习”。这种严谨治学风尚，使得学校从诞生之日就处于很高的起点，为日后发展奠定了良好的基础。

建校百年来，历届学子们以救国图强为己任，胸怀兴国之志而发奋学习。辛亥革命时期，面对当局丧权辱国的行径，百余名热血青年拍案而起，积极参加护路斗争；“五四”运动时期，正在天津领导学生运动的马骏等人串联吉林各学校组织了学生联合会，酝酿并发动了大规模的反帝爱国运动；“五卅”运动时期，学生们高呼“打倒帝国主义”的口号，走向街头，与反动当局展开了艰苦卓绝的斗争；日伪统治时期，学生们传看进步书籍，传唱进步歌曲，以各种方法与奴化教育相抗争；国民党统治时期，他们同仇敌忾，联合举行反饥饿、反内战的示威游行……

一中的学子们历来都把自己的命运同民族解放联系在一起，他们为国而忧，为民族的复兴而呐喊，在革命斗争的洗礼中磨砺爱国之心、报国之志。在百年的办学历史中，造就了马骏、姚新一、曹国安、王以哲、周建华、李光汉、张方责等一大批革命家、革命先烈。新中国成立后，一批又一批的一中学子为了祖国繁荣昌盛而刻苦读书，涌现了怀抱“中国何日富强”忧思的矿产学家岳希心、不忘“病夫之耻”的地质学家马宗晋、认定“没有强大的国防，就没有自己国门”的军事科研专家王泽山、在科学海洋中不断开拓超越的超导材料专家周廉等一大批四化建设的中流砥柱。在改革开放的今天，张蕊、刘振宁、王军、岳奕、周锐、肖潇、李春晓、薛鹏博等热心向学的学子们，以优异的成绩独占鳌头，成为中华民族伟大复兴的接班人。

二、“敦品励行，热心向学”是素质教育对学生的必然要求

《中共中央关于教育体制改革的决定》提出：“教育要为我国的经济和社会发展培养各级各类合格人才，所有这些人才，都必须有理想、有道德、

有文化、有纪律，热爱社会主义祖国和社会主义事业，具有为国家富强和人民富裕而艰苦奋斗的奉献精神，都应该不断追求新知，具有实事求是、独立思考、勇于创造的科学精神”。这种“四有、两热爱、两精神”即是现阶段我国教育的最终追求。

目前，我们正进行着前所未有的素质教育。根据素质教育的目的与素质的基本分类，素质教育显然负担着三大基本任务：

第一，培养学生的身体素质。这是素质教育的基础。

第二，培养学生的心理素质。心理素质是素质整体结构的核心，每个学生都是通过自己的心理活动接受各种素质教育的，心理活动越积极，就越会主动地去接受教育，从而收到良好的教育效果。

心理素质教育的任务是：发展智力和培养能力；培养非智力因素；讲究心理卫生，保持心理健康；掌握心理系统的初步知识，具有自我调控能力；具备建立良好人际关系的能力。

第三，培养学生的社会素质。社会素质是以身体素质为基础，以心理素质为中介获得的。它包括政治、思想、道德、业务、审美、劳动技术等多方面素质。学生社会素质教育的任务，就是培养学生具有正确的政治认识、政治观念与政治理想；养成正确的思想认识、思想观点、思想情感和思想方法；培养高尚的道德品质、道德情操，养成正确的道德行为；掌握基础知识与基本技能，并具有广博的一般文化修养和专门的知识、技能；养成正确的审美意识、审美情趣与美感，培养认识美、欣赏美和创造美的能力；具备一定的劳动知识和技能，热爱劳动并形成劳动人民的思想情感。

概括起来说，学生身体素质、心理素质与社会素质都属于“品”的范畴。“敦品”就是要求学生在身体素质、心理素质和社会素质方面勉励自我、敦促自我、开发自我、完善自我。“励行”是指激励和约束自己的行为。要求学生一方面通过实践来获取正确的思想认识，发展自身素质，另一方面要注重把自己的认识落实到实践中去，从而完成理论与实践、认识与行动的完美结合。

学生的主要任务是学习。“热心向学”四个字，高度概括了素质教育对学生学习的基本要求。当代教学改革的一个突出特点，是在教学观念上将学生作为教学的真正主体，即：强调“以人为本，以学生的发展为本”。在这一理论指导下的学习活动，对学生的非智力因素提出了较高的要求。一是要求学生要有正确的学习动机、学习目的。二是要具有浓厚的学习兴趣。三是要有坚毅的学习毅力。四是要有勤奋、勇敢、自信、谦虚、谨慎、细致、乐观等学习性格。这些基本的个性品质直接影响着学生的学习水平、学习质量。而“热心向学”正是要求学生，从“心”入手培养自己良好的个性化的学习心理因素，以适应教育改革的需要和个人发展的需要。

三、“敦品励行，热心向学”是精品化人才成长的必然选择

吉林一中以新校区建设整体竣工为标志，已经进入了一个新的发展时期。在这个新的历史时期到来的时候，我们又不失时机地提出了“全面建设精致化、精良化、精品化、特色化、现代化、国际化的省内著名、国内闻名、国际知名可持续发展的素质教育学校”的内涵发展目标，其核心任务是坚持科学发展观，坚持教育创新，坚持走内涵发展、特色发展和教育国际化道路，塑造走向世界的精品化人才。而这一办学目标的实现，除了以精致化的管理为基础，以精良化教师队伍为保障，以现代化的教育设施、教育思想、教育手段为依托之外，还必须充分发挥学生的教育主体地位。充分调动学生的内在动力。教育学生“敦品励行”，真正成为具有“四有、两爱、两精神”的人，是学生走向成功的基础，而教育学生“热心向学”，使其具有正确的学习目的、坚强的学习毅力、浓厚的学习兴趣和与人合作的学习态度，又是学生成才的必然条件，二者决不可偏废。

总之，“敦品励行、热心向学”是我们创办优质化学校必须着力开发的

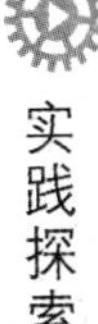

学生动力因素，是成功人才成长的必然选择。它不仅在历史上对于一中学子起到了巨大的激励作用，而且在素质教育的今天，对于学生的个性化发展仍然具有深远的现实意义，是学生终身可以受用的座右铭。

第二节　加强校风建设，优化学校管理

校风，是一所学校所特有的占主导地位的群体风尚和行为习惯，体现出一种独特的心理环境，具有稳定性、导向性和感染性。社会主义教育的培养目标是使受教育者成为有理想、有道德、有文化、有纪律的社会主义新人。这一培养目标的实现，要求我们的学校有优良的校风，其中包括有热爱党和社会主义政治空气，有健康向上的集体舆论，有高尚的道德情操和文明的行为习惯。青少年学生只有在这样的教育环境里才能更好地接受社会价值观念和社会规范，更好更快地成长。

总结吉林一中百年的光荣历史，纵观历届领导和教师的工作作风以及学生的学习风气，进而寻找、提炼出学校人物具有的方向和内涵一致而表现方式大同并相对独立的心理倾向，即学校所特有的占主导地位的群体风尚和心理环境，我们把它总结为“相助为理，争自磨砺”，并将其确定为吉林一中校风。

一、“相助为理，争自磨砺”反映了吉林一中百年历史传统，是学校的百年文化积淀

“相助为理，争自磨砺”出自光绪三十四年(1908年)中学堂(吉林一中前身)监督兼教务长顾德保的呈文。原文为:“堂内职务教务员各尽其职司相助为理，而学生等亦复循规矩争自磨砺。”

“相助”，是互相帮助之意。“为”，是作为或成为，“理”是道理，规范、准则，“相助为理”是说把人与人之间的帮助与合作，作为办学的规范、准则、风尚，“争自”是自觉地争取。“磨砺”，砥砺磨炼的意思。“争自磨砺”是说学生都能自觉地投身到各种教育活动中去，磨炼自己的品德，增长自身才干，使自己成为有用的人。“相助为理，争自磨砺”八个字高度概括了吉林一中自创建以来贤达人物所表现出来的态度和趋向，构成一种学校特有的教育心理环境，成为影响学校生活和学校发展的重要因素。

一中的教师是一个优秀的群体，“相助为理”是一中教师的行为风范。百年来，他们同舟共济、荣辱与共，执着追求，无私奉献。从晚清中学堂到改革开放的今天，虽然校址几度变迁，虽然人员多次更迭，但他们对教育事业的执着追求没有变，对学校兴旺发展的热切期待没有变，对事业恪尽职守无私奉献的崇高精神没有变，他们是一群具有专业幸福感的教师，是富有创造精神和能力的教师，是一个追求专业持续发展和自我超越的群体。上世纪20年代的文理通才谢中老师，50年代全国模范教师王正绪、吴素贞，80年代特级教师贾万里、陈启超、张太平，新时期特级教师刘增才、汪杰等就是这个群体的代表。他们不仅以“严谨治学”“教书育人”而颇负盛名，而且以自身的学识和人格的魅力打造并融入了一个虚怀若谷、宁静致远、相互启迪、共同发展的群体当中。

从满清中学堂的81名学生，到今天吉林一中的5000多名学子，学校的发展靠的是这支优秀的教师群体，而优秀群体的壮大与发展，靠的是

“相助为理”的群体风尚和行为习惯。建校之初，学校就开始重视师资队伍建设，曾要求教师参加省市各种教学研究活动，学校教职员均为“教学研究会”会员。学校还利用寒暑假集中对教师进行业务培训。新中国成立以后，学校采取多种措施提高教师素质，从而培养了一批学有专长、具有丰富教学经验的学科带头人，成为教师队伍的中坚力量。

进入 21 世纪以来，学校以“名师工程”为重点，带动“名校工程”。学校领导班子坚持“终生学习”的时代理念，为每一位教师创造学习机会和学习条件。期间组织教师参加了各种学习活动，创办了教师发展学校，实行了“首席教师聘任制”等等，充分利用校内外资源，引领和培训教师向研究型、学者型、专家型方向发展。

“吉林一中青年教师协会”创办与发展，是对“相助为理”校风的最好诠释。

在这个青年教师成长的大家庭中，老教师言传身教，青年教师虚心学习，极大地优化了教师队伍。至 2010 年止，全校教师中具有国家、省市级荣誉称号的教师占 60%以上。其中特级教师 12 人，高级教师 132 人，国家级优秀教师 8 人，省级各类优秀教师 49 人，市级各类优秀教师 111 人。

在新的历史时期，“相助为理”不仅是教师的个体行为，而且发展成为校际间的行为风尚。20 世纪 80 年代与东北师范大学附属中学、省实验中学等建立了校际间协作关系，20 世纪 90 年代与东北三省 12 所学校建立了科研协作体，又牵头成立了吉林市美育联合体。进入新世纪以后，学校又进一步打开校门，与美国、加拿大、新西兰、澳大利亚等国合作办学。在“相助”过程中，学校不仅汲取自我发展的营养，而且为普通教育的健康发展提供了宝贵的经验，投入了大量的人力、物力和财力，收到不可低估的社会效益。

“争自磨砺”是历代一中学生的行为准则。从吉林中学堂创办之日的“端正趋向，造就通才”，到省立一中时期的集训练、管理、人文教化的“三位一体”，直至改革开放后“以人为本”、“为每一位学生的终生幸福奠基”，学校历来注重学生思想品德教育，把德育放在一切教育工作的首位。一代又一代的学生怀抱爱国之心、兴国之志发奋学习，历练自己的思想和意志。辛亥革命时期，他们“割指血书”，高唱《国事悲》，《英雄泪》，呼唤民众对革命支持同情。“五卅”运动时期，他们高呼“打倒帝国主义”的口号，走上街头，与反动当局开展了艰苦卓绝的斗争。日伪统治时期，学生们传看进步书籍，传唱进步歌曲，采取各种方法与奴化教育相抗争。国民党统治时期，学生们同仇敌忾，联合举行了反饥饿、反内战的示威游行。革命斗争磨砺了学子们的爱国之心、报国之志。学校中地下党员组织不断发展壮大，并造就了马骏、姚新一、曹国安、王以哲、周建华、李光汉、张方责等革命家、革命先烈。新中国成立以后，一中的学子们为了祖国的繁荣强大而刻苦学习。矿产学家岳希心怀抱“中国何日富强”的忧思，栉风浴雨孜孜以求。地质学家马宗晋不忘“病夫之耻”，求知若渴。含能专家王泽山认定“没有强大的国防，就没有自己的国门”，因而在科学的道路上执着追求。超导材料开拓者周廉深感“科学就像没有航标的大海，许多未知的领域，只有大胆地探索前进，才能领略其中的奥秘”，促使他不断成功，不断超越。在改革开放的今天，以王军、岳奕、周锐、肖潇、李春晓、薛鹏博、徐劲松、程思佳等高考状元，张蕊、刘镇宁、王子贺、王苑先、郭子健、徐劲松、唐晟博等学科竞赛金牌得主为代表的新时代学子挑战应试，矢志不渝，成为中华民族伟大复兴的接班人。他们充分诠释了一中学子“争自磨砺”的行为准则。

二、“相助为理，争自磨砺”顺应了构建和谐社会的需要，是学校文化建设的核心

合作是学校组织产生的基础，也是教育发展的重要机制。美国管理

学家巴纳德指出，共同的目标，协作的愿望信息和沟通是构成组织的三大基本要素。其中，共同的目标是组织存在的核心。因为没有共同的目标，就不会产生相互协作的愿望，没有相互协作的意愿，就没有进行信息沟通的需要，因此，目标是组织的基本要素。一个恰当明确的办学目标具有明确的指向性，它指明了学校发展的方向，具有激励作用，能够鼓舞全校教职工的士气，激励他们共同为办学目标的实现而努力，同时具有衡量评价作用，它是评价学校工作成效，考核成员工作绩效的重要依据。

近年来，吉林一中顺应教育改革的潮流，抓住跨越式发展的机遇，坚持科学发展观，确定了新时期学校发展目标，即：全面建设精致化、精良化、精品化、特色化、现代化、国际化的省内著名、国内闻名、国际知名的可持续发展的素质教育学校。

这个独树一帜、鼓舞人心、切实可行的奋斗目标，反映了学校领导独特的教育思想，体现出远大的教育追求，具有鲜明的个性色彩。而这一目标的实现，又必须有和谐高效的组织机构作保证。管理学家卡尔森指出，高效的组织机构应当具备以下特征：直接的，明确的权利和职责路线；顺利而连续的工作流程以及全部管理活动的自然结合；每一职能部门能最有效地发挥作用；便于协调和传递信息；定期对每一职能部门的工作进行评价；组织中的每一个人都有良好的士气和高度的工作满足感。

按照这一理论，学校首先从管理入手，努力构造学校合作、高效、创新型组织机构。一是确定工作流程。明确达到办学目标应该由哪些方面或环节组成，进而设计出工作任务衔接、岗位衔接、时间衔接的工作流程。二是定岗定编，建立职能部门和成员的岗位责任制，实行奖优罚劣。三是鼓励部门合作，教师以老带新，充分发挥骨干教师作用。

在加强学校管理的同时，注重了学校团队文化建设。在新的历史时期创造性地提出了“为每一位学生的终生幸福奠基”的办学理念，从而为学校组织树立了一面旗帜，吹响了新时期创新工作的号角。依照这一理念，学校又精心策划了各项教育工作，提出了“幸福教育工程”的美好蓝图。学校办学理念的提出和实施，体现了组织成员共同的理想信念、道德情操、工作态度、行为取向，并将这一群体意识渗透到组织成员的心灵中，附着在组织成员的行为上。在这一理念引领下，努力倡导团队精神，培养合作意识。首先，学校领导以身作则，率先垂范，用组织精神约束自己的言行。其次，善于发现师生员工中的先进人物，把他们树立为全校学习的榜样，用他们的先进事迹教育和鼓励全体教师，使组织精神为更多的人们了解、接受。努力构造学习型学校，鼓励教师间相互学习，共同提高。坚持了十多年并不断发展壮大“青年教师协会”是学校一代又一代青年教师向有经验的老教师学习教育思想、教育方法，锻炼提高自己的最好课堂，促进了他们向“学者型”“专家型”的方向发展。新时期创建的教师发展学校，实行了骨干教师研修制，立足校本培训，为骨干教师的再提高增添了动力，提供了平台。

从上个世纪“校以人名，人以校名”的提出，到新时期“为每一位学生的终生幸福奠基”，从建校之初的“相助为理”，到改革开放的“和谐学校”、“学习型学校”，吉林一中百余年来精心培养着团结、协作、高效的组织精神，唯有这种精神学校才能从无到有，从小到大，不断发展不断提高；唯有这种精神，我们才能培养出一批又一批时代精英，创造出一个又一个业绩；唯有这种精神，我们才能更好地完成教育改革与发展的历史使命。

三、“相助为理，争自磨砺”体现了素质教育的要求，是学生成长的重要途径

学校组织的核心任务是培养人。近年来，随着素质教育的深入发展，人们对学生的传统被动地位进行了深刻的反思。主体性教育则是以弘扬学生的个性为宗旨，以构建能够体现学生主体地位的新型教育结构为途

径，以造就自主性发展的人为直接目标，并通过培养学生的进取意志和创造精神，积极促进社会发展与进步。主体性教育旨在开启和培养学生的主体意识、参与意识，塑造和弘扬学生的主体人格，从而使学生成为教育活动和自身发展的真正主体。“争自磨砺”，就是在承认学生主体性的基础上，使学生成为一个自主发展的人，在各种教育活动中鼓励学生去参与、去体验、去磨炼、去创造。

吉林一中百年办学历史培养了一大批优秀学生，他们身上有着一个共同的特点，那就是有着清醒的自我认识，有着积极进取的自我形象，有着远大而明确的努力目标，有着光明和务实的愿景，有着自我成长的渴望，有着“相助为理、争自磨砺”坚忍不拔的意志和动力。

在新课程改革深入发展的今天，我们创新人才培养模式，更加倡导启发式、探究式、讨论式、参与式教学，因此大力倡导和发扬“相助为理”的精神尤为重要。

M.希尔伯曼的有效教学量化理论证明：教师讲授的内容，过两周学生只能记住5%，而学生教别人一次，能记住90%。这一理论充分说明，“相助为理”是千真万确的真理。对学生提高学习效率是最有效的办法。

“相助为理”要提倡小组合作学习。在课堂上组成4—8人的学习小组，同学们在组内有分工、有合作。真正做到激发学生的好奇心，培养学生的兴趣爱好，营造独立思考、自由探索、互帮互学的良好学习氛围。同学们在帮助别人的同时，也提高了自己。

我们在学习的过程中提倡互帮互助、共同提高、共同发展。帮助别人是幸福的，因为帮助了他人，他人感激你，你的心情也愉悦，自我价值得到实现，有成功的感觉。你帮助了别人，把自己掌握的知识传授给了别人，你自己的知识量并不会随着你的付出而减少，反而会增加，并且会更巩固，记得更牢，运用会更自如，是真正意义上的学会了。

学生主体性的发展是以活动为中介的，学生只有投身于各种活动之中，其主体性才能得到良好的发展。一方面，通过活动不断地将人类文化知识消化吸收，另一方面，通过活动使学生充分体验合作学习的重要。在教育承载着培养“四有”新人光荣任务的今天，自我管理的问题日益成为人们共同面临而又必须解决的一个重要的理论和实践课题。自然生态环境的不断失衡，自然资源和能源的不断耗竭，人口的急剧膨胀，热战和冷战的持续不断，这一切都迫切要求人类学会自己管理自己；市场经济的激烈竞争，学习工作压力的不断增大，心理的失控和身体的失调，这一切都迫切要求我们每个人都要加强自我管理；知识经济的到来，终身教育的产生，管理工作方式的不断分散化，个人自主性的增强，这一切都要求人们实施自我管理。

自我管理是指处在一定社会关系的人，为实现个人目标有效地调动自身能动性，规划和控制自己的行动，训练和发展自己的思维，完善和调解自己心理活动的自我认识、自我评价、自我开发、自我教育和自我控制的活动过程。说得通俗一点，就是自我“磨砺”的过程。它的立足点和归宿是师生的自主教育，真正还原了教育中“人”的主体地位，从而唤醒、塑造、完善人的生命意识，尊重生命，珍惜生命，热爱生命，发展生命。

在“为每一位学生的终生幸福奠基”的今天，我们呼唤“争自磨砺”，就是要强调创新教育中的自我管理，强调了学生对自己的思想行为进行自我完善、自我监督、自我控制、自我评价的过程，强调了学生要通过各种富有教育意义的活动（包括学习活动）修养自己的身心，发展自己的能力，磨砺自己的意志，完善自己的人格，让学生自主成长。“相助为理，争自磨砺”促进自主管理，使“以人为本”的管理理念成为具体的教育教学行为，是学校工作的进一步升华。

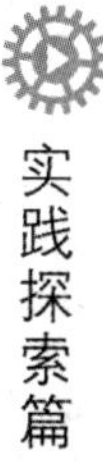

第三节　学校文化建设与教师职业幸福的构建

一、学校文化深度建构的着眼点：关注“三化”态势

文化永远是清醒的，文化建设只有起点而没有终点。文化的这一特性提醒我们，当某种东西冠之以“文化”的时候，我们就应当不断追问自己：这究竟是不是文化？确实，在学校文化建设方面我们已迈出了可喜的步伐，但那仅仅是开端。事实上，我们书写的永远是文化建设的开篇。从这一认识出发，不难发现目前学校文化建设中一些值得注意的问题。

（一）文化建设的物表化。物质文化建设是学校文化建设的应有之义，也是重要组成部分，因此重视校园的文化标识是无可非议的。校园里具有学校特色的图案，以及走廊、墙壁、庭院、草坪、凉亭、钟楼等都能够让人感受到文化带来的视觉冲击。但问题在于，这些图案以及景物有没有真正成为“文化”标识、有没有真正成为“文化”符号。文化标识、文化符号与图案、景物的本质区别就在于是否具备文化内涵和教育意蕴。文化标识应当有其鲜明的文化背景和丰富的文化昭示。否则就只是一个图案、一个景物而已。同时，只有当这些标识真正为学生所认同和接受、真正为学生服务时，才有可能成为文化符号，否则充其量只是一种装饰或摆设。这里实际上隐藏着另一层含义，即物质文化建设不能是急躁的、功利化的、贴标签式的，也不能单纯追求“视觉冲击”。

（二）文化建设的口号化。学校发展需要精神引领，而精神引领往往凝练在学校的口号上。校园里应当有一些流行的话语，以彰显学校的个性，表达师生的共同理念。但问题是，有些学校的流行话语只是一种口号，挂在嘴上、贴在墙上，而没有真正走进师生心里、没有成为师生的自觉行动，久而久之，这些话语便失去了应有的鲜活生命和鼓舞人的力量。更进一步来说，关键还不在于学校有没有口号、有没有流行话语，而在于这些口号与流行话语是怎么产生的，有没有真正内化为师生的内在需求和深切期盼。

（三）文化建设的文本化。学校文化建设需要整体思考与建构，需要用文本来规划和体现。但文化建设如果只停留在文本层面，纸上谈兵，这只能看成是文化建设的文本化，也是文化建设的形式主义，不可能真正推动学校的文化建设。点出问题，是为了解决问题。我认为学校文化建设的根本出路，在于克服文化建设的形式主义带来的浅表与平庸，追求学校文化建设的生动与深刻，尤其是生动中的深刻。那么，学校文化的深度建构应如何展开呢？又应如何体现呢？对此既有不同理解，也有不同路径。从文化的本义来说，文化影响和改变着人们的生活态度和生活方式，最终演化为人们的生活状态和生活品质。从而获得幸福的质感。

二、学校文化的关键：唤醒教师内在的创造激情

（一）构建学校文化的关键是焕发教师激情

因此，每个校长要认清自己的学校。了解社会现实状态是怎样的，学校的问题是什么，怎么造成的，优势是什么，障碍在哪里，潜力在哪里，怎样发挥利用。青年、中年、老年教师各有千秋，要不断围绕目标，让更多的教师投入到改革的实践中，构建学校文化，让教师体验成功。功利、物质的刺激可以焕发教师一时的积极性，但不是永久的，这只是第一层面的唤醒。关键是要在第二层面上，即唤醒教师内在的激情。教师是一种使人类和自己都会变得更加美好的职业。教育在今天，已经不能还只停留在

完成传递文化、知识、技能上，停留在让学生只知学习与继承，不会思考也不会创造的水平上。把学生生命中的探索欲望燃烧起来，把创造的潜能开发出来，让他们能拥有一个充满信心、勇于开拓发展的积极人生，树立为中华民族伟大复兴而奋斗的高远志向，才是当代中国教育特有的历史使命的社会价值。

（二）创造唤起教师职业的内在尊严与欢乐

在当今中国，教师完全可能成为富有时代精神和创造活动的人，教师是教育事业和人类精神生命的重要创造者。因为这项工作所面对的是成长中的、充满生命活力的青少年，教师若把人的培养而不是知识的传递，看作是教育的终极目标，那么，他的工作就会不断地向他的智慧、人格、能力发出挑战，成为推动他学习、思考、探索、创造的不息能力，给他的生命增添发现、成功和欢乐，自己的生命和才能在为事业奉献的过程中不断获得更新和发展。校长要让教师发挥创造性就要让教师关注课堂。因为教师的创造才能和指导作用，是在处理教育活动的情境中得到发挥的。活的情境向教师的智慧与能力提出了一系列挑战。当教师在课堂中体会成功与创造，教师的内在积极性就能被激发了。要培养教师的阳光心态，要使学生健康、主动、创造地成长发展，教师必须健康、主动、创造地成长发展。

三、两手一齐抓：学校文化建设与教师职业幸福的构建

（一）学校文化建设与教师职业幸福的必然关系

1.学校文化建设应促进教师职业幸福的获得与完满。学校文化建设的目的是为人，应服务于教师的合理需要。美国心理学家赫茨伯格于1959年提出来的“双因素理论”将员工的需求分为“保健因素”和“激励因素”两类：前者包括公司的政策与行政管理、技术监督系统，与上级主管、

同级、下级之间的人际关系，工作环境或条件，薪金，个人的生活、地位，工作的安全保障等。这些因素的满足会消除员工的不满，为员工获得幸福提供外部条件的支持；后者主要包括工作表现机会，工作本身的乐趣，工作上的成就感，对未来发展的期望，职务上的责任感等，唯有改善这些因素才能让员工满意，给员工较高的激励，帮助他们获得幸福之源。学校也正是通过物质文化、制度文化、精神文化等方面的建设以满足教师所需的“保健因素”，同时积极发展他们所需的“激励因素”，最终实现学校的发展与教师的发展相统一，教师的角色自我和个性自我相统一，促进教师职业幸福的获得和完满。

2.教师对于职业幸福的追求与获得也可以促进学校文化的发展与创新。教师作为自己职业幸福的掌控者，对于自己的职业幸福不是被动等待，而是主动地创造。也正是他们对职业幸福的感受和创造，构成了教师职业发展的动力和目标，从而不断促进学校文化的创新与发展。台湾学者吴清山系统地探讨了影响学校文化形成的因素，即输入因素、处理因素、输出因素及回馈过程，并明确指出，在探讨学校文化的影响因素时，必须将教师及行政人员是否在工作中得到满足列入考量的项目之中。

（二）学校文化建设与教师职业幸福和谐关系的构建

1.学校领导要对已有的学校文化不断地进行思考和创新，关注和促进教师的职业幸福。

（1）学校领导要积极地建设以人为本的物质文化、制度文化。这意味着学校领导要时刻关注教师的幸福，使学校的物质文化建设始终围绕教师的生存、发展需要来展开，以满足教师合理的生存、发展需求为依据；同时，也意味着学校领导要明确学校的制度文化建设不是束缚人，而是帮助人获得更多的自由。因此，学校领导要保证学校制度的公平性和人文性，只有“硬性”制度与“软性”管理相结合，才能真正发挥制度文化的作用，服务于教师的发展。

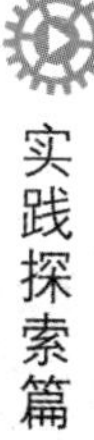

（2）学校领导也要重视学校精神文化的建设，使之建立在生命哲学的基础上和教育人学的境界。这要求管理者要站在尊重生命的高度尊重教师，让教师的人格尊严回归生命，从而将人的“本质力量”自由地激发出来，让教师的“他我”和“自我”共存，回归生命本体。

2. 教师要主动营造和谐的学校文化，努力提高自己创造幸福的能力。

（1）教师要具有文化营造意识，积极对学校文化进行思考和创新。教师首先应该实现自我观念的更新，包括教育、教学、课程和学术观念等；同时，教师应转变教学行为方式，通过自身的发展，有效地促成其他外在目标的达成。当然，教师具有主动的创造意识和文化营造意识也意味着教师的自我革新与否定，这一过程是漫长的、冒险的和需要勇气的。但是，教师也将在这种自我挑战与自我超越中创造自己的职业幸福。

（2）教师要树立正确的幸福观，不断提高自己创造幸福的能力，努力追寻自己的职业幸福。教师树立正确的幸福观意味着教师要明确自己的职业幸福不仅是一种钻研的赋予，更是一种内心的体验，因而对自己的职业要有冷静的思考和开放的心态，时刻反思现代教育中存在的一些问题，并能以积极的心态适应各种教育变革，在教育教学中体现自身的价值，寻求精神的欢乐。同时，教师也要不断地提高自己感知幸福、创造幸福的能力，不断促进自己的专业发展，要让自己的职业与生活浑然一体，成为一种享受性而非枷锁式的生活方式。

四、教学文化：内涵与构成

教学文化是教学生活过程及与之有机成为一体的教学生态环境的整体。教学生活过程，即具体教学生活样式的运动过程，其抽象的形式就是教学生活方式；教学生态环境，则指支持具体教学生活样式运动的精神性因素。进而，教学文化的要素可以划分为核心要素和支持性要素，其中的核心要素即教学生活方式，支持性要素即支持教学生活方式的要素，由近及远则分别是教学集体意识、教学风俗习惯、教学制度和教学思想。

（一）教学生活方式。教学生活方式主要指师生教学生活的形式和行为特征。教学是有“教”的学习。在教学过程中，学生会在教师的关注、教授、指导下学习，又会在与教师的互动、交流中学习。从而教师和学生在教学过程中的生活形式，可以大致包括教师关注下的学生学习、教师教授下的学生学习、教师指导下的学生学习，以及师生互动交流背景下的学生学习。可以说，教学生活就是学习生活，而教学文化就是学校教育状态下的学习文化。这样的认识，表面看来似乎有简单化的嫌疑，但实际上，如果能够认识到学校教育状态下的学生学习是有“教”的学习，反而能够更加准确地理解教学文化。至少我们可以说，教学文化之教学生活方式要素，其灵魂是一定规范下的教与学的结合方式。

（二）教学集体无意识。所谓集体无意识，就是一种代代相传的无数同类经验在某一种族全体成员心理上的沉淀物。之所以能代代相传，是因为存在着相应的社会结构作为这种集体无意识的支柱。作为一种群体心理现象，集体无意识无声无息，但十分深刻地影响着社会中人们的思想和行为。所谓教学集体无意识，就是指在历史中形成并代代相传的、沉淀在教育者群体心中的一种近乎本能的教学心理倾向。当代教师总体上是由师范院校培养出来的，或者经历过一定的教师教育或培训过程。而在一些贫穷、偏远地区，还有许多教师并未接受过正式的教师教育。在相当长的教育历史上，也根本不存在什么教师教育，但教学活动照常进行，各种人才就出自那些非专业的教师。这里有一个问题值得我们注意，即什么东西在支配着那些教师的日常教学行为？答案自然不会是唯一的，但教学集体无意识无疑是一个重要的因素。而支撑这一结论的最有力的证据，就是那些教师几乎无法为自己的教学行为找到明确的理由。想一想，这样的情形难道只发生在那些未经历过正式教师教育的教师身上吗？即

使是今天的教师，如果对自己的教学行为进行认真的分析，也会惊奇地发现自己的许多教学行为其依据竟是一种教学集体无意识。

(三)教学风俗习惯。教学风俗习惯和教学集体无意识一样，一方面支撑着教学生活方式，另一方面，它自身就是教学文化的有机组成部分。教学风俗习惯是具体行为在教育历史中不断重复而形成的，而在外在行为的深处又隐藏着深刻的社会文化意义。比如：教育历史上的“打板子”现象，到了一定的历史阶段，就成了一种教学风俗习惯。这种教学风俗习惯的存在，表面上看是一种传统的沿袭，实质上是一种教学伦理的外在表达。它所发出的最大的信息就是教师和学生精神上的不平等。可以说，即使是简单的、外在的教学风俗习惯，也深深地植根于具体时代和具体地域的历史之中。

(四)教学制度。比教学风俗习惯更显在和有形的是教学制度。相对于教学风俗习惯对教师和学生的软约束，教学制度对师生的作用是直接并具有一定强制性的。教学制度是支持一定的教学生活方式的，是促成和保持一种教学文化的核心要素，而它自身也是教学文化的构成要素。教学制度对教学生活方式的影响，是通过规范师生的行为方式进行的。教学制度，一方面要规定教师和学生必须实施的活动，规定教师和学生具体活动的原则、范围；另一方面还要在相反的方向上规定教师和学生活动的“禁区”。当然，制度不纯粹是绳索，它对人的观念和行为尤其对人的行为，既是一种约束，也是一种引导。

(五)教学思想

1. 教学思想对教学生活方式的影响是一个间接的过程。教育知识要实现在实践上的现实化，需要经历三个阶段：第一阶段为教育知识类机械运动，在这一阶段，教育知识借助于教育者的学习，实现主观化；第二阶段为教育知识的心理运动，在这一阶段，教育知识被教育者赋予信念，实现观念化；第三阶段为教育知识的社会运动，在这一阶段，教育知识被教育者应用，实现实践上的现实化。根据这一认识，我们可以想到，教学思想对教学生活方式的影响也不会是一个直接过程，否则，许多优秀的教育思想早就在实践中普遍地现实化了。

2.教学思想对教学生活方式的影响是一个历史的过程。也许我们只能说，教学思想最终是要决定教学生活方式的，但这个终点或许在一个较远的将来。之所以如此，是因为一种教学思想和群体的教学生活方式之间，还有诸多的环节。比如：掌握了这种教学思想的个体、以这种教学思想为基础的教学制度、由执行这种制度带来的教学风俗习惯、由教学风俗习惯积淀而成的教学集体无意识等。可以说，每一个环节都可以支撑一部分个体的教学生活方式，但群体的教学生活方式，最深刻的支撑者是教学集体无意识。而从教学思想到教学集体无意识，是一个相当长的历史过程。

校园文化建设是一项系统工程，是一个长期工作，必须有长效机制、长远打算，不同时期有不同特点，不同时期有不同的文化内涵、不同时期的表述，表现形式都有所不同，要有可持续性、科学性、群众性、可继承性，要为未来发展留有一定空间，尽量不搞或少搞重复建设。

综上所述，学校文化建设的深度建构与教师的职业幸福构建，只要有意创设，有机结合，有序操作，就会相得益彰，收到事半功倍效果。

第四节　如何制订学校发展规划

一、学校发展规划的界定

根据有关教育文献资料，可以把学校发展规划定义为：一所学校根据

国家或地区教育发展战略计划的要求，通过学校共同体成员的共同努力，系统地分析学校的原有基础及学校所处的环境，发现学校的优先发展项目，确定学校的发展方向和教育目标，促使学校挖掘自身的潜在资源，按照自己的价值观，提高学校的管理效能，最终提高学校教育质量的战略策划。学校发展规划强调，制订学校发展规划必须发挥学校共同体成员的协同作用，而不能由其中某个方面独自制订。学校发展规划要立足过去，指向未来，既有对过去的诊断分析，又有对未来的预测和憧憬；它非常强调要把握现在，强调的不仅仅是静态的规划结果，更关注动态的规划及其实施过程。学校发展规划建立在学校成功应对各种变化的基础上，是提高学校教育质量的一种手段。学校发展规划是一个不断积累教育经验、不断发展的周期性过程，每一轮学校规划都以前一轮规划为基础，并通过协调学校的各项活动，使之成为有内在结构的整体性规划。学校发展规划关注焦点是学生的教育需要和成绩，同时也关注教师的专业发展。

二、学校发展规划的特征

(1)系统性。学校发展规划必须协调和整合各部门的活动，事先做好各个部门的规划，最终使其成为有内在结构的系统规划。

(2)合作性。学校发展规划在本质上是一个合作的过程，这一工作在很大程度上取决于校长和教师的协同作用。除此之外，这项工作还应咨询学校共同体内其他人员的意见，包括投资方、管理方、后勤工作人员、学生家长、管理委员会和地方教育官员等。

(3)持续性。学校发展规划是一个持续的过程，它要求学校对自身进行系统自评，根据学校办学目标和社区需要制订、实施、评价和修订规划。

(4)递进性。学校发展规划是一个循环的过程，它产生累Ⅱ和进步的结果，每一个循环都在上一个循环的基础上产生，每一个循环都是对上一个循环的否定和超越。

(5)发展性。学校发展规划是一种手段,而不是一种目的,它主要是通过成功应对教育的改革和变化,提高学校教育的质量水平。

三、学校发展规划的指导思想和基本原则

1.学校发展规划的指导思想

(1)以国家和地方教育政策为方针。学校发展规划是在国家教育改革和发展的背景下,以国家和地方制订的政策为发展思路和方向,学校改革和长期发展首先要符合国家和社会发展的需要,同时也要符合地方政策,体现地方特色。

(2)以学校具体情况为基础。学校发展规划关系到学校向什么方向发展以及如何发展的问题。它需要对学校的现状进行全面分析,明确学校内部的优势、劣势、挑战、机遇以及外部环境提出的威胁等,理清学校发展的思路。学校应立足于现在,首先对学校历史进行全面深刻的分析,然后制订规则,进行历史、现在与未来的衔接与传承。

(3)以一定的教育思想为指导。学校发展规划应是学校教育工作者学习先进教育思想形成共识的产物,其形成和制订过程,是学校全体成员根据一定的教育观或教育理念,对学校的办学目标、办学思路以及管理方法等进行梳理和澄清的过程。

2.学校发展规划的基本原则

西方中小学校发展规划的基本原则主要有效益性、合作性、前瞻性和可操作性等四条,任何学校发展规划的成功都是各个原则综合运用的结果。

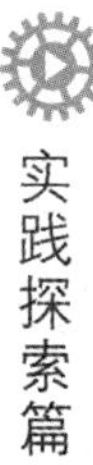

四、学校发展规划的视点与存在的问题

(一)学校发展规划的战略性

国外在研究学校发展规划的过程中,加强了对学校发展规划战略性的研究,提出了“战略型领导”这个概念,意在使中小学格局合理,意味着开放与辐射,即在开放的多维动态中办学,以学校为基点向广阔世界辐射和吸纳,进行广泛交流,塑造0型办学形象,意味着圆圈形的完美境界,不断实现高(高质量、高效益、高层次、高品位)、特(校有特色、教有特色、师有特技、生有特长)、谐(协调、平和、宽容、真诚)、美(环境美、心灵美、语言美、行为美)、富(财力充裕、有可持续发展的后劲)。一所学校的办学目标应该怎样定位?需要根据学校自身的历史背景、环境特点、学科特色、资源结构等实际情况,制订发展战略规划、不能盲目追求“高、精、尖”、“大而全”,要充分兼顾现实与发展,衔接历史与未来。

(二)实现办学目标的战略

1.“人才强校”战略。学校领导要聆听和重视不同的声音,切实增强责任感和紧迫感,把人才工作与学校各项工作紧密结合起来,创新工作思路,用超常规的热情、精力与举措,不断开创人才工作新局面;要以高层次的学科带头人、教学骨干、教坛新秀和创新学科组团队建设为战略抓手,带动全校教师队伍建设;要借鉴各地经验,用事业发展培养和用好人才,用信任和关心感动并凝聚人才。用必要的待遇和环境吸引和留住人才。

2.“改革与创新”战略。一些处于高档次发展阶段的学校,极易出现“高原现象”,要寻求新的突破,就必须“以改革求发展,以创新求发展”。改革要以人为本,步步深入,最大限度调动教职员工的积极性;创新要与时俱进,马不停蹄。建立起充满活力和长效的激励机制和约束机制。

3.“教育信息化发展”战略。每一所学校都要根据新课程实施的要求,更新实验设备,努力实现实验设备和实验手段的现代化,开发和建设新型的实验教学体系,为学生富有个性的探索性学习和创新性实验提供环境和设备的支持，实现教育空间网络化、教育内容数字化、教学形式交互化、教学技术智能化、教育资源共享化和学习方式个性化。

4.“教育国际化发展”战略。让优质教育率先走向世界，融入世界教育的主流，是今后一个时期教育发展的方向。具有一定条件和可能的学校能否抓住走向教育国际化的实施契机，做出勇敢的探索和尝试；要加强与世界各国在学术交流、信息开发、外教聘用、双语教学、联合办学等各个领域的合作，以拉动学校教育的全面提升。

5.“教育多元化发展”战略。从校情出发，能否吸引社会力量投资和加盟学校？教育事业能否改造、兼并一些薄弱学校，组成教育集团？能否由学校独立或与社会力量联合举办真正实现“三独立”的民办学校？能否吸引著名高校和艺术院校利用学校优势，举办特色班或特色学校？这些都是“教育多元化发展”战略的应有之义。只要符合国家法律法规，只要有利于创新人才的培养，什么办学模式都可以探索，什么办学模式都可以实验。

总之，纵观学校制订学校发展规划特征、基本原则，不难看出，我们在指导思想上尚不明确，发展方向缺少精准度，战略策略诸多问题有待专家学者与校长共同研讨，诚如是，我们的教育事业才能保证强劲发展势头，在世界大环境下永葆先进性。

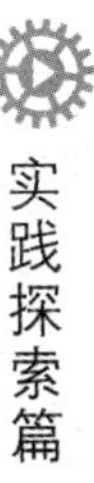

第九章
学校德育管理

第一节　拓宽德育实效渠道

德育是教育的首位，育人先立人。而在当前学校德育的实践中，存在着德育与智育分离、形式化倾向、以管代教、以管代导等诸多德育问题，这让学校德育陷入低效的处境。如何使德育由教育的“鸡肋”变为教育的“脊梁”，怎样提高德育的实效性？本文意在抛砖引玉，旨在探寻创新之路。

一、学校德育低效的原因

德育的实效性，既是指德育的内在效果，即德育的要求能够顺利地转化为学生个体的思想道德素质，同时也指德育的外在效益，即德育通过提升学生的思想道德素质促进社会的物质文明和精神文明的建设。学校德育的实效性还表现在德育效率上，即以一定的人、财、物、时间投入获得最佳的效果和最大的效益。德育的效果、效益和效率共同构成了学校德育实效性的基本内涵。目前，一些学校的德育存在低效现象，究其原因，主要有以下几点：

（一）忽略制度教化。即道德教育过程中只注重德性的培育，而忽略了制度教化这一道德教育的本源形式。

（二）缺乏对德育对象的理性分析，没有注重学生实际。即道德教育中缺乏道德对个体需求满足的理性分析以及没有把道德知识的传授与道德思维、道德判断能力的培养有效整合起来，是影响学校道德教育实效的重要原因。

（三）德育与智育分离。表现为负责教学的不管教育，负责教育的不管教学。其实，德育与学校内部其他的教育因素有着非常密切的关系，可以说，它们其实就是一体的。它们应该是相得益彰、互为补益的关系。在这种分离状态下，德育变成被割裂的教育的一部分，而不再是生命、灵魂的统领性东西了。

（四）教育内部存在一些工作弊端，如德育中搞形式主义，其结果只能是低效应、零效应；部分教师师德不佳，影响德育效果；“应试教育”“分数第一”的导向依然钳制着学校的德育工作，干扰着全面育人教育目标的落实。

（五）社会环境的影响。社会环境中的消极因素对德育的冲击不可低估；金钱观念不断升温；不正之风直接干扰了教育的培养目标；脑体收入倒挂现象，挫伤了部分师生上进、求知的热情。

二、拓宽德育实效的渠道

针对学校德育工作的缺失，我校从关注社会、关注人生、关注学生健康成长和持续发展的基点出发，确立了全新的办学理念：“为每一位学生的终生幸福奠基”。本着理念所体现的“以人为本”的人文精神、“和谐发展”的科学意识，我们探索了一条文化育人，德育实效的新路。

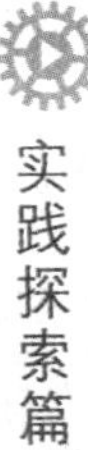

几年来我们坚持以学生为中心、情境为中心、活动为中心开展德育。通过四种渠道，即课堂德育渗透与开发德育校本课程、校园文化熏陶、社会实践活动、学生日常管理，即“养成教育”，探索了一条文化育人，德育创新之路。

（一）注重德育渗透，构建德育主渠道

“以文教化”是我校的优良教育传统。我校一直坚持“学科德育渗透”研究，根据各学科的特点，找出结合点，并把每章节的渗透点列举出来。组织学科教学的德育渗透公开课、研讨课，请有经验的教师上示范课。通过备课听课、评课活动，探索课堂德育渗透的科学规律，提高德育实效。

在加强常规课堂德育渗透的同时，我校与东北师大基础教育研究院合作，开展了德育校本课程的开发工作。2000年以来，吉林教育出版社出版了我校的《道德教育活动课读本》、《高中美育》、《心理健康教育试用教材》，依托这些德育文本，初步建立起道德教育活动课、心理健康教育课、美育课三种相对独立存在而又构成有机整体的德育体系。

现在我们又尝试德育课程化。基本思路是自我教育，同伴互助，教师引领，家长参与。课程内容是将德育活动课、美育课、心理课、弟子规学习课、国学选修课、校史教育课等整合，这一尝试凸显德育地位的同时，努力使我校德育工作走上新的发展阶段。

（二）建设独具特色的校园文化，促进学生生动活泼地主动发展

1. 我们曾连续举办了十四届“文化艺术节”，三届“十佳百名校园明星”评选活动。

2008年，按照市教育局关于继续组织开展学生“露一手”素质教育系列活动的安排，我校组织开展了“吉林一中第十三届文化艺术节”。动漫小组现场绘制的文化衫及饰品，时尚美观；学生们的书法、绘画、摄影、剪纸、手工制作、奥运风筝制作，在图书馆报告厅，400余名学生用歌声点燃青春的激情；在阶梯教室里，双语放映奥斯卡获奖影片给学生带来美的享受；教学楼里谜语对联诗歌对句活动更显示了学生们的聪明才智；新华书店、长青书店也将学生们喜爱的图书带到了校园；操场上，动感十足的街舞表演新颖、时尚，近500名学生在校园吉尼斯竞赛项目上也展开了激烈的争夺。

丰富多彩的活动促进了同学们生动活泼地主动发展。活动为同学们搭建了展示才华、体验成功的舞台。我校十几年来坚持开展的文化艺术节活动，已经日益成为涵养良好人格、锻造健康体魄、激发学习热情的载体。

2.把弘扬和培养民族精神作为德育的主线。对主题教育的活动内容进行了系列化设计和安排。07、08级组织学生集体背诵《弟子规》。在德育课程化方面做了有益的探索。07、08级系统学习新编《学生手册》，并进行了书面考试。推广学习手语歌《感恩的心》。组织新生参观校史馆，同时还利用中国抗日战争胜利纪念日、教师节、九·一八事变纪念日、中秋节、“一二·九”学生运动纪念，开展弘扬和培育民族精神的国旗下讲话、传统诗歌朗诵比赛、大合唱比赛等教育活动。对学生进行民族精神教育。纪念“五四”学生运动革命歌曲演唱会成为弘扬和培育民族精神主题活动的高潮。

3.加强班级文化建设。进一步完善了班徽、班训、班花、班主任寄语的征集整理工作，并为各班制作了宣传板。在吉林市中小学特色班级评选活动中，07年级赵丽、08年级李军两位老师代表我校参赛。赵丽、孙立鹏所带班级被评为特色文化示范班级，王振平、林岩、李军所带班级被评为特色文化标准班级。开展多年的特色班级文化活动继续成为提升班级管理水平的有效载体。

4.文体活动异彩纷呈。08级率先开展校园集体舞活动。我校代表

队荣获吉林市中小学集体舞大赛高中组特等奖第一名。07级合唱团参加吉林市第四届中小学生合唱节的比赛，获得高中组一等奖。在全国中学生“多威杯”田径锦标赛上，我校选手创历史最好成绩。在吉林省体育传统校田径运动会上，我校荣获团体总分第三名。在全国象棋锦标赛上，高三学生单欣获得女子象棋大师称号，学校启动了由国家教育部、体育总局、共青团中央联合号召的“学生阳光体育冬季长跑活动”。各个年级还先后开展了拔河比赛、篮球比赛、排球比赛等大众性团体体育活动，扩大了体育竞赛的参与面。

5.学生社团活动丰富多彩，尤其是根与芽小组和模拟联合国活动的展开，极大提升了学生社团活动的水平。“模联”小组，参加了2009年在北大举行的模拟联合国大会。

通过开展丰富多彩的校园文化艺术活动，不仅全面推进了素质教育，也促进了学生生动活泼地主动发展，使我校的德育工作出现新视点。

（三）构建社会主义核心价值体系，开展特色实践活动

1.以“迈出成人第一步，争做青年志愿者”活动为核心的社会实践和实践教育，是通过校园文化建设实施文化育人的又一举措。

实践活动以“十八岁成人仪式”为契机，做到了班班有基地，年年有实践。十多年来，我们创办实践基地150多个，参加志愿活动12万人次，全面参与了文化下乡、扶贫助残、“一支一”爱心助学、义务献工等社会公益活动，我校青年志愿者服务队多次被团省委、团市委评为优秀服务队。通过道德实践活动，学生们体验到了社会责任，在善行中学会了善。服务社会弘扬了新风，帮助他人完善了自己。双重构建取得了双重收获。十多年的社会实践活动已经形成通过实践活动、创设教育情境、真切体验责任、激发道德情感的自主教育模式。

我校将活动纳入综合实践课程，坚持自主性、开放性、实践性、全员性

原则，组织学生上好“社会实践和社区服务”活动课。开展了“社会实践日”活动，学生们分别到丰满发电厂、陆军47师、船营区法院、吉林市博物馆、吉林市社会福利院、吉林市消防支队、吉林市文庙等27家单位参观、体验，感受到了社会发展的脉搏，体会到了法律的公正与威严，感觉到了肩负的振兴家乡的重任。

2. 发挥学生业余党校思想政治宣传作用，大力宣传科学发展观，让学生树立科学发展、可持续发展的观念，并以此来指导自己的学业和人生发展。广泛培养党的“后备军”，选拔推荐优秀团员入党。2005年以来学校党委已经发展了64位学生党员，党的积极分子2000多名。

3. 典范教育。百年一中，英才辈出，他们是激励在校学生立志成才的最好榜样。根据学校实际，我们开展系列教育，即“典范教育”之走近院士；“典范教育”之祭奠马骏；“典范教育”之连线状元。各年级开展“争做优秀团员的典范、争做优秀学生的典范、树立一中学子楷模形象”活动。

4. 幸福阳光工程。2007年4月以来，团委“爱心使者协会”，负责工程建设。设立爱心基金账户，为家境困难学生提供物质和情感帮助。全校师生合力，为学生提供尽可能的帮助。爱心行动成为我校德育实效的亮点。

5. 每年组织新生军训。依据教育部、总参谋部、总政治部下发的《高级中学学生军事训练教学大纲》的要求，开展了国防知识讲座，队列训练和内务整理等活动，使同学们既熟悉了军事生活，又掌握了一定的军事知识和技能，同时进一步增强了建设祖国、保卫祖国的使命感和责任感。经过严格的军事训练，坚定了政治信仰，培养了良好作风，磨炼了意志品格，提高了综合素质和实践能力。

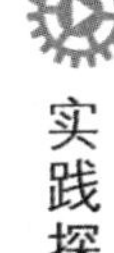

6. 在我校新百年的开端，启动新一轮幸福观教育，从知、情、意、行多角度、多起点实施幸福观教育，目标就是要培养学生具有理解幸福的思维，创造幸福的能力，体验幸福的境界和奉献幸福的品格。活动分思想渗

透、德育实践、总结表彰三个阶段进行。

（四）建立德育长效机制，夯实文化育人的基础

1. 特色活动规范化

开设“阳春文化讲坛”。创办阳春讲坛是学校为开发社会教育资源，促进德育工作实效性所采取的一项重要举措，旨在校园学生与社会栋梁之间搭建起一座交流互动的平台，让成功人士来到校园，来到学生中间，让学生领略道德标兵的风采，见识时代英模的形象，解读杰出校友的秘笈，分享各界精英的辉煌，汲取名家典范的力量，以产生提高智商、提炼情商、提升德商之奇效，引百家慧言智语，育学子才艺德馨，以达到崇尚高雅，修德启智，为学生终生幸福奠基之目的。

我校“阳春讲坛”正式启动以来，学校邀请校友——全国十大杰出青年、中国维和警察队长吴强做了《树立中国警察形象不辱国际维和使命》的首场演讲，3000多名学生聆听了报告深受激励。之后又邀请吉林传媒学院副院长矫玉超教授，吉林省作协会员、资深语文教师桑永海，吉林省文学学会常务理事、“感动吉林十大人物”、北华大学文学院中文系书记、副教授曾日红，吉林军分区参谋长、清华大学博士后于坤大校以及全国道德模范洪战辉等做报告。通过聆听讲座，学生们见识了英模的形象，分享了精英的辉煌，崇尚高雅，修德启智渐成风气。

2. 班团活动制度化

定期评选最佳魅力班级。召开“魅力班级评选活动”表彰大会。围绕“健康和谐、热心向学、综合发展、特色鲜活”的班级建设原则，以平时积累和集中展示为主，采用量化赋分方法，深受师生好评。

以礼仪、学风、诚信、和谐、尊师、劳动、体育、美育等为主题，开展了“特色班级文化”评选。每个班级都制定了班训、设定了班花、制定了班徽、谱写了班歌、制定了班规，设立了专人记录的班级发展日志，营造了良好的育人环境，促进了班级管理水平和学生的发展。

3. 节日教育活动经常化

雷锋纪念日，各个年级组以"让雷锋精神温暖你我"为国旗下讲话内容。用大屏幕循环播放"雷锋精神内涵""雷锋语录"，同时将《雷锋 1940—1962》图书送到班级，激励同学们发扬雷锋精神，实现远大理想。

学校党委发出为四川"5·12"地震灾区捐款的倡议，得到全校师生员工的热烈响应。不到 20 天，全校师生为四川地震灾区捐款 259355.40 元。

每年 5 月 1 日，校领导和学生代表到吉林市文庙参加"吉林文庙弱冠学子成就梦想修学游暨成人礼仪式"。在"开庙仪式""'入泮'求学""成人之礼""拜谒先师""薪火传递"仪式后，聆听儒学讲座，使学生感受到了儒家文化文明优雅的气度和拼博进取、兼济天下的精神。

4. 班主任队伍建设专业化

我校积极组织参加全国各级各类德育科研、竞赛、评优活动，先后涌现了 2 名省级优秀班主任，9 名市级优秀班主任标兵，12 名市级优秀班主任，2 名省级骨干班主任，20 多名市级骨干班主任。获得地区星光杯班主任综合技能比赛高中组总分第一名。在第二届德育论坛吉林一中专场中，5 名班主任获得特等奖，4 名获得一等奖。在德育课题优秀成果评选中，11 名获得优秀成果一等奖。在吉林市班级特色文化评比中，又有 5 名班主任获一等奖。出版发行《吉林一中幸福教育——班主任工作案例专刊》。

为及时总结典型经验，充分发挥辐射示范作用，学校与《江城日报》联合开辟了"班主任手记"专栏，先后刊载了刘妍、姜海涛、王力、魏春华等多名班主任经验文章。

开展"德育沙龙"活动，年级定期开展班主任交流活动，班主任介绍成功经验，就工作中的热点、难点问题共同探讨，提高解决问题的操作性和

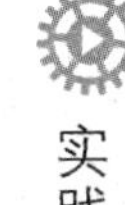

艺术性，促进德育工作的实效性。

第二节　探索德育实效的管理模式

加强德育管理，必须结合校情，结合学生实际，不断探索德育实效的特色模式。在实践中我们成功地探索五种德育模式。

1."学会关心"德育模式。即一种重在道德学习的德育模式，以"学会关心"为基点与核心，是道德教育重点由教育、培养逐步转向自主学习的过程。道德教育从以往强制性的教育转向自主性道德学习，更符合德性形成的规律，更重要的是，促进了教育中授与受的关系、人与人关系的转变。该德育模式的操作办法为：一方面要营造关心性体系，另一方面要指导关心品质学习的具体方式，主要包括品德践行作业、设岗服务制、道德游戏、关爱叙事等方式。"学会关心"采取"践行—体验—体认知"的路线。

自2003年，我校创立了关注社会、关注民生的"吉林一中社会实践日"特色活动。

2.欣赏型德育模式。在道德教育中始终存在着一个巨大的矛盾，即教师的价值引导与道德学习主体的自主建构之间、道德"相对主义"与"绝对主义"之间的矛盾。该模式的具体目标是"道德学习在欣赏中完成"。此目标可从三方面实现：(1)建立参谋或伙伴式的师生关系；(2)德育情境与要素的审美化；(3)在"欣赏"中完成价值选择能力和创造力的培养。在德育过程中存在可以被学生欣赏的审美对象即"德育美"，这是欣赏型德育的前提和关键。因而，必须进行德育活动的形式美、作品美和师表美的创造和欣赏。

3. 对话性德育模式。该模式的践行策略为：第一，营造自由的交往情景；第二，鼓励学生的自我表达；第三，培养学生的质询意识；第四，建构开放的话语模式。它对“对话”的关注，将有助于弥补传统德育的缺失，对于当前德育建设具有重要意义：(1)德育对话强调对话内容与生活世界的联系；(2)德育对话强调理解的重要性；(3)德育对话是师生之间心理交流的过程。为保障德育对话的“通畅”，应注意：师生在对话中要平等对待对方；师生双方有共同的话语和遵守一定的规则；师生对话的态度要真诚；教师要循序渐进，根据学生的道德发展水平提出适当要求。

4. 活动道德教育模式。该模式中的“活动”，是指具有道德教育意义或功能的个人外部活动，或影响个人道德意识、道德行为、调节人际关系的外部活动，至少包括学生主动参与的游戏、劳动、学生之间的外部协作和其他集体性活动等。其道德发展和道德教育意义，主要体现在两方面：(1)活动是个体道德形成、发展的根源与动力；(2)活动是学生自我教育的真正基础。由于活动德育模式中的“活动”必须是学生自由自主的活动，因而教师将肩负更多的责任。

5. “教育情境”模式。我校坚持创设教育情境，目的就是针对同学们求上进需要心理。一方面，欣赏学生的进步，激发百尺竿头更进一步的愿景。另一方面，鼓励学生的进步，消融过去的“懊悔”，奏响乐观自信的主旋律。

心理辅导情境。青春期性教育活动课——《书包里的玫瑰》。听到学生发自内心的呼声。

美育课情境。美育课系列之亲情美。家长感受到，孩子开始崇尚百善孝为先的伦理道德。德育活动课情境。德育校本课程之“躬行慎独，涵养道德”。师生坦诚相见。社会实践情境。赈灾义卖报纸，感悟到健康社会的良知。

寒假德育作业情境。看到学生在写作文，题目是：写给母亲的信。

文化艺术情境。感受到学生们爱花护鸟体现的亲近自然、关爱生命的人文精神。

开学典礼情境。看到学生获得了“神华助学金”、“周廉奖学金”、“好利来奖学金”、“中茶府奖学金”,或者是“孝心奖”、“十佳百名中学生奖”、“超越奖”、“优胜奖”,再或者是“优秀社团奖”、“优秀团员”、“优秀志愿者奖”。

成人仪式情境。十八岁学生的“成人誓言”,让学生在特殊氛围中感受社会责任。

6.生活型德育模式。生活型德育与以往的运动式德育和塑造型德育有着本质区别,主要表现为:(1)生活型德育是以现实的、自然的、真实的生活为基本途径对学生实施的德育;(2)生活型德育主张学校德育是对“人”的教育,必须尊重学生的人格和主体性;(3)生活型德育注重转变和深化学生的品德“情感”。实施生活型德育必须坚持三个根本性原则,即主体性原则、主导性原则和创新性原则。具体目标是,帮助学生在日常生活实践中学会按照一定的品德规范去生活,即学会品德实践、体验、感悟及品德选择。该模式的基本框架是:引导—品德实践、引导—品德体验、引导一品德感悟、引导一品德选择,这个过程由主导性贯穿,循环往复。

7.主体德育模式。该模式以主体性原则为基本原则、以师生互动为基础、以培养学生的道德能力为目的、以培育和优化学生道德接受机制为核心。具体模式有:自主构建型模式、“自主—选择—养成”模式、“自我教育”模式、“激励参与”模式等。

总之,拓宽德育实效渠道,是创新德育的有效途径,建立德育的长效机制,是落实德育目标的有力保证,模式建构是学校德育的特色,一切从实际出发,务求实效,才能把德育工作落到实处。

第十章
学校安全管理

第一节　加强学校安全管理

一、解读安全

安全是什么？安全是一种生的快乐。人快乐的基础是生命，只有当我们的生命是鲜活的，我们才能享受上苍赐予我们生命中的所有快乐、价值和意义。安全是一种幸福。幸福是一种安全美好的状态，当你高高兴兴地去上班，平平安安地回到家，对于你来说也许是小事一桩，但是对于每天围着桌子在一起吃饭的家人来说，是一种莫大的安心。

安全是一种文明。安全技术的完善要靠科技的进步，安全规章的健全要靠人们对危险的不断认识与警惕，安全意识的提高要靠人们文明习惯的培养和整体素质的提高。

安全是一种文化。文化是一个社会、一个国家、一个民族、一个时代普遍认同并追求的价值观和行为准则。一个国家如果丧失了安全，国民开始为生命的保障奔走劳顿，那这个国家丧失的不仅仅是快乐、幸福，连最基本的正常发展秩序都将丧失。安全之于一个人、一个家庭、一个国家如此重要，那它之于一所学校呢？恐怕更为重要了。每一个孩子都是家

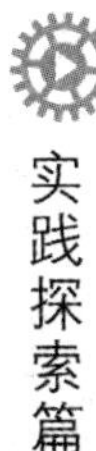

长的希望，虽然家长在孩子身上抱有很多的期望，但是当你问一个家长："在你的孩子身上，你寄予最大的期望是什么？"大多数的家长都会毫不犹豫地告诉你：最大的期望就是自己的孩子平平安安地长大。当一个孩子背起小书包开始上学时，他的安全不单是家长的责任，也是学校的责任。怎么样让每一个学生健康、快乐、安全地成长，让每一位家长把孩子放心地交给学校？既是学校的义务，也是每一位从教者的义务。

二、校园安全文化体系的建设

（一）校园安全文化体系的内涵

1.安全物质文化。安全物质文化主要指学校教育教学中为保护师生安全的设备、设施和防护用品及为改善工作环境和工作条件而进行的环境建设两个方面。具体包括：

(1)安全工具：灭火器、供应食物（饮用水、食堂购物渠道等）、交通车辆、安全员的通讯设备和安全消息的传递、电器的质量等。

(2)工程技术：房屋墙体的质量施工要求、地面防滑技术、实验室的装备技术、医务室的医疗技术等。

实际上，上述安全物质不仅体现在建设方面，还体现在人对安全物质性能的了解及其使用上。

2.安全制度文化。学校要不断充实完善各项安全规章制度，不折不扣地执行安全规章制度的过程就是创建和推行校园安全文化的过程。学校要依据有关法律、法规和行政规章，如：《中华人民共和国教育法》、《中华人民共和国教师法》、《中华人民共和国未成年人保护法》、《中华人民共和国预防未成年人犯罪法》、《××省中小学安全暂行规定》、《学生伤害事故处理办法》等，并结合本校实际制订实施细则。

3. 安全观念文化。它包含两大系统：一是信念系统，即信条、理想、生命等；二是价值系统，即道德、审美、精神等。在此观念下的安全教育包含两大内容：一是以热爱生命、尊重生命、善待生命为核心的人生观、世界观、价值观、幸福观教育等；二是安全意识教育和安全防范教育，主要包括：交通安全教育，消防安全教育，社会治安安全教育，食品卫生及疾病预防教育，应对自然灾害安全教育，预防触电、溺水、煤气中毒教育，校内活动安全教育，校外活动安全教育，森林防火教育。上述校园安全文化体系的三方面中，物质文化是基础，制度文化是保障，观念文化是核心。

（二）构建校园安全文化的基本途径

1. 健全管理机制，强化安全意识，狠抓安全知识、技能的落实，确立校长是学校安全的第一责任人。学校应制定突发事件应急预案，在日常工作中应实行领导值班制度、安全隐患检查制度、保安队巡逻制度、应急疏散演练制度、消防培训制度、疏散设施管理制度等。只有当“安全就是生命”的意识根植于师生的头脑中并成为自觉行为时，其管理的机制才是高效的。

2. 促进教育观念和行为的转变，发挥课堂主渠道作用。校园安全文化在具体学科中的大渗透，不仅仅局限于活动课中，还要渗透到各学科教学中。如：学科教师在平时的教学中，应该加强对学生心理健康教育的渗透，提高学生耐挫能力，倡导积极的人生观、价值观、社会观。学校每年可对全体学生开设专题课，进行心理健康、卫生知识、法制知识等讲座，进行网络安全教育、耐挫能力的教育等。

3. 构建三个结合，形成校园安全文化管理定则。

(1)教育与检查相结合。安全工作必须树立“安全第一，预防为上”的牢固观念。如：饮食安全工作中，一方面要求学生平时购买食品要注意观察食品的生产日期和保质期，餐厅要每天打扫两次，另一方面由总务处、

工会牵头，由食品卫生安全工作领导小组对食堂、小卖部进行定期不定期地检查，并做好有关记录，发现问题及时整改。

(2)分析和预防相结合。安全隐患在一定程度客观存在，不可高枕无忧。每隔一段时间，学校需要对安全工作作认真回顾与总结，及时分析各种潜在的不稳定因素，并采取整改措施，防止事故发生。

(3)教育与演练相结合。安全教育仅仅在口头说教是不行的，学校必须通过组织应对各种突发事件的模拟演练，对师生进行实战性的培训，使他们面对紧急情况时，能够做出准确的判断，采取有效的措施，确保师生的安全。

总之，学校无小事，事事关民心。作为管理者，安全管理是第一要务，要聚精会神抓好安全管理，决不能掉以轻心，更不要心有旁骛。只有这样，才能防患于未然，确保校园安全。

第二节　如何处理学校管理中的法律问题

一、学校可能遭遇的法律风险

一是教学工作中的法律风险。如学校工作人员可能产生的侵权行为，包括体罚或变相体罚学生，侮辱或诽谤学生，随意开除学生，随便把学生赶出教室等，从而造成严重后果的行为。再如，上述人员教学活动中的过错可能产生的侵权行为，如实验操作中未对实验设施进行检测，未进行相应的安全教育，导致学生受到伤害；体育课中未对学生进行相应的安全教育，未对特异体质学生区别对待，或者由于使用的体育设施不完善，可能对学生造成的伤害等。又如管理中的漏洞，对学生管理与教育职责未尽到合理的注意义务，导致学生可能受到的伤害，如学生课间打闹，学校未进行适当的教育等。

二是学校各类设施可能产生的法律风险。如学校管理范围内的不动产（教室、宿舍楼、实验楼、围墙等）可能造成的伤害。如学校管理范围内的水电设施可能对人造成的伤害。

三是学校后勤服务或其他收费性服务因管理漏洞给人造成伤害可能产生的法律风险。

四是非本校人员在校内对本校学生可能造成的伤害可能产生的法律风险。例如：门卫设施不健全可能导致外来不法人员对学生造成的伤害，学校可能因为管理方面存在漏洞由此承担部分责任。

五是学校雇佣的除公办教师及全日制合同工外的人员可能产生的法律风险。例如：签订劳动合同的问题，辞退后可能支付的经济赔偿金，最低工资保障，社会保险等。

六是学校组织的活动可能产生的风险。例如：春游、运动会或其他大型集体活动。

这些，无不涉及学校管理中一些法律问题。

二、学校管理中的法律问题

（一）学校应该如何依法办学

学校要有规划，最重要的是章程。学校竞争最重要的是特色，章程是学校自我约束、自主运行的重要依据，制定学校章程应包括以下10项基本内容：1.学校名称、校址；2.办学宗旨；3.办学规模；4.教育教学的主要任务；5.学校内部管理体制（包括决策机构、执行机构、监督机构等）；6.教职工管理；7.学生管理；8.经费来源、资产和财务制度；9.章程的修改程

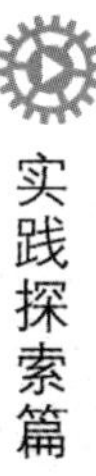

序;10.还可规定校训、校徽、校歌、成立纪念日等内容。其次就是制度。制度制订的过程中要注意以下几个方面的问题:(1)制度必须合法;(2)不能剥夺师生的合法权益,法律上有原则,不能违法增加义务;(3)制度从维护师生合法权益出发,要让师生更好地学习、生活、工作;(4)制度必须有可操作性;(5)制度要全面;(6)制度必须公开透明。

(二)学校要注意处理好的一些问题

(1)学校财产。学校是独立的法人团体,法定代表人是校长。学校有财产权,可以使用和管理,但没有处置权、收益权,所以不能卖,不能出租,也不能挪作他用,如担保、抵押等。

(2)知识产权。学校知识产权的保护非常重要,一是校名,归学校所有,校长只能在代表学校利益时才能使用。另外就是教师的成果,学校所进行的课题研究,其研究成果产权属于学校,学校有使用权。注意不要抄袭,引用可以,但引用超过一定篇幅就属于抄袭了,因为作品引用率高也是水平的表现之一。再有就是学生的知识产权,要得到尊重。学生获奖,奖品是属于学生的。

(3)招生。高中招生是可以考试的,因为高中属非义务教育阶段。学校有自主权,按有关规定的分数线录取,学校与学生之间双向选择,不能侵害学生的自主权。

(4)学籍管理。学生的学籍档案材料要真实、齐全、诚信,这不仅关系到学生,而且还影响到国家的形象。

(5)学生处分。积极的教育要比消极的教育效果好,你对学生的爱,他总有一天会感激的,所以一定要慎用处分,处分时一定要理据充分。当然,处理程序要合法,要给学生申诉的权利。申诉要有组织及符合程序,要给学生回复,慎用开除。对未成年人,处分是可以撤销的,通常情况下,处分不宜贴布告。

(6)教师的聘用合同。合同不要过于简单，要明晰双方的权利和义务，对教师的主要任务、项目、教学质量的要求，还有学校可以提供的基本保障都要写上去，是否续聘要提前通知，还有违约的问题，应明确如何处理。当然，如果教师培训进修，一定要签进修合同，明确福利待遇，毕业后继续留校工作时限，违约如何赔偿等。说白了，民事之间的关系就是契约关系。

(7)教师职务。特级教师可能纳入教师职务系列，主要是为了有利于竞争，因为职称是终身制的，而职务则是可聘任也可不聘任的。事实上，教师队伍是最需要优秀人才的，但教师队伍中确实存在一些谈不上优秀甚至误人子弟的人。毕竟，好教师才能教出好人才。

(8)校长负责制。校长负责制下，校长一定要有法治意识、民主意识，一定要重视教代会。校长要有广阔的思路，主要起的作用应是开拓思路和视野。

(三)有关学生伤害事故的问题

学生伤害事故问题的处理是学校面临的一个法律难题。前些年，教育部制定的《学生伤害事故处理条例》为解决学生伤害纠纷提供了有效的法律支持，但是，《条例》并非一用就灵，实际问题的处理要复杂得多。学生意外事故跟学校的关系或责任如何界定主要看以下三点：

(1)时间范围。如果是教育教学活动中，或者学校组织的校外活动中，就要负责。教育教学活动不一定只在课堂里，甚至可能在校外，如军训、春游、观看电影、集会等。

(2)空间范围。主要是指在学校负有管理责任的教育教学设施、生活设施，如宿舍等。学校相关场所的警示标识一定要到位。

(3)学校对学生是否有过错。法律上关于责任的问题，一般分过错责任，无过错责任的公平责任(无论如何，各自一半)。如何界定？主要是指

学校是否履行了职责。所有国家、地方关于学生安全方面的规定，都是我们应该履行的职责，这里主要是指法律责任。我们有些学校在开展活动前与学生签订“××责任书”其实是无效的。

（四）如何做好学校的安全工作

(1)设施要安全。所有校舍、教学用具、实验器材等，注意安全质量标准，改建扩建维修，其施工单位资质要过关；同时还要注意规格，一定要适合学生，如电梯、旋转式楼梯、楼高、室外走廊高度等。

(2)制度要完善。任何地方都要有相应的安全制度，如人们在食堂，就不能突然回身，地面倒水了也要及时清扫等。同时，要有明确的检查制度，如开学前检查，对学生进行安全教育，还要有经常性的安全报告，安全记录制度等。

(3)教育要经常。每次活动中，要告知学生安全注意事项，讲清楚不注意的话可能带来的后果；教育学生在大型集会时如遇意外事件，要冷静，不要慌，不要挤，学会简单的急救和逃生方法，如地震躲在三角地带，预防踩踏事故等。

(4)管理要到位。如上下楼梯靠右侧，不并排。很多细节上的问题要到位才行。

(5)救治要及时。我们要始终清楚的一点，就是无论事故责任如何，首先救人，以免延误救治时间。

(6)预案要常备。不要等事情发生了还不清楚应该做什么，预案要齐全规范。

总之，坚持以人为本，牢固树立法律意识，才能规避风险，使学校实现健康发展，和谐发展。

第十一章
校长情感管理

第一节　情感管理调动“人”的因素

管理离不开感情，感情投入的多少，直接影响着管理的效益和成败。作为校长，更应根据学校教育“培养人、管理人”这一特殊性，根据教职工、学生的身心特点，在教育管理中加大感情的投入，实行“人情味”管理，调动教职工工作的积极性和学生学习的积极性，最大限度地提高教育管理的效益。

一、情感效应激发人的积极性

如何在学校管理中形成积极的“情感效应”呢？

1. 学校的领导、老师应把“爱”放在教育工作的第一位，每时每刻都要关心、爱护、关注、帮助、信任、尊重他们的教职员工和学生，把“爱”贯穿在教育管理的全过程。

2. 实行“人情味”管理，想师生员工所想，急师生员工所急，帮师生员

工所需，要时时刻刻惦记着他们，事事处处尊重他们，见面给以真诚的问候，生日献上一盒贺喜的蛋糕，节日登门带去深情的祝福，困难时伸出温暖的双手，为他们多办实事，多办好事。

3. 采取多种形式与师生员工进行情感上的交流，诸如经常家访、谈心，积极组织、参加多种形式的文体娱乐活动等。走到他们中间，消除相互间的隔阂，融洽相互间的感情，与他们打成一片。

4. 学校领导和教职员工要建立一种同事加朋友的关系，与他们以诚相待，彼此交心，成为知心朋友，彼此间形成一种“自己人”的感觉。

“一枝一叶总关情。”情感的投入，融入在一举一动、一言一行之中，体现在日常生活、工作那千千万万、大大小小的事情之中。投入一分情，得到的回报是无穷的。

二、情感管理提高管理有效性

学校管理是多因素整合而成的。管理是否科学、是否有效，在于它的管理对象中“人”的因素是否积极上进，能否创造性地完成教学任务。

管理学认为，人的积极性是以需要为基础的，动机是调动人的积极性的直接动力，目标则是调动人的积极性的诱因。教职工的积极行为也是由目标作为行为诱因的，引发需要并转化为动机，推动教职工去实现目标的行为。本文主要从以下三个方面，尝试提高学校管理的有效性，调动教师的积极性。

1. 目标激励，调动各方面的积极性

在工作中要始终遵循“整体管理、过程管理、层次管理”等原则，在整体目标确定的前提下，再进一步细化学校内部各科层组织的职责，力求达到学校管理的系统化。各科层直至每一个教职工都围绕学校的整体目标制订各自的奋斗目标。将目标管理的客观要求变成教职工个人的努力方向,目标管理是一种激励机制,要求各科室、各年级、各教研组、备课组学年初都提出具体明确的奋斗目标。在这个目标的激励下,各科室成员为实现这个目标而精诚团结,形成合力,积极奋斗,创造性地开展工作,从而实现预期的目标。

2 发扬民主,以“和”为贵,提高管理有效性

良好的教育群体是搞好学校工作的保证。“和”是学校管理群体的灵魂。首先创设和谐的、宽松的学校工作环境,满足教职工精神上的需要,形成和谐的人际关系。其次是在和谐的氛围中加强领导班子的建设,在班子内发扬民主作风,形成团结和谐的良好风气。每周开好两个会:一是教导例会,一是学校行政会。在这两个会上,领导与教师敞开思想,相互尊重,充分发扬民主精神,表现出一派和谐的气氛。在工作中,尊重、信任教职工,创造条件强化教职工的参与意识,实行科学的民主管理,满足教职工当家做主不断进取的精神需要,增强教职工主人翁的责任感,有效地调动教职工的积极性和创造性。再次,领导还要在政治上、工作上、生活上关心体贴教师。做教师工作时注意精神激励,提倡奉献精神,对思想要求进步、品行端正、工作热情高的教师,加强培养,及时吸收到党内来。重视青年教师的工作,大胆使用,大胆培养。大力改善教职工的福利待遇,最大限度地满足教职工的物质需要。由于科学有效的管理,现已形成了融洽的干群关系,良好的教风、学风,增强了凝聚力和号召力。

可见,教育管理要提高其有效性,正确处理好学校内部的人际关系是十分重要的。在这方面要真正做好还应注意以下几点:第一,寻求共同目标、增强团结意识;第二,摆正各种关系,处理好人际之间的矛盾;第三,注重信息搜集,加强意见沟通;第四,加强自我修养,掌握协调人际关系的技巧。

3. 运用客观评价,提高管理有效性

古人云:“人各有所宜,用得其宜则才著,用非其宜则才晦。”对于教师

来说，都有其特点和才能上的优势，学校工作是一个整体，只有发挥所有人的特点，并相互配合、相互补充，学校工作才能有条不紊。这就要求在管理中，重视教师工作能力、效率和结果，给予教师正确、全面、客观的评价，以满足教师的自尊心、荣誉感、成就感的需要。

评价教师，是提高管理有效性的重要环节。对于教师的全面评价主要从德、能、勤、绩四方面评价。

评德，就是看教师平常在教育、教学中的事业心、责任感。

考能，主要是看教师的学识水平和教学业务能力。

考勤，即对教师工作勤奋状况的评价，包括教师的出勤情况和工作态度两个方面。

评绩，主要看教师对教育、教学的绩效，如所教班级的工作成绩，教改教研所取得的成绩。

以上几方面要结合运用，联系进行。如考勤要与其他三方面结合进行，这样可防止出勤不出力或体勤脑不勤的倾向。由于教师的劳动是一种复杂的创造性劳动，所以很难用统一的模式来衡量、评价。因此，在评价过程中，可采取定量与定性相结合的做法。一方面制定量化管理标准，如及格率、优等率、平均分、高低分数差、达标率等；另一方面进行综合性评语式评价，如：教师全面教育效果、教育思想、教育艺术及教学风格等。评价教师的工作，还可以根据对教师工作过程的考查、对教学效果的综合印象加以评述。

第二节　校长对教师的情感管理

管理工作的核心是管人，管人的核心是管人心。在学校管理中，制度约束固然重要，要想使教师释放能量，情感管理不失为一条切实可行的好途径。

情感交织在人们的思维中，成为一种刺激，往往对人的认识和行为起着调节和支配的作用。积极的工作态度，愉悦的情绪能使人精神振奋，思维活跃，使教师受到温暖、感化和激励，能激发教师的积极性和创造性。否则，消极的情感，则抑制教师的积极性和创造性。教师教书育人，要用真挚的、丰富的情感去感染教育学生。在学校管理中，作为一校之长也需要用真挚、丰富的情感去感化激励教师。可以说，学校管理是"三分管理七分情"。因此，在情感管理过程中，校长要重视与教师的情感交流，建立情感关系。

一、尊重、信任教师

领导的信任和尊重可以转变为教师的精神支柱，这种精神上的激励，常常比奖金更贵重。实践证明，尊重、信任可以给人以巨大精神鼓励，激发责任感，增强向心力，因此，作为校长，在业务上要尊重教师的创造精神；在用人上要以事业为本，信任为重，让他们在职权范围内独立地处理问题，充分发挥其才干；在日常生活中，校长要善于表达感情，不要整天板

着面孔，更不要在公众面前斥责下属——即使有过错，也要选择适当的时机和他们谈心，指出错误，并给他们创造改正错误的机会和条件。有些问题作为领导要主动承担责任，使有错误的人得到温暖的同时，也乐意接受教训。如果批评不当，言语过重过激，就会使人感到失掉威信，丧失信心，并易造成与领导的对立情绪。

二、关怀、体贴教师

关怀体贴是人们普遍的心理需求。校长关心教师要情真意切，一切从爱出发，给每人以均等的机会，一视同仁，对于与自己的思想有隔膜的、有错误的同志更应该关心。“精诚所至，金石为开”，让他们充分发挥聪明才智，切忌一个“嫌”字。“嫌”往往使自己的感情天平失去平衡，致使一些教师因“嫌”而感情淡薄、疏远，甚至对立。人人都有感情，人人都需要感情。从这个意义上讲，爱的实质就是“给予”：给予关切，给予温暖，给予体贴，给予心理的补偿，使他们感到温暖。如，创造条件提高教师的福利待遇，切实帮助解决困难教师的生活，帮助解决教师子女就业等。道路坎坷扶一程，能使人终生难忘；困难时候拉一把，会使人感激不尽。

三、理解、宽容教师

教师的气质、性格、能力各有其特点，作为校长，必须“宰相肚里能撑船”，凡事宽容大度，“水至清则无鱼，人至察则无徒”。理解和宽容是人际沟通的金钥匙。为此，校长应采用换位思考、置换体验的方法，设身处地了解教师的需要、苦衷和感受。

“欲知心腹事，需从口中言”。作为领导者，可以根据需要，召开不同类型的会议和个别谈话，向群众讲明学校工作情况和实际困难，倾听群众意见，就群众所关心的问题给予认真解答。有的教师教学认真负责，能力强，成绩好，但毛病也不少，有的甚至牢骚满腹。作为校长，要着重看他们的长处，注重捕捉他们身上的闪光点，并给予及时肯定。

校长与教师之间的矛盾是经常发生的，校长要宽容大度，耐心听取反对自己的话，严肃认真地检查自己，主动承担责任，同时要正确对待反对过自己而且证明反对错了的人，不计冤仇，不图报复，主动亲近。这样，校长的容人之量，会使教师产生内疚之心，感激之情，"报答"之行。

人需要情感，只有让教师带着轻松、愉快的心情面对学生，才能使教师心情舒畅地投入到工作之中。也许，教师心目中未必有校长，校长心目中却不能没有教师。校长心系教师，教师会支持校长工作的，只有这样，学校的整体工作才能做好。

第十二章
西方学校管理新模式——校本管理

第一节 校本管理产生的缘由

校本管理(school—based management),是西方20世纪80年代在学校改革运动中出现的一种新的教育管理模式,在国外教育管理领域非常有影响。在过去的30年中,一些学校在这种新的管理理念指导下,运作学校管理,取得了较好的效果。现在,人们致力于提升这种理念,以使它在学校教育改革中发挥更大的作用。

校本管理最基本的定义,是将权力下放至学校。"权力下放"的意思是指教育当局给予学校更大的权力和自由,按学校自己的情况去决定资源分配,对学校的财政预算、课程设置、教科书选择、学校人事决策等方面实施改革。其目的是改革学校的管理系统,优化教育资源,以提高教育质量。校本管理采用一种由集体管理学校资源的方式,集体的组成人员如下:学校委员会、学校监督、校长、教师、社区成员以及学生。

目前,"校本管理"的理念已经深入教育管理者之心,在这方面也取得了一定的成效。考虑到这种新的管理模式对我国有一定的借鉴意义和推广的可能,在此特加以介绍。

一、“校本管理”的提出

过去的学校管理方式，主要以“外控”为主，它使得学校制度变得异常庞大、复杂；“外控”的管理方式，也使得学校缺乏相应的应变能力，追不上时代的需要。这些因素使学校管理产生了很大的困难。

在过去几十年里，学校行政职权不是掌握在本来应该掌握权力的校长、教师、学生家长和一些社区人员等手里，而主要由一些教育行政机构掌握。教育行政机构不但掌握着一些教育政策的制定，而且还握有一些学校常规管理，比如教学、财务、课程管理等方面的权力。教育行政机构对教育、教学等方方面面的决策负最终的责任。这样，整个教育系统不但变得高度权力集中的官僚化、科层化，整个学校制度也变得异常庞大、复杂。

在传统的教育管理模式中，学校运作主要是为了满足上级教育行政部门的要求，按照上面规定的条例行事，并力求以不违反规则为主要原则。但是面对着时代的转变和社会对教育产生的越来越高的期望，以过去的管理方式，学校就不能灵活地做出相应的对策去满足新需要，因为学校的应变能力受到许多僵化规则的限制。

在传统的学校管理模式中，学校资源的运用效率极其低下。校长虽身为学校教育最直接的负责人，但在资源运用方面的权力却很小，他处处受制于上一级教育行政机构。上级教育行政机构又不是每天都面对着学生，又不能够直接了解学生各方面的需要，却是资源运用的决策者，校长的责任没有清楚地界定，也不需要对资源运用上的错误负太大的责任。在这些因素互相影响下，资源未能被有效运用，学生的真正需要也未能得到满足，教育质量得不到保证。

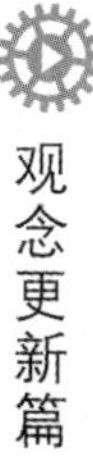

当整个学校系统变得异常庞大、复杂时,学校管理就不是一件那么容易的事情了。在庞大的学校教育系统中,依据“外控”的管理哲学,施行教育管理,会产生许多的问题。要解决这些问题,权力下放应是可行及唯一的方法。要提高效率,学校的管理应由“外控形态”转为“内控形态”。在这个转变当中,上级教育行政机构的角色,主要应当是各种政策、法制的制定者,而他们过去承担的监察学校的工作就可以相应地削弱。这样,学校管理的权力就可以由上级教育行政机构下放至学校,校长就得到更大的决策权及决策的灵活度。这些改变可让学校有更大的主动性、发挥性及应变能力。

当学校的资源决策权增大时,学校就可以有更长远的发展目标,学校员工的工作积极性和对工作的满足感也会随之提高。正因为权力下放可使学校灵活运用资源,学校也就必须小心谨慎地去检查自己的需要,按优先次序排列资源,配合所需。另外,学校亦可以将节省得来的资源,投入新的教育计划,切合学生的真正需要,最大限度地发展学校。

二、“校本管理”的产生是一种管理哲学的改变

“校本管理”的产生是一种管理哲学的改变。如前所述,这场改变是教育管理哲学从“外控形态”到“内控形态”的转变。

传统的管理哲学有以下的假设:

1. 一个理性的行政管理科层结构是必须的,从管理的策略讲也应当如此;

2. 集权化乃至于权力统一在中央或者中心机构是在所难免的;

3. 机会均等是基于平均地给予各组织应有的资源。

“外控”的管理形式基于以上这些假设。如教育系统保持在雏形或简单的结构上,“外控”管理形式也可以发挥相对有效的作用。但当教育系

统变得庞大及复杂时,“外控管理”就不能覆盖系统内部的每一单位或细节。整个系统的运作及其成败,就全凭各单位的互相配合,以及看它的主体性是否得到发挥。“外控”的教育管理哲学比较适合于传统农业社会中结构相对简单的学校,在现代工业社会,学校的结构越来越复杂,“外控”的教育管理哲学很难适合它的需要,也很难跟上它瞬息万变的变化。

当传统的管理哲学不再适用及受到冲击,管理的形态就必须基于新的假设之上。“外控”的管理方式行不通时,就趋于尝试以“内控”的策略来管理。

“校本管理”的管理哲学有以下的假设:

1. 学校及社区应被给予更大的权力,去管理其中产生的各种各样的事情;

2. 学校管理的策略应注重“权力下放”、“授权”等概念。在这里,“权力下放”、“授权”等都是后现代主义哲学流行的理念;

3. 应该根据社区和学校本身的特点,分配学校教育资源。

本世纪中叶以来,后现代主义产生并在世界范围内得到迅速发展,后现代主义对教育也有相当大的影响。

在西方,许多遗传思想家都介入后现代主义思想的研究。后现代主义强调“边缘化”,对现代西方的学校管理有一定的影响。所谓“边缘化”,有人也翻译成“去中心”或者“分散化”,指取缔任何中心事物和压倒一切的真理。它意味着后现代主义主张把注意力集中到边缘事物上去。这也影响到学校教育管理。上述所谓的“权力下放”、“授权”等术语,就是在后现代主义哲学影响下产生的。

在20世纪80年代以来,无论是实行中央集权教育行政管理体制的国家,还是实行地方法权的教育行政管理体制的国家,都把扩大学校的办学自主权作为教育改革的一项重要措施,因此出现了教育管理的“地方化”运动。它对校本管理有着很大的影响。

校本管理的出现，与后现代主义的教育管理理念，以及教育管理的“地方化”运动，是密切结合在一起的。

第二节　校本管理的优势与劣势

对于校本管理，西方社会的一些学者已经做过较多的研究。大多数研究发现，校本管理与学生学业成绩的提高、纪律问题的减少，低辍学率以及高出勤率之间没有必然的联系。但是人们也意识到，校本管理作为一种管理改革的方式，主要是针对过去在教育系统内管理职权过分集权化和集中化而形成的一些弊端而做出的面向学校的权力下放的教育管理方式。

一、校本管理的优势

人们采纳新的教育管理方式，主要是想由此取得较高的管理效率。指望它起到提高学生学业成绩等多方面的效果是不现实的。因此，校本管理还是有着自己的种种优点：

1. 这种管理方式对学生十分有利。因为通过“校本管理”，学校可以灵活运用资源，配合学生所需。学生易于获得各种各样的资源，以符合他们各方面的兴趣需要。

2. 由于决策是以集体而不是以个人形式做出的，它给予教师、家长和学生更大的参与校政决策的机会，因而能够保证比较民主的、质量较高的决策。

3.校本管理对学校而言更有好处。它使学校更有系统地计划、评价各个项目;使学校有更清晰的目标,学校的教育活动更有方向性;校长、行政人员及教师角色及分工更为明确;学校教职工之间的沟通更为便当和顺畅。

实行校本管理,学校少了许多"婆婆"。在这种新的管理模式下,教育行政机构的角色主要是执行中央、地方所制定的教育法规和政策,至于学校行政管理方面具体的责任则会尽量减少,这些管理责任会落在办学实体、校董会、校监及校长的身上。当权力下放至学校时,在适当的组织及管理策略的影响之下,"资源运用的责任"与"管理的责任"就能互相配合。如果学校多重视灵活运用资源,少受中央指令渗透到学校的具体限制和牵制,可使教育计划和学校课程更加配合学生所需。

4.学校员工也被赋予更大的职权,以使他们能够提高运用资源的效能及效率。校本管理促进了资源保管者之间的交流,因而有助于减少学校的矛盾。

二、校本管理的劣势

在西方社会,也有人对校本管理方式不以为然,认为校本管理并没有产生任何有益的变化。例如,如上所述,有人认为:没有任何证据表明,校本管理提高了学生的成绩。尽管这个意见有苛求校本管理的一面,但是也暴露了校本管理内部的问题。在实际操作过程中,由于人们对校本管理的理解和支持不足,也导致一些其他问题的产生。

"校本管理"是一种分权化的管理实务。在分权化的教育行政运作过程中,各级教育行政机构必须从指挥的角色,改变为支持、协调、评价的角色;校长要从执行、管理的角色,改变为领导、做决定、沟通的角色;教师要从半专业人员的角色,转变为专业人员的角色。这些角色是否能够转变

成功，是“校本管理”措施能否成功的先决条件。以下我们就“校本管理”可能产生的问题进行分析，并加以分别说明：

1. 由于学校支持不足而产生的问题。在社会上，甚至于一些教育行政机关对校本管理极力推崇，但是落实到一些具体的学校，往往对“新措施”的反应冷淡，其中关键的原因是上级教育部门没有提供足够而又实际的支援。比如某些地区政府只提供了有关“校本管理”的文件以及一些理念，提出一些建议和目标，它督促学校按照一些新的措施去进行学校管理改革，但实质上的支援少之又少。当学校实行了“校本管理”新措施后，校内的变革一浪复一浪，工作量随之而倍增，校长及教师承受着很大由转变带来的压力，但政府并未有足够的支援给予学校，以缓减这方面的压力。面对着有限的教育资源，又没有充足的支援，真正的新措施很难展开。

2. 未清楚界定其中的各种角色及其职责。校本管理在实施过程中存在着许多变化的因素。如果我们把校本管理作为一种系统，其职权下放，既可以从政府下放到学校委员会，又可以从学校委员会下放到监督，还可以从监督下放到校长，更可以从校长下放到学校社区的一些成员，比如教师和学生家长等。当然，也可以下放到由以上涉及的二至三个甚至全部组成的办学团体，由这种办学团体统一管理学校。但无论如何，其中的变量比较多，以至于有时不能清楚地界定各自的角色及职责。例如，社区人士在其中能够产生什么作用，他应当承担什么角色？学生家长呢？督学呢？如此等等。

3. 部分校长未能接受改革理念，在一些国家和地区，“校本管理”理念没有深入人心，实施“校本管理”，校长是其中的关键所在。只有校长勇于接受挑战面对变革，首先参与试验计划及全面实施校本管理，这一新观念才能得到实施。但是从全局看，当前在一些推广“校本管理”的国家和地区，这种理念尚未深入人心。

4. 教师态度不够积极，专业准备不足。在一些推广“校本管理”的国家和地区，没有考虑到学校教师心理上的准备，便仓促地推行改革，所以教师对“校本管理”的普遍反应不够积极。其中，大部分教师不明白“校本管理”精神及对自身在专业上的要求，更不清楚他们在改革上应扮演的角色，专业准备不足。其实，从某种程度上可以说，“校本管理”的成败取决于教师。包括以下方面：①权力是否由学校的决策层下放到教师手上；②教师能否发挥专业自主的精神；③教师是否积极参与校政决策。所以，教师对“校本管理”的冷漠和专业准备不足，也是造成改革实施进展缓慢的主要原因。另外，很多教师对推进“校本管理”抱怀疑态度，他们认为，管理改革只会给他们带来更大的工作压力和负担，不会给他们带来更多专业提升的机会，因此产生了一些懒惰和抵触心理。这也是造成改革实施进展缓慢的原因。

5.有关人员缺乏相应的管理理念和知识、技能。阻碍校本管理实施的一个重要的方面，是有关人员缺乏相应的理念和知识。前面提到，校本管理是由一种团体讨论方式决定学校的决策。但是，有关人员往往不了解校本管理是什么？它是如何运作的？缺乏相应的决策技能，在决策时，相互之间的交流和信任度也不够。

第十三章
校长管理的观念

第一节　从静态管理到动态管理

一、静态与动态管理的内涵

动静相济，是大自然的规律，也是学校管理的规律。静态的管理与动态的管理相结合，形成了学校管理工作的“流水线”。这里想谈的是静态管理。

静态管理又称常规管理，就是人们根据教育规律、办学规律确定的保持相对不变的工作程序、规章制度以及养成的传统风气。

静态管理可以使学校各项工作制度化、规范化，做到有章可依，有矩可循，养成良好的工作习惯和学习习惯，达到提高学校管理效率之目的；可以使学校各项工作纳入正规，准确无误，有条不紊、井然有序；可以使学校建成优美的校貌，形成良好的校风校纪，从而优化育人环境；可以使学生潜移默化地受到陶冶，在严格要求的反复训练中养成优秀品质和行为习惯。静态管理水平，一定程度上反映了这所学校当前工作的水平。

静态管理包括哪些内容呢？大致有以下三个方面：

时间静态。时间是“动态”的，但对时间的管理可以“静态”化。如：日程安排，一周、一月、一学期，要有一个相对静态的安排。

工作静态。工作是“动态的”，但对工作的管理可以“静态”化。工作“静态”化包括调查研究、制订计划、付诸实施，进行检查、总结提高。周而复始，无限循环。

人员静态。学校里的中层干部、教研组长、年级组长等人事要保持相对稳定；各学校任课教师、职员和工人的岗位职责，也要静态化，保持相对稳定。

然而，静态不是绝对的，有静有动，有动有静，静中有动，动中有静。校长要能以“变”应“变”，建立动静兼容的适应性的工作程序和规章制度，不要固守原有的思维模式和框框，根据客观形势的变化，及时修正原来的规矩，制订并形成新的常规。

动态静态管理是对立统一的。动态管理要求革新、创造、变动；而静态管理则要求稳定，确定保持，两者不可偏废。如果只强调革新、变动，而忽视相对稳定、相对保持的静态管理，则革新的成果，既不容易巩固、普及与推广，又没有条件逐步完善与提高，反过来会影响今后的革新、创造；只强调静态管理，则会让陈规旧矩束缚前进的手脚，禁锢革新、创造的头脑，不能深化教育改革，影响教育事业的发展。

二、提高学校管理效益的保障因素

在学校管理工作中，人的因素是最为重要的因素。学校管理的目的就是要最大限度地发挥人的主观能动性，使以人为核心的各类教育资源都得到最优配置，进而获得最佳的管理效益。

1. 靠制度保证

学校必须要使每一个人都有事情做，每一个人都有适合自己能力的工作岗位，每一件事都有适当的人去管（或干）。要达到这个目标，主要靠制度保证。科学合理地做好“五定”，即定岗、定员、定人、定工作量和定工

作岗位职责。要杜绝因人设岗或简单的因事设岗；要根据岗位性质的不同和人的个性、特长、能力、水平的差异择优上岗；工作数量和质量标准要高、要具体；岗位职责要易于检查。认真落实“五制”，即落实校长负责制、教职工聘任制、工作目标责任制、工作质量考核和结构工资制。

2. 靠人的自觉性

学校管理要使每一个人都有能力并尽心尽责干好工作，使每一件工作都能达到预期目标。这主要靠人勤奋工作的自觉性。这就要求学校认真做好每一个教职工的思想政治教育和职业道德教育工作，使每一个教职工都做到“三明确”，即明确教育者的角色，增强工作的责任感；明确自己在工作和集体中的位置，增强协调感；明确学校发展规划和近期工作的目标，增强事业心和成就感。

3. 靠科学管理

学校要使每一件工作都能高标准、高质量、高效率地完成，要实现这个目标，主要靠科学管理来保证。学校应根据国家方针政策法规，结合本校办学实际建立合理的组织机构、严格的规章制度、科学的工作程序；坚持依法治校；实施计划管理、目标管理、系统管理、民主管理和质量管理。

4. 靠文化管理

学校要使每一个教职工都把工作作为人生的第一需要，在工作中获得人生的快乐和幸福，这就要靠学校进行以人为本、以人为核心的文化管理来实现。要尽力满足教职工在物质和精神、生理和心理等方面的需求，为他们创造良好的人文环境、愉悦的氛围和日益改善的工作条件。从“人人有事做”到“人人兢兢业业做事”，再到“人人高兴地做事”是管理质的飞跃，其核心是把人的因素放在首位，通过优化管理使每个人充分发挥主观能动性。

第二节　实现有效管理，提高办学效益

从许多有办学特色的学校实际情况看，它们的成功经验主要体现在两个方面。一是体现在有独特的办学思想和教育教学工作的创造性上；二是体现在学校的有效管理上。学校的有效管理，是全面贯彻党的教育方针，努力实现学校总体目标的重要保证。因此，实现学校的有效管理，对于提高办学效益和创名牌学校、创特色学校，有着极其重要的意义。对于这项工作，我认为主要应抓好以下几个环节。

一、建立目标管理机制

行为科学家认为，目标管理对激发人的积极性和提高工作绩效有积极的作用。大量事实证明，把目标定得明确具体，要比仅仅提出整体要求好得多。因此，要提高管理的有效性，必须把学校整体目标进行分解，制定出不同阶段的发展目标，建立"学校阶段目标——部门局部目标——个人具体目标"的三级目标管理网络，形成分级管理、层层负责、人人负责的目标管理系统。

为了发挥好目标导向和激励的功能，在制定目标时应考虑以下四个方面的因素：

1. 尊重教职工的人格。这是制定目标的出发点。教育工作的主体是人。因此，我们在制定目标时，既要把教育者看作是社会的存在，又要把

他们看作是个体的存在，将目标定位在社会发展的需要和教育者完美人格的形成上；把社会的期望与个人人生价值的实现有机结合起来，使学校发展的大目标与个人奋斗的目标相联系，从而更好地发挥教职员工的主观能动性，积极主动地完成本职工作。

2. 鼓励教职工参与目标的制定和讨论，提高教职工对目标的理解和认同。这是目标得以实现的前提。管理是双边活动，再先进的方法，没有被管理者的自觉接受，最终依然难以发挥其最大效益。

3. 目标的确立，应当具有现实性。这是目标得以实现的心理基础。它包含两个方面：一是社会的现实性，二是心理的现实性。教育是以生活在社会上的人为对象的，目标的确定要适度，既要考虑到教育者的因素，又要考虑到被教育者的因素，应体现“跳一跳，够得到”的原则。目标定得太高了，与教职工心理承受能力相差甚远，可望而不可即，会挫伤教职工的积极性；目标定得太低了，唾手可得，则起不到对教职工的激励作用。

4. 抓好目标的检测。这是目标有效性的根本保证。实践证明，目标可检测性越强，其管理就越有效；反之，管理的有效性就越弱。因此，实施有效管理应将目标量化，并提出达标期限和要求，进行达标考核。对一些无法量化的指标，要采用定性的方法，提高可检测性。

二、抓好两支队伍建设

1. 实现有效管理，关键是要抓好干部队伍建设。首先，要加强干部队伍的思想建设，增强公仆意识和强烈的事业心、责任感，这是搞好干部队伍建设的前提条件。其次，要努力提高干部的管理水平，通过理论学习、岗位培训、工作研讨等，确立科学管理的思想观念，掌握科学管理的方法和艺术，这是提高管理有效性的决定因素。第三，要落实岗位责任制，促进干部认真做好本职工作。

2.实现学校有效管理的另一个重要工作是抓好教师队伍建设。教师队伍素质的高低直接影响教育教学工作的成效,影响教书育人的质量。因此,建立一支思想素质好、业务能力强、具有强烈的进取心和奉献精神的教师队伍,是实现办学目标、提高工作实效的重要环节。当前,应强化教师的思想政治工作,加强师德教育,提倡"敬业、爱生、奉献"的精神,努力提高教师的思想认识水平,确立正确的世界观、人生观、价值观。

三、建立科学规范的管理制度

行之有效的管理制度,是实现学校教育教学工作正常、有序、高效运行的重要保证。因此必须重视建立各类科学规范的管理制度,以保证学校各项工作有"法"可依、有章可循。

为使各项制度较好地发挥引导人、教育人、规范人的作用,在制定制度时要力求目的明确,内容具体,易于操作。与此同时,还要建立与之相配套的奖励措施。奖惩分明是从严治校的最重要的体现。物质奖励、职务提升固然很重要,但是精神奖励更加不可忽视,如表彰先进,让其承担重要任务,参与学校决策等等,都能使教职工产生成就感、信任感和受人尊重感,起到较好的激励效果。

四、营造良好的管理环境

学校管理的过程,实际上是管理者与教职工相互作用的双边活动过程。管理者要有较高的道德修养、较强的业务水平和管理能力,懂得尊重人、关心人,才能有助于形成一种良好的管理环境。

所谓管理,在某种意义上说,就是要被管理者按照管理者所预定的目标去行动,去开展具有一定方向性的工作。简言之,就是要控制人的行

为，并且还要使他们自觉自愿地、努力地去做，而不是强迫他们消极地、被动地去做他们不愿意做的工作。人是复杂的个体，用行政命令、强制手段是无法充分调动人的积极性和创造性的。只有掌握了人的思维活动规律、人的行为规律，提高对人的行为的预见性和控制力，管理才会有成效。因此，建立良好的管理环境，是实现学校工作有效管理的重要环节。

《孟子·公孙丑下》里有一句话："天时不如地利，地利不如人和。"这句话的意思就是强调良好的管理关系的重要性。"人和"才能处理好管理者与被管理者之间的关系，形成合力；"人和"也是学校凝聚力的表现。教职工工作在良好的管理环境之中，会对学校的管理工作多一份支持和理解，少一份矛盾和内耗。

营造良好的管理环境的关键在领导。领导首先要加强自身修养，具有高尚的人格，在管理中要以身作则，起到表率的作用。其次，要牢固树立"管理也是服务"的思想，设身处地为教职工着想，加强与教职工的情感沟通，建立正常、健康、融洽的管理关系。第三，要从政治上、工作上、生活上关心教师，帮助他们解决实际困难，激发他们热爱学校、关心集体的思想感情，调动他们的工作积极性，这样才能发挥他们的创造才能，挖掘他们的潜力，使其创造性地开展工作。这样才能真正发挥管理的效用，达到管理的目的，营造出良好的管理环境，进而取得良好的办学效益。

第三节　中学校长职能的构建

民族的希望在教育，教育的希望在教师，教师的希望在校长。一位好校长就是一所好学校。义务教育经费保障机制转型、利益格局调整的新形势下，怎样才能成为一名好校长呢？笔者以为应从五个方面努力。

一、不辱使命，强化科学管理

校长必须忠诚党的教育事业，认真贯彻党的教育方针，端正办学的指导思想，坚持全面育人的方向。面对新形势，校长要致力于研究市场经济的发展对劳动力和人才的新要求，包括劳动力和人才的数量、质量、层次、结构及其创造价值的能力，以此为依据，形成新的教育观（素质教育观、终身教育观）、新的人才观（如复合型、应用型、外向型的人才观），调整教育的规模、类型、结构，改革课程设置、改进教育方法，而教育领域的一切调整和改革，只能围绕一个中心，那就是为我国当前和未来社会主义现代化经济建设，源源不断地培养合格的劳动力和人才。这就要求校长把主要精力要放在研究教育观点、教育思想、教育理论、教育规律上来，放到教育教学改革上来，放到教育管理上来。管理是个永恒的主题，管理出效益，有人把管理比作下棋。校长就是一名棋手，学校中各种资源就是棋盘上的棋子，下棋有下棋的规则，学校管理也有其规则。校长必须按照规划统筹兼顾，全面安排，有进有退，有取有舍，全面完成育人任务。

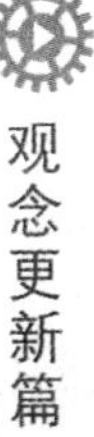

二、强化修养提高思想素质

学校的教职工是否接受校长的“指挥”，关键取决于校长影响力的大小。校长的自身素养是影响力的基础，素养包括两个方面：一是校长的知识、经验与才能。学校是知识分子集中的地方，他们在诸多权威中最尊重的是学术权威。因此，校长的学术地位、文化修养、教学经验的影响力是最重要的，校长要扩大自己的影响力就必须从行政事务中解放出来，不断学习、研究，以扩大和丰富自己的知识视野。二是校长的思想品德与行为。这是教职工群体中反应最敏感的要素。校长是学校的当家人，他是否具有强烈的事业心与责任感；他能否从全局出发，把整体利益、公众利益放在首位；他是否办事公道，不徇私情，不拉帮结派，都关系到他影响力的大小。所以，做校长的必须要有较高的思想品德与好的行为。

三、角色转换提高适应能力

校长是学校的行政负责人，要管的事繁多，“德智体美劳，生老病残死，衣食住行用，工农兵学商，上下左右转，春夏秋冬忙”。客观现实要求校长既要扮演好“教师的教师”的角色（以身作则，成为教师的表率），又要扮演好“学者”的角色（靠自己在学问上的权威性影响教师），既要扮演好“社会活动家”角色（协调各种关系，宽松办学环境），又要扮演好“经营管理者”角色（树立市场经济观念，多渠道解决教职工福利待遇）。校长眼睛里有问题，心中有群众，手上有工作，脸上有精神，脑袋里有思路，学会扮演多重角色，方能适应新时代，适应新形势。因为一个人角色意识越强，他的责任感就越强。

四、改善条件，构建育人环境

调动教职工的积极性，构建良好的工作环境和育人环境。调动教职工的积极性是办好学校的关键。因为任何一所学校的质量、效益、目标都是通过教职工实现的。校长要千方百计激励教职工的工作热情、责任感和成就欲，要为每一位教职工知识与才能的发挥提供机会与条件。作为校长，必须创设一个良好的校园环境，即育人环境。首先是物质环境，即教学设备环境；二是精神环境，每一所学校都应具有个性。这种个性表现为校园精神，其形式就是校训，而校歌则是校训的具体化。要通过这种精神环境，使师生人人感到光荣；三是信息环境。学校是一个相对封闭的场所，教师埋头于教学，对外界事物缺乏了解，校长就要想办法，“请进来，走出去”，扩大教师的知识面，开阔其眼界，从而构建一种新的学校环境。

五、竭诚服务，甘做师生公仆

不关心教育的领导不是好领导，不关心学生的教师不是好教师，不爱护教师的校长不是好校长。邓小平同志也曾说：领导就是服务。一名好校长，务必牢固树立全心全意为人民服务思想，甘做师生公仆。首要的是信任自己的教师，一方面尊重教师的参与意识——组织教师参加教学改革和学校管理活动，充分发挥教师办学的内在潜力；一方面肯定教师的劳动成果，激励教师要成为学生敬爱的楷模，家长信任的朋友，同事认可的行家。其次，校长尤其要洞悉教师内心的愿望；求得知音。随时帮助教师排忧解难，让他们全身心地投入到育人工作中去。再次，学校的特色是由教师的特点组合而成的；学生的特长是由教师的特点发展出来的。学校有知名的教师，才会出名——名师造名校。校长要为教师的出名架桥铺路，为学校能涌现一位又一位优秀教师而感到自豪，校长应当勇敢地鼓励

教师向精通业务、无私奉献、成名成家的目标进取。校长要以身作则,力争成为教育家。一名不想成为优秀教师的教师不是好教师;同样,一名不想成为教育专家的校长也不是一名好校长。没有好教师,没有好校长,哪还谈得上建设一所好学校。

第四节　管理观念现代化与学校管理改革

学校管理现代化是适应社会发展对学校的高标准要求,使学校教育与现代社会的发展同步的必由之路。它要求学校管理者充分利用先进的理论和现代科学技术,对学校全面实施科学管理,深化学校内部管理体制改革,促进学校的人、财、物、时间、空间、信息等管理要素的高效组合,最大限度地提高学校的教育质量和办学效益。

学校管理现代化的范畴一般包含管理观念现代化、管理组织制度现代化和管理技术装备现代化三个内容。三者的内涵不同,对学校管理现代化的影响作用也不在同一个水平上。管理技术装备现代化,如校园网络、视听及传输设备、卫星通讯及信息高速公路等现代通讯设备、校园监控系统等等,虽然是学校现代化实施过程中必要的现代技术设备,但仍然只是学校管理现代化的表层面的东西。作为一种基础条件,它对学校管理现代化具有明显的影响力,但它们没有生命,需要具有现代管理观念的管理者去运用、去操作;还须有现代管理制度的规范化、程序化作支撑。

管理组织制度现代化是学校管理现代化的中层面。它规定着学校的隶属关系、机构设置、管理职责和权限划分等,界于人和物之间,是具有现代管理意识的管理者进行科学管理的载体,对学校管理现代化具有保障性影响力。但它虽然能保证管理者的管理行为，具有较强的控制力，保证学校工作的高效、正常地运转，却同时也必然是管理者教育思想和管理观念的反映，其科学性和先进性必然受到客观社会环境和个人主观因素的限制和影响。

管理者管理观念的现代化是学校管理现代化的深层面。它虽然只涉及管理者的思想、意识，不涉及人财物，但对学校管理现代化的影响力却最大，具有决定性的意义。正如英格尔斯所说："再完善的现代化制度和管理方法，再先进的技术工艺，也会在传统人的手中变为废纸一堆"。这是因为，现代管理思想、管理观念既是学校管理者进行学校管理的指导思想，又是他们实行管理行为的行动指南。无论是以物的形式出现的现代技术装备，还是以规范、条文形式出现的组织制度，都要受管理者的管理观念的影响和制约。如果学校管理者不能自觉改变已经滞后的教育思想，确立现代管理观念，仍然用自己习以为常的思维方式去思考和判断业已变化了管理对象而实施管理决策，不要说管理组织制度的制定和实施，难以适应学校管理实际的需要而无法奏效，乃至形同虚设，就是现代技术装备也难以充分发挥其促进作用，甚至变成调动和发挥师生工作学习的积极性和创造性的阻力。

实现学校管理者管理观念的现代化在很大程度上成了实现学校管理现代化的首要的和根本的因素。因此，学校管理者应该自觉学习现代教育理论，潜心研究新的经济形势下社会对人才的多种需求和学校教育发展的必然规律，认真思考初露端倪的知识经济将对我们现行的教育体制、教育观念、管理意识和管理模式等所带来的种种挑战；审慎地反思和总结我们的管理观念和管理行为中哪些是对学校的发展和教学质量的提高起促进作用的方面，哪些是起阻碍作用的方面；逐步形成适应教育现代化及其学校管理现代化需要的管理观念，为尽快实现现代化和高效益的学校管理目标奠定必要的思想基础。

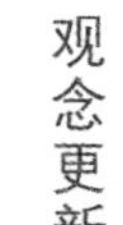

学校管理者要根据新形势下学校工作出现的新情况、新问题和新任务，用人本观念、创新观念和效益观念等现代管理观念作指导；重新审视学校已制定、实施的制度和规章，以做好人的工作为根本，调整那些已不能满足学校发展形势的需要，不适应学校实际，不利于促进事业发展、人才成长和不能调动教职工工作积极性的制度和措施；逐步建立健全学校有创新意识的、有利于形成学校管理特色的、能促进教职工积极向上的学校组织制度体系。管理的真谛是要通过管理手段的运用，激发出被管理者工作的积极性、主动性和创造性，而不是要管死和困住、束缚或压抑管理对象的积极性和创造性。

增强效益观念，使学校有限的资金投入获取较高的管理效益。鉴于学校教育发展很快，所以学校的各项建设要有超前意识，而这就更需要我们在学校建设过程中要自觉加强决策、计划、组织和控制的科学性。一些校长多年来对盖大楼的热情一直很高，并且不进行必要的论证，一味地求大、求洋、求高标准，使有限的资金都用到了建房上。结果一方面是许多房子空余，另一方面资金奇缺，欠债几百万乃至上千万元，对搞管理技术装备现代化只能可望而不可即了。还有的学校购买了一些现代化的教学器材、计算机办公系统等设施，却不注意或不愿再投资添置配套的管理软件和加入信息网，或不注重有效地运用，造成了另一种闲置和浪费。这实质上仍然是学校管理者没能实现管理观念现代化的恶果。更有甚者，部分学校管理者对教师业务培训倾注的热情与建大楼、买设备形成强烈的反差。他们认为，学校花钱保送教师去培训，参加业务进修或学术研讨交流，既耽误课程，又要花费财力，不上算、不够本，所以卡得很紧。其实认为教师的业务进修学习是教师个人的事，这种认识是偏颇的、近视的。教师队伍是学校最大的软件，是学校发展、竞争的本钱。现代化的学校是靠现代化的教师支撑的，而现代化的教师的成长既需要自己努力自修自研，更需要学校创造条件，培育扶植。一些现代企业家已经清醒地认识到科技和人才的重要性，不惜重金聘人才、育人才，加大科技投入和产品开发力度。我们要办现代的、有竞争实力的学校，培训教师、培养人才的工作无疑是管理工作的重中之重。

当然，教育现代化是市场经济条件下教育发展的新课题。学校管理现代化作为其中的一个子系统，更有许多具体的、未知的新内容需要进行认真地研究、实践和总结。尤其学校管理者的管理观念作为思想、意识的东西，在人们的头脑中一旦形成，就必然会打下深深的烙印。因此，要求它一朝一夕，或一步到位完成适应现代化的转变是不现实的。它确实需要一个认识、理解和变化的过程。但这并不是说，学校管理者就可以被动地等待。因为市场经济正日益健全，知识经济已初露端倪，为适应迅速发展的经济变革的需要，学校内部管理体制改革已迫在眉睫、势在必行，贻误时光就是贻误战机，被动等待的结果只能是落后和被淘汰。学校管理者只有只争朝夕、迎头赶上，迅速地、自觉地完成观念上的转变，实现教育管理观念现代化，才能实现高效益、现代化的学校管理，才能在即将到来的激烈的教育竞争中赢得主动权，赢得新的发展机遇。

第五节　致力于学校可持续发展

可持续发展是我国改革与发展的战略国策，也是一所学校改革与发展的重要策略。对于学校来说，所谓可持续发展，是指按照现代学校发展的规律和趋势，把学校的发展建立在科学的具有长远生命力和效力的举措上，从根本上、全局上进行谋划，使学校达到不断超越、不断创新的发展目标。

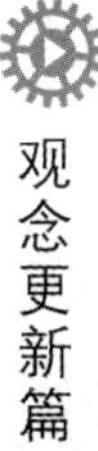

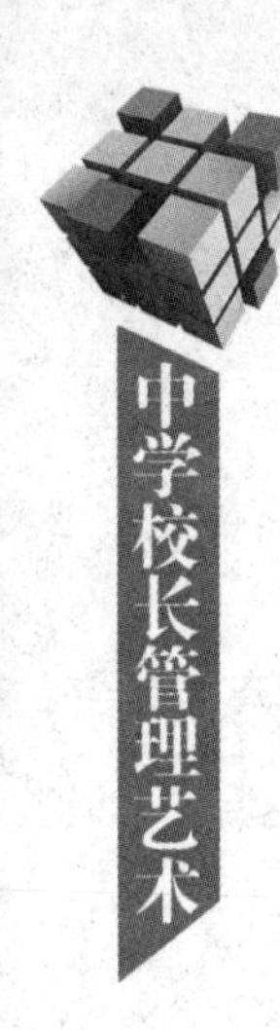

决定一所学校可持续发展的科学的、具有长远生命力和效力的举措主要有如下几个方面：

1. 合理使用和不断培植学校的发展资源。学校发展的资源主要有两大类：一是“硬”的资源，主要包括师资、生源、经费、设备等；二是“软”的资源，主要包括规章制度、校风、班风、教风、学风等。对于这两类资源一要合理使用，既要重视运用“硬”的资源，又要重视“软”的资源，并且使两类资源和谐一致、相互促进；二要不断培植，使其具有再生力，永不枯竭，源源不断。只利用，不培植，就是短期行为，就没有可持续发展。培植资源既需要物质投资，也需要感情投资，二者缺一不可。正是有了这两种资源，才使学校的发展获得了丰厚的永不枯竭的动力，永远有发展的后劲和希望。

2. 用科学的先进的教育思想理念武装干部和教师的头脑，这是学校可持续发展的重要思想理念基础。多年来，我们重点组织教师转变思想观念，确立了如下几个重要的先进思想理念：一是以学生为主体的理念，使学校的一切教育教学活动适应学生发展的需要，而不是让学生适应既定的教育教学；二是只有后进的教师，没有后进的学生的理念，使每一位教师都勇于担当转变后进生的责任，千方百计把后进生转变为先进生；三是全面发展、“德”字为先的理念，使学生在德、智、体、美等方面全面发展，但是最重要的是首先使学生学会做人，有一个高水平的道德素养；四是重视创新与实践的理念，鼓励学生敢于创新，善于创新，有独立的新的思想观念和设想，并善于动手实践，把新思想观念和设想变为行动，结出成果。

3. 坚持走“科研兴校”的道路，这是学校可持续发展的重要保证。科研通过揭示规律，研究新的方法，来提高教育教学质量，提高教师队伍的素质。基于此，我们比较早地建立了学校科研室，有专人负责科研工作；建立了科研课题与奖励制度，即每位骨干教师要主持一项课题，每位一般教师参与一项课题；每年年终表彰和奖励先进成果和先进个人。实践表明，科研为学校的持续发展插上了坚强的翅膀。

第十四章
中学校长的管理创新

第一节 校长在学校管理中的创新品质

全社会都在呼唤培养学生的创新精神和创新能力。没有创新，一个民族、一个国家就会没有生机和活力。学校作为培养人才的重要基地，担负着培养学生创新精神和创新能力的重要任务；而一名校长的素质如何直接决定一所学校的好坏。因此，要培养学生的创新精神和创新能力，关键是校长在学校管理中要具有创新品质。

1. 必须要有自己的具有特色的教育理念以及捍卫自己理念的毅力和勇气

名校南开中学的老校长、著名教育家张伯苓先生认为，培养人才是学校的根本，必须把学生的能力和发展学生的个性放在突出的地位。他一再强调南开是造就“活孩子”的，不是造就“死孩子”的。他说：“只知道压迫学生读死书的学校，结果不过是造出一群‘病鬼’来，一点用处也没有。他宁可学生在当时(1934 年)的会考中成绩不佳，也绝不放弃自己的理念和追求。大教育家陶行知先生对此大加赞赏：“什么学校最出色，当推南

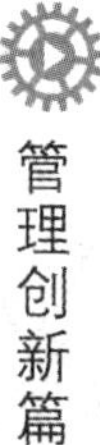

开为巨擘。”南开中学并未因学生成绩不佳而有损其声誉，相反正是在这样一位具有人文修养、人格魅力、有着自己特色教育理念的校长的坚持和努力下，南开中学成为名校，张伯苓先生也成为近代史上杰出的教育家。

中国古代著名的教育家，著名的书院，外国许多著名的私立学校，又有哪一个不是因为有自己的具有特色的教育理念而声名远扬。现在我们仍有一些学校的校长也有自己的教育理念，但那是追求离不开录取率、升学率，其实这正是应试教育急功近利的产物。是全然不顾学生主体的个性特征。校长成了被功利“奴化”了的校长，全然没有先进的教育思想、高尚的道德人格、旗帜鲜明的教学主张，因而他们不可能培养出具有创新精神和创新意识的学生。

2. 必须培养学生具有活跃积极的思想，富于创新的精神

长期以来，学生所受的教育是做“好学生”，而界定“好学生”的标准是听老师的话和考试成绩好，其他诸如是否有创新意识、进取精神以及良好的身体素质等都被忽略不计。而作为具有创新意识的校长必须引导教师摈除陈旧的教育观念，大胆打破常规的教育教学方式。在“传道、授业、解惑”的同时，侧重于激发并挖掘学生潜在的创造力和进取精神，着力营造学生与老师之间、学生与学生之间的平等氛围，充分调动学生的主体意识，尊重学生的人格。我国著名教育家蔡元培先生认为“教育者，与其守成法，毋宁尚自然；与其求利益，毋宁展个性。”他反对学生个性的束缚，主张使学生个性得到自由发展。

校长要活跃学生的思想，激发学生的创新意识，可以采取很多方法。比如，每天用一定的时间组织学生轮流向同学们讲述身边发生的事、学习中的问题和当天的新闻，然后进行评比，培养学生、锻炼学生独立分析问题和认识客观世界的能力。在学习过程中注意放手让学生独立去观察问题、查找资料自己分析资料，自己得出结论，然后到讲台上向大家宣布自己的研究成果。这就好比自己一步一坐索道上山顶，获得的感受是截然

不同的。让学生在不断克服困难中获取真知，能激发学生的学习积极性，培养学生的独立学习能力，进而形成积极进取精神和乐学品德。

具有创新意识的校长要特别注意引导学生振奋精神，增强其心理承受能力，激发其奋斗精神，培养其竞争意识。要教育孩子懂得，理想的境界要靠自己去争取、去创造、去拼搏，靠自己的努力得到自己想得到的东西。要鼓励学生做一些力所能及的工作，培养学生独立生存能力和抗挫折的能力。目前，由于学生升学的"独木桥"模式以及社会价值取向的某些偏颇，给学生带来强大的心理压力；也有许多学生心理承受能力极其脆弱，使得许多不该发生的悲剧发生了。有创新精神的校长必须增养学生独立生存和抗挫折能力。教育部考试中心的一位负责人认为即使高校扩大招生，供求比例达到1:1，中学生的负担也减轻不了，因为学校和专业也有层次之分，考生他要通过考试竞争那些名牌学校和紧俏学科、专业。竞争的压力也依然存在。所以，不要幻想没有压力，学校要积极提高学生的心理承受能力，培养健康的个性和健全的人格。其实日本、韩国、美国等许多国家，学校经常有目的地为学生组织设有障碍性的活动。如经常让学生赤脚在布满碎石瓦块的地上走，冬天让学生穿着单衣在雪地里锻炼，夏天在烈日下跑步，甚至把学生带到没有人烟的野外独立生活几天，使学生习惯独立面对生活、解决难题。

3.必须能率先建立一套科学合理的素质教育的评价机制

目前，学校处在十分尴尬的两难境地，"欲寄君衣君不还，不寄君衣君又寒，寄与不寄间，妾身百般难"。一方面是全面实施素质教育的要求，一方面是应试教育的考试评价机制，即以学科的考试分数来评定学生的学习质量、教师的工作质量和学校的办学成绩。

具有创新意识的校长要"敢为天下先"，顶住家长、社会等种种舆论压力，建立科学合理的素质教育的评价机制，坚持正确的教育导向，使学校教育偏离应试教育的轨道，形成自己的办学特色，最终赢得社会和家长的

认可。但这样做是要冒极大的风险，甚至要经受失败的考验。可是我们有理由相信，随着社会的不断进步，人们认识的不断提高，人们将逐步尝到实施素质教育的甜头，那种以牺牲学生的身心健康为代价的应试教育的考试评价机制将会逐步退出历史的舞台，而素质教育的评价机制将会在千千万万有创新精神的校长的努力下逐步建立。

每位具有创新意识的校长必须要具有前卫意识，走在时代的前列，同时也要意识到，前进的道路可能是极其寂寞孤独的，也许会遭到别人的误解。但只有坚定地走自己的路，闯出一条世上本没有的路，才是中华民族振兴的希望之所在。

第二节　校长在学校管理中要不断创新

一、校长要在学校管理中坚持不断创新

校长不仅要有办好学校的强烈使命感、责任感和紧迫感，要致力于为民族振兴培养一代新人，就要坚持不断创新。

学校管理是指学校在校长的领导下通过各级负责人组织和使用学校内外的各种力量，包括人力、物力、财力等，来实现学校预定的教育目标的活动。其中的关键人物当然是校长，因为校长是学校管理的设计者和组织者。在全国上下正在积极推进素质教育、尤其是创新教育的今天，作为主要承担、实施这一伟大工程的各级各类学校校长，作为“一校之魂”，如何在自身的学校管理中不断创新，从而将所在学校的创新教育不断推向深入，显得尤为重要。

二、怎样理解校长在学校管理中的创新问题

所谓创新，是指人在把握了事物的本质特点和规律性的基础上的一种飞跃、一种突破，是抛弃旧的、创造新的。校长在学校管理中的创新是指校长要善于立足、运用、发展学校的各种办学、管理要素，来实现比过去更有效的新的重组，从而达到最优化、起到最佳效果，可以是“无中生有”，也可以是“有中生新”。

校长在学校管理中的创新问题实际上是一个相当复杂、具有极强的综合性的问题。它包括校长的创新意识、创新思维、创新精神、创新能力、创新激情以及创新过程中的灵感等等。因此完全可以说这“绝非一日之功”，是在教育实践中不断修炼出来的。所谓“修炼”，就是自觉地、不断地研修某种理论、技能，进而付诸实行，修正自己的思想和行为，从而实现个人或组织的“自我超越”。校长创造能力的修炼，主要是教育思想、行为的修炼，是内在的、自觉的更新教育观念，使个人和整个学校组织的行为能够适应时代变化、社会发展的要求，保持追求先进、追求超越的活力。

三、校长在学校管理中创新的基础和目标

校长在学校管理中创新的基础应该是规范化的管理。所谓规范化是指常规基础上的规范，即要合乎一定的标准，要把学校真正办成教育人的场所。校长要能在学校管理中有所创新，就必须首先实现学校管理的规范化。否则，只能是空中楼阁，或者是片面的创新，是一种误导，甚至是走向事物的反面。

校长在学校管理中创新的目标是要不断形成学校的办学特色。所谓办学特色应该是指本校不同于它校的、能够在社会上树立良好的形象、声誉，能够更具吸引力的特有的一些方面，表现在办学的模式、特点、成果和学校的人文精神等方面，需要长期的、综合的积聚。校长在学校管理中所

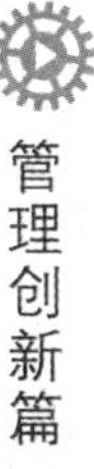

做的一切在创新方面的努力，其目标、归属都应表现在要不断形成自己的办学特色，不断使自己的学校有不同于其他学校的有利于学生发展的好方面，也就是说要“与众不同”。只有不断具备鲜明特色的学校才能在激烈的竞争中得以生存，才能越办越兴旺。因此，对于校长的学校管理来说，可以将上述两个方面归结为“规范中求创新，创新中求特色”。

四、校长在学校管理中的创新的艰巨性和集体性

从一定意义上讲，由于教师工作、职业具有相对稳固性特点，由于教师知识水平相对较高，比其他人更容易求全责备，对待新思想尤其如此。从心理角度来讲，他们倾向于拒绝威胁他们正作稳定的创新。因此，相比于其他行业、尤其是企业（企业的技术创新大多是自发的），校长要能将他在学校管理中的创新成果得到推广，可能更不容易，更具有艰巨性。

这也从另一个角度说明了校长在学校管理中的创新还具有集体性。它包括两个方面：一是要能汇聚集体的智慧来进行创新，形成创新成果，这种创新成果因为它本身就来自群众、来自集体，因此在实施行的过程中就会具有一定的自愿性、可接受性，艰巨性要小；二是对于以校长本人为主所取得的创新成果，在推行过程中，要逐步、逐级由个人成分较多变为集体成分较多，变为能逐渐为集体所接受、所愿意执行，这样也才能逐步减少艰巨性。

第三节　中学校长应成为信息管理的带头人

学校的信息管理工作如何，关键在于校长是否具有浓厚的信息意识，能否成为信息管理的带头人。学校的信息管理是指校长在一定时间、空间中，运用信息加强与社会诸方面沟通和联系，使学校在教育、教学、管理活动中提高预测和计划、组织和指挥、监督和控制、教育和激励、挖潜和创新的功能，进而高效率地实现教育目标。

校长在组织和领导学校信息工作时，一般应做到以下几点：

一、增强信息观念，校长应成为获取、研究、运用信息的带头人

信息是校长决策的依据和基础，又是校长指挥、协调的媒介和手段。增强信息观念，是信息时代的需要，是深化教育改革的需要，是实现学校培养目标的需要，是服务于社会经济的需要，是增强学校实力办好学校的需要，也是实现校长职能的需要。

信息观念是现代领导观念的重要组成部分。校长既要注意信息的导向管理（即信息目标设置）、过程管理（即信息目标的实施）、又要注意信息的驱动管理（即信息的目标评估）。利用目标所具有的诱发、导向和激励功能，把人们的心理行为状态推向新的高潮，使信息具有宣传作用、驱动作用和扩展作用。校长如果掌握了信息的优化管理，犹如有了“千里眼”和“顺风耳”，就可以有效地规划、组织、指导和调控学校各项活动，也可以

使全员统一观念、统一计划、统一行动、统一纪律。

1.校长应广泛地大量地获取信息。校长作为信息接受者，既要重视学校外部信息，也不要忽视学校内部信息，具体说应注意五点：一是要了解当前国内外普教的改革现状及其发展趋向；二是密切注意新的理论和科技成果；三是凡与学校改革有关的信息资料，都应广泛获取；四是自己耳闻目睹，亲身感受的、从信息发源体获得原始信息，或通过有关资料、或通过他人、或通过其他中间环节获取有关信息，以便了解有关工作的热点、重点和难点；五是学校内部的各种信息，包括行政管理信息、教育与教学管理信息和教育科研管理信息等。

2.校长应善于科学地筛选信息。由于信息来自不同渠道，提供信息的对象也各有不同的角度，显得错综纷繁，这就需要对信息加以筛选。筛选信息的原则有三条：一是要反映当今学校改革中带有全局性、方向性的信息。也就是要反映重大的、深刻的、本质的东西，反映教改的新情况、新问题、新经验；二是要抓有启发性、指导性的材料，要从多角度审视信息，要有新内容、新发展，不能成为简单的“照相”；三是信息要准确、真实。所谓“准确”，即时间准、事实准、数据准、来龙去脉清楚。所谓“真实”，就是“一点不差，差一点不行。”校长对信息资料必须善于思索，勤于分析，从而选择真实而准确、新颖而实用的有价值信息。

3.校长应经常研究信息。校长应当主动地研究社会变动的规律、特点和趋势等方面的信息。为了培养新型人才，学校教育必须从“教育——学习型”向“教育——思考型”发展，从“应试教育”向“素质教育”转轨，用现代化教育理论和科技理论及成果改革学校教育，提高教育的适应性和实效性。校长必须加强信息科学研究，在研究信息上要达到四个关注：一是关注提高教育投资效果，要为培养新型的高智能人才打好扎实的基础；二是关注学校教育的内容与现代化生产和生活的联系；三是关注改革学校教育方法，以适应经济发展需求；四是关注把“三新”(即新的理论、新的知识、新的科技成果）充实到教材中去，用新的社会科学与自然科学知识教育学生，缩小与时代的差距。

4.校长应准确地运用信息。校长若能重视教育、科学及文化知识信息和巨大的智能资源，并能接受与运用新的信息，就能使师生开阔眼界、启迪智慧、丰富知识、发展能力、提高素质。为此，校长在运用信息时，要努力做到三个方面：一是建设好学校图书馆、资料室、电教室、档案室，提高其利用率，并扩大信息量；二是创自己的特色，走自己的路子，要通过信息交换、调节、转化过程，对国内外的教改理论和经验，进行分析、对比、筛选，结合实际，创造性地形成自己学校的特色；三是运用开放的、高层次的教育改革信息。譬如当今“三论”（即信息论、控制论、系统论）运用于教育改革的经验信息，以便加强教改实验的时代感，不断提高教改实验的广阔性、深刻性和现实性。

二、增强客观意识，校长应成为组织、建设信息管理网络的带头人

1.校长在领导信息管理网络时，应研究信息的“三性”：

（1）信息本身的真实性：是指信息反映学校事物状态的真实程度。在学校管理中，校长要获取的信息必须是客观现实的真实反映。然而，在现实中，信息的失真性又是较为普遍而不可避免的。究其原因有五个方面：一是认识上的局限性；二是语言表达的模糊性；三是逻辑方面的不同的抽象概括所致；四是社会条件、社会环境影响的干扰性；五是信息的提供者或接受者，由于个人利害关系，造成反映不全面、不及时、不准确的片面性。校长为了防止把谎言当成事实，把假情况当成真材料，必须深入基层进行调研，重视第一手资料，努力做到收集的信息反复核对。同时，要克服信息收集、传递中的各种障碍，以最大限度减小信息的失真性。

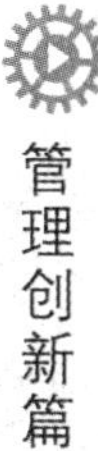

(2)信息的传递准确性：在信息传递过程中，要防止信息失真。影响信息真实性的主要原因是，不同人群接受率的差异性，传递信息过程中的传错、记错、印错或由于人为的意识上的问题而造成的信息传递的不准确性。为此，校长作为信息传递者，为获取准确的信息，必须充分利用两条信息渠道，一是正式渠道，即学校组织与上级教育部门之间的信息传递通路。二是非正式渠道，即单位群体自发形成交往的渠道。校长要把这两种渠道结合起来，将得到的信息及时向领导班子、教职工和学生传递，做到彼此沟通，信息分享，提高信息的使用率。

(3)信息的权威性：学校的管理信息和教育、教学信息有所不同，除了情报和知识外，还有很大一部分内容是指令，因而带有权威性、强制性。校长必须坚持原则性与灵活性相结合，正确处理和应用反映职权的信息。

2.校长在组建信息管理网络时，应尽量掌握第一手信息。校长依据校情，建立纵向、横向和扩散联系网络，可将信息管理领导机构附设在某一部门。有条件的学校，可向有教育信息网络的城市或向全国教育信息网申请联网，成为联网用户，实现教育信息高速传递和广泛交流。其校内信息网络，可以按学校级——处室级——教研组级等三级组成。信息工作要以提高教学质量和办学效益为主攻方向，积极开展信息交流，更好地为提高教学效益和领导决策服务。

校长在获取信息时，尤应重视直接获取法，即深入基层，直接从信息发源体，亲自获取真实的“原始”信息，掌握第一手材料的方法。譬如参加备课、听课、评课、找教师、职工、学生谈心、蹲点到一个处室、一个教研组、一个班级搞调研，特别是校长每天上班后和下班后到校园各处走一走、看一看、问一问、听一听、了解师生员工的学习、工作、生活状态及困难，以便直接了解情况，及时处理内部问题。这样，既利于沟通感情，又可获得可靠信息。然而，校长不可能事必躬亲，所以，间接获取信息也很重要。所谓信息的间接获取法，是指校长通过他人口头汇报或书面文字材料（或音像材料)以及其他中间环节获得信息的方法。这样,获取的信息,其特点是接触面广泛、信息量大。如果两种方法同时并用,则必然会获取更大的信息,而且准确度会更高。

三、增强实践观念,校长应成为创造信息的带头人

信息工作是学校管理工作中的重要组成部分。它不仅要求校长在信息工作中起领导作用,而且更重要的是亲自处理信息,勤奋地捕捉、吸收、筛选、贮存、研究、应用、创造信息,成为信息工作的实践者。要努力做到“五多”,即“多看、多问、多听、多思、多写”,以形成具有本校特色的信息工作。

在信息工作实践中,校长尤其要做好以下三项工作:

1. 校长应完善信息储存网络。校长必须亲自储存职责范围内的信息及学校重大活动的历史记录,这些记录具有凭证作用、参考作用,是交流经验、开展科研的依据。此外,还应要求校内各系统组织,都应建立自己的信息档案,完善学校系统信息储存网络。信息档案管理规定,一般包括以下六项:一是收集:明确范围、全面而精练;二是整理:分类、列卷、编目要条理清晰;三是保管:完整、安全;四是鉴定:鉴定保存期限和价值;五是统计:数据处理;六是利用:确定使用范围,发挥作用,并制定相应的信息档案储存制度。

2. 校长应善于及时发布信息。校长作为信息发布者,在校内,要使校内全员了解办学的意图和目标,激励大家的积极性。在校外要对上级教育部门、兄弟学校和社会各界汇报学校情况,发布学校工作的新观点、新思路、新情况、新成绩,宣传学校,以便得到上级和社会的了解、支持和帮助,促进学校工作。信息的适时发布,可收到实效或速效,如果滞后发布,那将是无效或微效。

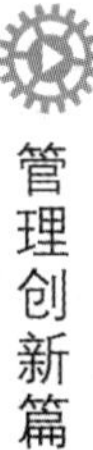

3.校长应善于科学创造信息。校长作为信息创造者，在信息管理中不仅仅是吸收、整理、储存和运用信息，更重要的是创造信息，推陈出新。这样，信息管理才是一个完整的管理过程。所以，校长在科学运用信息的同时，要亲自带头创造出本校特色的信息。即学校教育、教学、管理等诸方面有一定价值的学术论文和改革成果。这是校长信息管理能力的体现。校长能亲自撰写校长日志、工作总结和学术论文，在创造信息方面，能拿出些新观点、新例证、新思路、新方法，在研究学校问题时，能以哲理和历史的深度、宏观的高度、现实的广度，予以探讨，产生一些具有新意的东西，给学校教职员工树立榜样，并将研究成果向社会公布，以提高学校知名度。

总之，由于信息管理的长期性、艰巨性和复杂性，校长在学校信息管理中，应当既是信息接受者，又是信息的传播者；既是信息的发布者，又是信息的创造者。要创造条件充分使用微机进行信息管理。校长要成为信息管理带头人，其关键是能用信息论观点，来研究指导学校工作。核心是如何把信息科学与教育工作相结合，以促进学校发展。

第十五章
中学校长的成功管理

第一节　成功管理的内涵及实施依据

如何使自己成为一名优秀的校长、一名成功的管理者？北京师范大学教授陈孝彬这样讲：加强中小学校长队伍的建设是实现我国教育事业发展的目标、战略和指导方针的重要措施，也是把《中国教育改革和发展纲要》中具体政策与措施落实到基层的组织保障。特别是近年来许多学校正处于新老校长交替的时期。一大批新的校长走上了学校领导岗位，他们将如何继承、发扬办学的优良传统，并能适应新的历史条件下的新情况，解决新问题，使自己成为一名优秀的校长、一名成功的管理者，这是当前各级教育行政部门和广大中小学校长十分关心的课题。

在现实的学校管理实践中，人们往往将主要精力集中在对学生管理的方式方法的研究，很少研究对教师管理的方式方法，也可以说是只研究如何使教师对学生实施有效的管理，而不研究如何对教师实施有效的管理，提到教育管理改革，往往是学校领导要求教师改变对学生管理的方式方法，而忽略自身改变对教师管理的方式方法，假如能改变一下这种不良思维和行为方式，学校管理将会产生更大的真正的效能。笔者认为：作为

教育工作主要实施者的教师应该是学校管理者首先关注和研究的对象，而成功管理就是以全体教师为主要对象的一种现代学校管理的新模式。现在就成功管理的基本内涵、实施依据和操作方式作一简要概述。

一、成功管理的基本内涵

学校管理是指根据一定的教育目标，通过决策、计划、组织、指导和控制，有效地利用教育的各种要素，以实现培养人的学校管理活动。现代学校管理是一种系统管理，管理者应该把对象作为一个动态的系统，以整体优化的观点协调各基本要素(包括人、财、物、信息和任务五项)间的关系，使之向共同的管理目标逼近。成功管理就是旨在帮助每一位教师在教育工作中取得成功，从而促进每一位学生获得诸方面成功的现代学校管理模式。其基本含义是：成功管理是针对全体教师而实施的一种管理；成功管理是帮助全体教师在教育工作中以获取成功为价值取向的管理过程和活动；成功管理是通过帮助教师的成功而促进全体学生获取诸方面成功的管理模式和类型。

成功管理既要改革原有的管理目标，又要改革原有的管理方法。现代管理的真谛在于发挥人的价值，发掘人的潜能，发展人的个性，尤其在知识经济呼唤创新精神的时代，学校管理更应当最大限度地发挥人的积极性、主动性和创造性，让全体教师全心全意为社会培养成功者，真正提高教育的实效。成功管理把激发、形成教师的内部动力机制作为管理目标，强调通过让每一位教师取得成功，促使全体学生取得成功，最终实现教育取得成功的目标。改革管理方法，即要改变传统的外压式的强制管理，通过为全体教师创造成功机会，让教师积极主动参与学校工作，使教师得到成功的体验，转变消极自卑的自我概念，改变被动接受的行为方式，能将学校管理的要求内化为实现自身价值的需要，自我开发内在潜能，保证自身主动、全面发展，并促进全体学生主动、全面发展。

二、成功管理的理论依据

成功管理源于成功学的基本思想。成功学是研究将丰富的内在潜能转化为有形成就的一门科学。其基本要义是：相信每一个人都有成功的潜能，都有成功的愿望，都能在原有基础上获得多方面的成功。成功管理也就是要相信每一个教师都有成功的潜能，都有成功的愿望，都能在原有基础上获得多方面的成功。除此之外，成功管理还符合这样一些基本原理：

1. 主体作用论原理：从社会学意义来看，教育过程的本质是教育者与受教育者两方面主体之间的相互作用；从教育学意义来看，教育过程是教育者主体性的实施和受教育者主体的实现过程。教育者主体性在教育过程中是一种实性存在，具有自我规定性，先于教育过程而获得；而受教育者主体性是在教育过程中在教育者的直接影响下完成和确立的。受教育者是发展过程中的人，应尊重他们的正在形成中和将要成熟的主体性，这种主体性的发展直接处在教育者引导之下和意料之中，教育者是受教育者主体的前提条件。教育者的主体性的意义在于赋予受教育者主体性以可控制性的特征，受教育者主体性可体现为对控制的自主选择及体验。由此教育者的主体性的发挥和体现直接影响到受教育者主体性的发挥和体验。

2. 发展动力论原理：作为管理对象教师从潜能开发到获得成功，也是一个发展的动力过程，这是个调节被调节的双向转换生成的过程。从发展动力论的角度看，成功管理无论在哪个层次、哪个环节，发展都可以被看作为自身的运动。发展与动力，既可为内容和形式，又自身同一。成功管理的发展动力论内涵可为：以促进教师自身发展为目的，以教师动力系

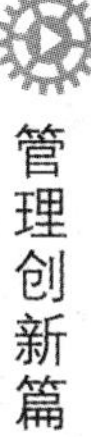

统开发为主要任务与手段,以不断帮助教师取得成功为主要途径,从而使教师在自身成功体验中学会并主动开发学生动力系统,有效地促使学生获取诸方面成功的一种教育科学原理。

3.心理求衡论原理:现代心理学研究表明,人活动的个体目标除满足其生理需要外,更多的是要满足心理需求。每一次活动的成功与失败,对其心理都能带来平衡与失衡的感受和结果。成功的体验使其心理需求得到不断的满足,心理是平衡的,所表现出的情绪是高涨的、心态是积极的,在对学生进行教育时也体现出友善的、积极的和正向的;失败的体验使其心理需求得不到满足,心理就会发生失衡现象,所表现出的情绪是低落的,心态是消极的,在对学生进行教育时也体现出敌视的、消极的和反向的。成功与失败的体验次数越多,其倾向性越明显。

4.正向价值论原理:评价理论是教育科学理论体系的重要组成部分,也是教育实践的有机组成部分。从价值学说的角度来看,成功管理的改革在本质上要由教育评价的改革贯穿其中,并构成教育改革在观念和方法上的共同前提。目标改革是第一位的,其核心是以成功为价值定向的教育评价的改革,显示突出的肯定的价值倾向。这个原理以正确发现、认识教师,充分肯定每个教师都有成功的需要和潜能作为整个教育管理的基本出发点,以长扬长,实施积极鼓励性评价为中心的教育管理的过程。

第二节　成功管理的方式方法

一、实施三个转变,确立成功管理的思想基础

1.管理者的办学思想要转变。学校办学思想要把以提高学生平均

分、及格率、优秀率的办学指导思想更新为以提高学生素质为目标的办学思想。从短期看，提高学生素质不一定与提高分数同步；从长远看，提高学生素质与提高分数是不矛盾的。学校领导要主动承担风险，要向教师申明：要相信教育科学的力量，要有教育自信心，在探索过程中有什么问题，责任由领导负，要有为教师教育思想的更新“松绑”的魄力和胆识，有效调动教师参与教育教学改革、实施教育创新的积极性。

2.管理者的管理思想要转变。学校管理者必须坚信每一位教师都具有潜能，潜能的开发无年龄限制，只要教师更新观念、改革方法、积极实践，就能取得成功，学校管理也就成功。只有充分相信每一位教师，变管理者对教师外压式的强制管理为教师内调式的自我需求，充分调动教师的积极性、主动性、创造性，才能真正达到提高管理效益的目的。

3.要让全体教师的教育思想得到转变。教师的心态是矛盾的，教师身上常常是新旧教育思想多种因素同时存在。先进的教育理论仅仅被学校管理者和科研人员掌握是不够的，只有被广大教师掌握，才能成为转变教育思想、改革教育方法的锐利武器。要让全体教师掌握更多先进的教育理论，并形成先进的教育理念。学校管理者对教师教育思想中的不合理之处，不应采取批评指责的态度，而应采取扬长避短的方法，立足于挖掘新的可取的教育思想，由此去推动教师教育思想的转变。

二、“转变”与“改革”相结合，提供施展才华的舞台

1.要把教育思想的转变与教育方法的改革结合在一起，虚实结合。仅仅抽象地要求教师进行教育思想的转变，教师往往听听有道理，也能认同，但总觉得“看不见、摸不着”。学校管理者要花大力气把先进的教育思想转化为相应的教育方法，创设宽松民主、开放多元的教育环境，在共同讨论的基础上，鼓励教师大胆实践、不断创新，使教育思想的转变不断深

化，使每一位教师都有成功的体验。同时使更多的教师在每个教育的实际环节中都能自觉地运用正确的方法对学生进行教育，并通过自己的努力不断取得成功的体验。在教师进行教育方法改革的过程中，学校管理者还应注意分析不同的教育方法背后的教育思想，促进教师对教育思想的深入领会和把握。

2. 要把政治上的激励与业务上的培养结合在一起，红专并举。学校管理者在政治上要帮助教师树立追求目标，激发他们的工作热情、事业心、成就感，树立起“人人都有发展机会”的信念，促使他们更能够大胆去创造机会，不断给自己创造出一片“海阔凭鱼跃，天高任鸟飞”的发展时空；在业务上要为教师创造取得成功的必要条件，提供施展才华的舞台，积极支持教师参加各种说课开课活动、论文竞赛活动、第二课堂竞赛活动等等，并积极鼓励教师参加各种形式的进修和培训，学校认真制订和实施教师全员培训规划，切实提高教师的业务水平和教学能力。学校在实施“名师工程”中，要从学校实际出发，制定分层次分阶段的操作方案，让每个教师都感受到不同层面、不同角色的成功和欢乐。

三、建立管理保障机制，正确运用评价手段

1. 要有良好集体舆论的保障，用制度的形式规定下来。学校管理者要加强教师集体建设，形成良好的集体氛围，使成功管理的思想能为每位教师理解和接受，激励每位教师去取得成功，全体教师要能做到：能正确看待失败，鼓励开拓前进，批评保守停滞；能为集体中每位成员所取得的成功喝彩加油，对集体中成员暂时的失败给予理解帮助。学校管理者要把正确的符合现代教育要求的办学思想、质量观、人才观等，在全体教师充分认识和积极参与的基础上，用制度的形式规定下来，不用个人的好恶来处理工作中出现的问题，保持一定的延续性和稳定性，这样有利于教师

确立和保持正确的工作方向和目标，有利于学校管理者真正实施成功管理。在建立保障机制的同时，还必须建立切实可行的激励机制，建立校级“学科带头人”、“教学能手”、“教学新秀”、“班主任能手”、“班主任新秀”的评比奖励制度。

2.要有因人而异的综合评价。评价是管理中的重要环节，正确的评价有利于教师的发展、提高。成功管理坚持人是有个性差异的，人无完人。学校管理者在对教师的评价中，应该坚持“扬长避短”、“扬长补短”的原则，在统一的评价标准下，允许异步发展，即对教师的发展要求因人而异。要从发扬、发展教师的长处、优势起步，达到纠正教师的不足、劣势的目的。管理需要对全体教师进行横向比较，但更要注重教师发展的纵向比较。管理者要看到每一位教师的自身进步，并且让教师感到自身的提高。只有在教师不断自我提高的基础上，教师才能较客观地进行横向比较，从而调节自我实现的目标。在具体操作中，要让每一位教师先寻找现实目标，制定出发展措施。在对教师的教学评价中，还要采取过程评价和终结评价相结合的方法，即不仅看教师终点的教学成绩，更要看他起点的高低，使评价更公正、合理，更全面、准确。

四、成功管理的方法

我们常说“失败是成功之母”，在此也不妨说成功是成功之母。失败能使实践者体会到艰辛，成功能使实践者体会到快乐；失败能使实践者奋进，成功能使实践者更上一层楼；失败是每一个实践者所不希望看到的而又经常光顾的探索过程，成功是每一个实践者所希望的探索结果。学校管理者在实施管理中，其目标也是希望管理出成效，也即希望得到成功的体验，要想在学校管理中取得成功，也不妨尝试一下成功管理的方法，让教师体会成功、学生体会成功，学校管理者也就能体会到成功，我们的教

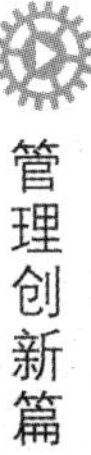

育事业也就不断成功。

（一）以人为本，目中有人。实行“人性化管理”

在学校管理工作中，人的因素是最为重要的因素。学校管理的目的就是要最大限度地发挥人的主观能动性，使以人为核心的各类教育资源都得到最优配置，进而获得最佳的管理效益。

1. 学校必须要使每一个人都有事情做，每一个人都有适合自己能力的工作岗位，每一件事都有适当的人去管(或干)。要达到这个目标，主要靠制度保证。首先要科学合理地做好“五定”，即定岗、定员、定人、定工作量和定工作岗位职责。要杜绝因人设岗或简单地因事设岗；要根据岗位性质的不同和人的个性、特长、能力、水平的差异择优上岗；工作数量和质量标准要高、要具体；岗位职责要易于检查。其次要认真落实“五制”，即落实校长负责制、教职工聘任制、工作目标责任制、工作质量考核和结构工资制。

2. 学校管理要使每一个人都有能力并尽心尽责干好工作，使每一件工作都能达到预期目标。这主要靠人勤奋工作的自觉性。这就要求学校认真做好每一个教职工的思想政治教育和职业道德教育工作，使每一个教职工都做到“三明确”，即明确教育者的角色，增强工作的责任感；明确自己在工作和集体中的位置，增强协调感；明确学校发展规划和近期工作的目标，增强事业心和成就感。

3. 学校要使每一件工作都能高标准、高质量、高效率地完成。要实现这个目标，主要靠科学管理来保证。学校应根据国家方针政策法规，结合本校办学实际建立合理的组织机构、严格的规章制度、科学的工作程序；坚持依法治校；实施计划管理、目标管理、系统管理、民主管理和质量管理。

4. 学校要使每一个教职工都把工作作为人生的第一需要，在工作中获得人生的快乐和幸福。这就要靠学校进行以人为本、以人为核心的文化管理来实现。要尽力满足教职工在物质和精神、生理和心理等方面的需求，为他们创造良好的人文环境、愉悦的氛围和日益改善的工作条件。从“人人有事做”到“人人兢兢业业做事”，再到“人人高兴地做事”是管理的质的飞跃，其核心是把人的因素放在首位，通过优化管理使每个人充分发挥主观能动性。

（二）搞好学校民主管理，增强教师主人翁意识

民主管理是发挥教师积极性的重要条件。实践表明，让学校的教师以不同的形式参与领导管理，参与影响学校的发展改革，对于人心的稳定，工作的推进，士气的提高，心理气氛的改善，都有很大的作用。我在管理实践中，主要抓了这样三件事：

1. 重视和支持发挥工会、教职工代表大会的积极作用，从制度上保证教职工行使民主管理的权利。工会作为党的助手，行政的后盾，教职工利益的维护者，在团结带动教职工，增强凝聚力方面可以发挥纽带作用，学校改革和建设中的重大问题都要提交教代会审议。同时通过工会开展生动活泼的思想政治教育和丰富多彩的文化体育活动，对提高教职工队伍素质、活泼教职工生活，增进身体健康，都起到了积极的作用。以上这些工作的开展，不仅增强了教师的主人翁意识，而且使人际关系更加融洽，使广大教师感到生活在一个团结和睦、充满活力的大家庭之中。

2. 正确运用自己的权力，切忌把自己视为教职工的控制者。实际上，为了有效地达到管理目标，校长只是靠权力是不够的，更重要的是努力在群众中建立威信。因为威信的形成包涵着知人善任、公道正派、以身作则、平等待人、关心同志等因素，是在长期相处过程中群众逐渐认同的产物，带有浓厚的感情色彩。故此威信使人不但当面顺从，而且背后也能心悦诚服。如果学校领导有了开展管理活动的威信，那么学校的各项决策

和要进行的工作，就容易被教师理解和认同。而教师由理解、认同会产生对学校工作的关心，进而产生主人翁的责任感，积极主动地做好教育、教学工作。

3. 尽力解除教师的后顾之忧。近些年来，社会上普遍反映教师队伍存在着危机，首先是不稳定，“孔雀东南飞”的现象比较突出。究其原因，我认为主要是待遇问题。因此，我们在深入开展教育、教学改革的同时，十分重视教师待遇的提高，通过发展校办产业、开展勤工俭学、兴办第三产业增加财源，积极为教师办事，如新建了 210 套家属宿舍，帮助几乎百分之百教职工子女解决了升学、就业等问题，为教师增加职务津贴等，深得人心。使广大教师更加热爱自己的学校，心情舒畅地为办好学校施展自己的才能。

（三）探求塑造学校员工精神之路

教职员工精神的塑造与振奋有两种情况。一种情况是：对于一所历史悠久、校风严正的名校来说，员工精神的塑造往往在于提炼和确定；另一种情况是：对于一所创办不久、队伍刚形成的新学校来说，员工精神的塑造往往在于内容的准确定位，策略的科学实施。员工精神一旦形成，它将全体员工凝聚在一起，能最大限度地发挥人的主观能动性，既给人以信念和激励，也给人以约束和规范。从而使广大员工自觉地关注团体的前途，维护团队的荣誉，为团体的生存发展贡献自己的一切，从共识入手塑造员工精神。学校员工精神塑造有四个主要原则：

1. 共识原则

管理者的重要使命在于决策。决策一般可分为两类：一是指挥式，二是共识式。传统的管理大都采用前者，而现代管理要求突出共识式。这是因为，现在的员工特别是学校里的教职员工，一般都受过专门的教育和训练，文化水平、知识素养较高，他们往往不习惯于俯首帖耳、唯命是从，一味地跟着别人跑。他们有自己的价值目标,要求领导的管理方式从“指挥式”转向“共识式”。因此,学校在管理工作上重视“参与文化”的建设。目标原则。精明强干的领导重视并且善于将团队的崇高而长远的目标传达给个体,借此带动个体,这就是目标驱动。而且,目标的确定可以是多方面、多层次的。

2. 亲密原则

亲密感是人性的基本要求,有了亲密感也就有了安全感,就会觉得自尊和自强。尽管我们知道团体成员间建立亲密感的重要,但社会已进入信息化时代,直接的人际交往正在减少,学校教师工作的高强度、快节奏,亲密原则的实施也是十分困难,人际之间更容易造成冷漠。为了体现亲密原则,可以教师与一般教师、师傅与徒弟的结对活动;志同道合者成立教科合作组开展研究活动;年级段教学资源共享制;更多地通过工会组织人性化的活动,如:员工家庭喜庆恭贺活动、慰问活动、文体娱乐活动,传统性节日纪念活动、旅游考察活动等。

3. 一体原则

这里所提的“一体”包括三层意思:一是指个人与组织的一体。当员工们能认识到个人利益与集体利益的相关性与一致性时,他们就会更愿意、更自觉地保护自己的组织,为组织的整体利益和长远利益而竭尽所能。

“一体”的第二层意思是:尽量缩小管理层与学校员工之间的界限,追求领导与教师之间管理上的一体化。一方面要让员工自己负责工作、承担责任。另一方面要让管理者通过深入一线起表率作用。在学校的方方面面工作中做到领导与教职员工工作、考评、待遇等一体化,让每一个成员产生“自我拥有”的满足感。

“一体”的第三层意思是:所有员工之间人格平等,实现身份一致。尽管教师的来历复杂,有的是师范类毕业生或非师范类毕业生,一旦被录

用，均享受同等的待遇，包括工资、社保、进修与评奖等各个方面。这样就能真正地实现组织内部的一体化，进而实现员工精神中的自重自强。

4.卓越原则

卓越并非单指成就，而是一种精神，一种动力，一种工作伦理。凡是成功的组织单位必定培养了员工追求卓越的精神。追求卓越的工作伦理一般可通过以下三个环节去引导培养：(1)建立标准。这个标准包括物的配置的标准化和人的行为的规范化两个方面。达到一定标准的硬件设施是追求卓越的物质基础；遵循一定规范的员工行为是实现卓越的灵魂所在。(2)倡导激励。管理者应该花三分之一的时间去思考一个问题：如何将真正的奖赏给予当之无愧的人！你如果期待着某种行为的再次出现，那么你就应该在这种行为刚出现时就进行奖赏。规范的学校必定有自己的管理章程，而管理章程中真正有实用价值的、能对人的行为起驱动作用的往往就是那些奖励条例。(3)重视反思。反思是卓越的工作伦理的重要要素之一，这是因为反思具有矫正作用，导向作用。在健全的组织中，反思不仅是一种个人的工作伦理，而且更是一种追求完美的群体行为。

第三节　成功的校长所具有的时代特点

我们每个人都生活在某一个时代、某一种社会环境之中。不同的时代、不同的社会环境培养出的人是不尽相同的。我国目前正在进行社会主义现代化建设，而建设社会主义必须发展经济，我国选择的是市场经济这一模式。尽管教育与经济具有不可替代性，也就是不能用经济的规律办教育。但是市场经济的环境对社会生活的方方面面都要发生影响，这种影响必然会涉及到学校的老师、学生，以及校长。

市场经济对于校长的影响也是多方面的，而最重要的一点就是如何使校长在心理上、人格上发生一种变化。智利的一位教育家曾说："当今任何一个国家，如果它的国民不经历这样一种心理上、人格上的向现代化的转变，那么，仅仅是依靠外国的援助、先进的技术和民主制度的引进，都不可能成功地使其从一个落后的国家快步跨入自身拥有持续发展能力的现代化国家的行列。"这就是说，实现现代化，不仅是有物的现代化，更重要的是有人的现代化。而人的现代化最为重要的是在心理上、人格上的现代化。因此，要想成为一名成功的校长，首先必须重塑自我，重新认识自己。在新的历史条件下，校长应具有怎样的心理和人格呢？

一、校长要善于在相互合作中发挥主体精神

新时期成功的校长与过去年代校长最大的区别就在于他们主体意识、自主精神大于依赖性。在过去高度集中的计划经济体制下，校长们依赖性大于主动性，学校里发生的一切问题都要依靠上级组织解决，这种状况就形成了"等"、"靠"、"要"的思维定式与工作方式。而如今的校长有了较大自主权，他们在上级教育行政部门的宏观指导下自主经营、自我发展、自我约束。而主体性是与责任制紧密联在一起的，校长要对学校的目标、质量、效益、校产负责。

校长的主体性是指校长在学校管理中的主体地位。它表现在两个方面：一是自主，即校长就是学校主人，他必须以自信、自立、自强、自治的精神去完成各方面的工作；二是预见，即选择期望事件，并为其实现准备条件，同时防止不利事件发生，把矛盾与冲突消除在萌芽状态中。因此，校长要有意识进行"敏感性"训练，提高自己识别机遇、迎接挑战的能力，要相信自己是名成功的管理者，并利用自身优势和条件去创造、开拓新局

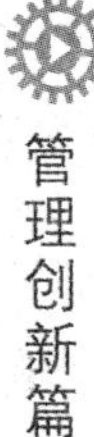

面，攀登新台阶。对校长而言，丢掉“机遇”，没有“速度”都是过失。

主体意识强并不意味着独断专行，而是要在合作中发挥主体性。与谁合作？要与社会合作、与上级领导合作、与全体教职工合作、与家长合作。作为校长，必须要树立这种在合作中发挥主体意识的思想。

如今有一种“强人型”校长，他们对工作很热情、自主性很强，但就是不善于合作。论他们的知识、经验、能力都很强，成就也很突出。但他们身上存在一些问题，必须警惕：1. 控制过度，校长越努力工作，就越忽视别人的工作；校长的干劲越大，越容易压抑别人的干劲。2. 事业心、责任感强，把工作交给教师去办时，常爱说：“你们放手干吧，出了事我负责。”从表面看，他是相信部下，但实际上会造成下属把一切责任、难题都推给校长而自己不负责任的现象。3. 往往只注重看别人是否对自己尊敬，而忽视别人是否喜欢自己。假如一切荣誉、利益的光环落到他的头上，他会觉得是理所应当的，这样的校长往往很容易从成功者转为失败者。

二、办学要强调开放与闭合的统一

在计划经济体制下，学校与社会彼此分离，各部门之间是“自扫门前雪”，而校内一般都能实行严格管理，使学校秩序、质量都在有序、稳定、平衡中发展。因而基本上是“闭合”大于“开放”。而市场经济体制下，学校关起门来，仅靠自身力量办学是行不通的，因而必须加强与社会各界的横向联系，增进彼此理解、信任与沟通，扩大学校对社会的服务范围，提高服务质量。坚信“没有开放就没有发展”“没有闭合就没有有效”的思想，要做到在学校内办事有程序、过程要透明；考核有标准、赏罚要分明；联络有渠道、信息及时通；管理有制度、职责权利清。也就是说，校长必须坚持开放性与闭合性的统一。

目前，一些校长开放意识加强了，与社会各界广交朋友，然而忽视了加强闭合系统、苦练“内功”。而学校的质量与信誉是其开放的基础，没有这一基础，如何能赢得社会对学校的关心、理解与支持呢？

三、校长必须讲求实效，而不要追求形式

新时期成功的管理者必须讲求实效，即要注重最后效益，而不能只追求形式。从一个目标的提出到最后实现这个目标，也就是达到一定的“绩效”（成绩与效益），在这一过程中离不开工作的态度及工作的方式方法，因此，目标、绩效、工作的态度及方式方法这三者就成为一个整体。

这个整体的中心是什么？“目标绩效论”。因此，效益是放在首位的。传统的观念却把态度放在第一位。比如讲，上级领导给一位校长布置一项工作，这位校长马上表态：回去马上动员，立即行动。领导一定会表扬他，认为他态度很好。但是事情的结果呢？这项工作未取得绩效。这时，领导会原谅这位校长，他会讲，一个人能力有大小，只要有这种积极的态度就是可嘉的。目前，还有一种观念，即工作做得好坏，关键看工作的形式。譬如一所学校进行普法教育。他们请了法院的同志到学校做了报告；办了中层干部学习班；出了若干期黑板报；组织了若干期讨论会；带学生去参观少管所等等，做了一系列工作。上级领导一听汇报，大加赞扬，认为这所学校的领导真会动脑筋。可是这一系列活动最终达到的效果呢？成效一般，甚至毫无效果。因此，只注重工作的态度或方式方法是不行的，我们所应强调的是绩效，是一个目标最后达到的效果。

四、校长要敢于承担风险并具有创新精神

改革就意味着有风险。是冒风险呢？还是保守点呢？有相当一部分校长在时时遵循汽车司机的格言：“一慢、二看、三通过”。遇到什么事情，

先要慢，然后环顾四周看看别人，最后再行动。作为一名管理者，如果总是跟在别人后面，时时顾及自身安全，他就不可能获得成功。在市场经济条件下，校长有了自主权，当他在进行决策时，就意味着要承担风险。因此，作为校长就要有一种风险意识，要有承担风险的心理准备，同时要有一种创新精神，要敢于想别人不敢想的事，做别人不敢做的工作。

五、校长要具有求实精神与权变意识

从前我们当校长习惯于统一计划、统一指挥、统一行动。许多事情都是“一刀切”、“齐步走”，遇到问题不敢讲实话、办实事。而新时期的校长首先必须求实，即从实际出发，追求实效，也就是做正确的事，而在怎么做事上要有权变意识。所谓权变，即权宜应变，就是要选择正确的方式做事。也就是要因时、因地、因人制宜，选择效益或效率最高的方法。校长所遇到的许多事情，譬如设计一项教改方案、修订某项规章制度、举办某项教育活动，往往都是有利又有弊的，只不过可能在这种条件下，利大于弊；换了条件，就弊大于利。权变意识就是要在权衡利弊之后，创造条件，实现利大于弊。

第四节　如何成为一名成功的管理者

一、成功的校长必须从单一角色向多重角色过渡

“角色”是戏剧学的一个名词，指舞台上的生、旦、净、末、丑。社会学家把这个概念引用到现实生活中，把社会看成是一个大舞台，每个人都在

扮演着一个角色。一个人角色意识越强,他的责任感就越强。作为校长,在学校里是一校之长,然而回到家中,就不再充当校长角色,而可能是父亲或母亲、儿子或女儿、儿媳或女婿,因此,在不同场合,要善于调整自己的角色。在传统观念中,校长扮演的是“教师的教师”这样一种角色。这一角色强调校长要以身作则,要成为教师的表率。在这种思想指导下,很容易进入一个误区,就是把校长看得比所有教师都高,这就成为教育家型校长;也有人认为,校长是搞学问的,要靠他学问上的权威性影响教师,这就是学者型校长;也有人把校长视为行政官员,国家不是按科级、处级待遇对待他们吗?这样教师有什么事,都需向校长请示、汇报,这就是官员型校长;还有人认为,学校处在一个社区之中,因而校长应是社会活动家;校长还应是经营管理者,如此等等。校长究竟扮演什么角色?我认为,在现代社会中,一名成功的校长,应该是一个多重角色的扮演者。

二、成功的校长要善于向全校人员提出奋斗目标引导大家前进

对于一名管理者而言,没有目标,就等于没有管理。任何一名校长在就任后,必须经过一番认真调查,提出一个引导全体教师为之奋斗的目标,这就称为目标管理。

为什么说没有目标就没有管理呢?

1. 学校的任务只有在转化为目标后才不会落空。学校有很多任务:育人的任务、科研的任务、财物管理的任务等等,每一项任务只有转化为具体的行动目标,才能得以落实。比如讲,学校提出每位教师在本学期都要搞科研,要研究教学、研究学生、研究教法。任务提出了,学期末检查,什么事都没做。问题在于没有把科研任务转化为可以操作的目标。

2. 只有把组织的目标转化为个人的目标,每个人才会愿意为组织承担责任,组织才会具有凝聚力,个人才会有动力。作为校长就是要把组织

的目标与个人的目标统一起来。

3. 任何一所学校，规模越大，人员就越多，人与人之间就可能发生冲突，资源的浪费也难以避免。怎么办？校长就要通过目标来协调关系，使人员之间的矛盾、资源的浪费与消耗减少到最小的程度。

校长如何提出目标呢？

一方面要依据上级的指示，也就是组织希望学校办成什么水平来制定目标。另一方面要从实际出发，做一些分析。目前国外流行的 S、W、O、T 模式就是帮助领导者分析情况的有效工具。它包括 4 个因素：S(STRENGTHS)表示实力。它要求找出学校的优势、强项。如：队伍优势、质量优势、地理位置优势、学校结构与管理制度优势及历史传统优势等等。W(WEAKNESSES)表示缺陷。它要求分析出学校在组织结构、人员配置、行为习惯、工作效率与效益等方面存在的不足。O(OPPORTUNITIES)表示机遇。在现代社会中，处处都有机会和发展的条件，就看谁能及早发现并主动抓住。如北京的十一学校是抓住好政策开放所带来的机遇，提出了经营自主、用人自主、改革自主等“五个自主”，学校就办活了。现在有些地区提出搞一校两制，有的一校两制是指学校内一部分是公立的、一部分是私立的；有的一校两制是指一所学校内既有普通教育，又有职业教育，或既有基础教育，又有成人教育。T(THREATS)表示威胁。随着社会的发展，原有的机制可能会被新的机制所代替，在这一过程中将出现新情况、新问题，如果不能适应它，就会对我们构成威胁。

校长通过使用 S、W、O、T 模式进行分析，就能对学校现状有比较清楚的了解，就可以找到一条比较符合本校办学的路子。

校长提出目标后，还要通过目标论证使之被广大教职工所接受，然后通过协商把总的目标分解到每一个部门、每一位教职工。一旦某一位教职工承担了某项目标，就赋予其相应的权力和责任，这就叫“定责授权”。这样，学校的整体目标就落实到每一位教职工身上。此时，校长的任务就是以咨询者的身份，帮助教职工解决难题，为他们提供相互间的信息交流，做一些协调平衡工作，最后考评成果。因此，所谓管理就是向着预定目标步步逼近的过程，作为一校之长，必须树立目标意识，进行目标管理，才能成为一名成功的管理者。

三、成功的校长要善于合理开发利用学校的有限资源

学校资源包括人、财、物、时间、空间等方面，这些资源对学校而言都是缺一不可的，但同时又都是有限的。我问过不少校长，他的学校怎么会办成这样一副样子呢？他会强调：一是师资队伍不行；二是生源不行；三是设备不好；四是财力不足等等，为此叫苦连天。其实这些问题在许多学校都存在，但为什么有的学校办学水平比较高呢？关键在于管理。

管理的第一步是对学校的资源进行分析，研究各种资源的差别、状态和水平。然后就是作合理地开发与利用。有一所外事职业高中，学校场地很小，设备也不好，但办学水平很高，培养出的毕业生质量很高。关键在于学校有好的专业教师队伍、有好的专业设备、有好的专业教材。然而每年该校培养出的毕业生远远不能满足社会的需求。于是，学校与省里的 13 个县建立了联系，在每个县建一所分校，总校解决各分校的专业课教师、专业课教材、专业实习以及毕业生分配问题，其他工作均由各分校自理。这样学校很快发展起来了，这就是对学校资源的合理开发与运用。

开发之后就要组合。组合方式不一样，效果就不同。譬如炊事员做菜，使用的原材料都一样，不外乎就是油、盐、酱、醋、糖以及鱼、鸡、菜、蛋等等，但做出的味道就是不一样，这就是组合的技术。而学校管理工作，就是要把学校的资源进行有效组合。

如何组合呢？

1. 解决资源与学校任务如何配置的问题。学校承担的教育任务与现

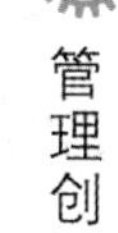

有的办学资源如何分配，才能做到消耗资源最少、效益最大呢？这就要找出适度规模的标准。如学校任务不饱满，存在闲置资源，就可以扩大学校功能；如果任务过重，资源紧缺，就要调整布局，推进联合。

2. 解决库存量的问题。每一所学校都有仓库。因为教学设备、教学仪器、教材等等都需要储存。仓库理论就是研究一所学校里，人力、物力、财力的储备量达到多少是最佳的，因为没有储存，难以保证学校工作的正常运行；但储量过大，就会造成损失。因此，要根据各种资源的特性、季节性、来源保障等因素采取不同的库存策略。

3. 解决不合理的排队问题，我们在生活中吃饭要排队、上车要排队，有时购物也需排队，这有其合理的一面，但同时也耽误了大家的时间，为什么不能尽快地解决问题呢？这就需要研究服务设施与被服务人员之间的配套问题，即排队理论。再有更新问题，教师的知识、学校的设备及规章制度都有一个更新的问题，何时更新，用什么方式更新才是最佳的？这都是组合问题。

有人把管理比作下棋，校长就是一名棋手，学校中各种资源就是棋盘上的棋子。下棋有下棋的规则，学校管理也有其规则。校长必须按照规则统筹兼顾，全面安排，有进有退，有取有舍，去完成任务。

四、成功的校长必须不断扩大自己的影响力

校长的“领袖”地位能否得到全校大多数教职工的认同，并积极地支持其工作，这对学校管理者而言是十分重要的。而教职工是否接受校长的“指挥”，就取决于校长影响力的大小。校长与教职工之间发生着各种影响关系。校长为了实现既定目标，要对教职工的态度、情感、价值观、思维方式等方面施加影响；而教职工对校长也有影响力，双方影响力之间形成了一个空间，即“影响力场”。由于每个人的情况不同，其影响力的范围

与力度也是不一样的。

校长要扩大自己的影响力,就要从分析形成影响力诸要素入手。其中职位权力、自身素养与干群关系最为重要。其他一些要素,如工作经历、年龄、民族、气质、兴趣爱好等也有一些作用,但不重要。

1. 职位权力。职位权力是指在行政权力系统中,不同的职位所拥有的不同权力。它是实现管理目标,组织管理过程不可缺少的条件。校长对职位权力要有一种正确的态度,即:尊重权力,绝不滥用权力。权力对行政管理而言是不可缺少的,它同校长的职务、责任形成一体。权力对任何人而言都是有限的,在使用时一定要慎重。正如日本企业家土光敏夫先生所言:“权力像一把传家宝刀,最好不要拔刀出鞘”。影响力较大的人从来不在别人面前炫耀自己是权力的拥有者。

2. 校长的自身素养。校长的自身素养是影响力的基础,它不同于权力,权力是外来的力量,而素养是自身的力量。它包括两个方面:一方面是校长的知识、经验与才能。学校是知识分子集中的地方。他们在诸多权威中最尊重的是学术权威。因此,校长的学术地位、文化修养、教学经验的影响力是最重要的。校长要扩大自己的影响力就必须从行政事务中解放出来,不断学习、研究,以扩大和丰富自己的知识视野。另一方面是校长的思想品德与行为。这是教职工群体中反映最敏感的要素。校长是学校的当家人,他是否具有强烈的事业心与责任感;他能否从全局出发,把整体利益、公众利益放在首位;他是否办事公道,不徇私情,不拉帮结派,都关系到他影响力的大小。因而,做校长的必须要有较高的思想品德与好的行为。

3. 干群关系。校长对每一位教职工都要同样的尊重、信任、支持与谅解。当遇到矛盾时,无论是认识上的分歧、利益上的不满、文化上的差异,还是工作的正误,校长都要冷静对待,切不可感情用事。原则性要有,灵活性也要有,无论矛盾出在哪一方,谁是主要责任的承担者,校长都要主

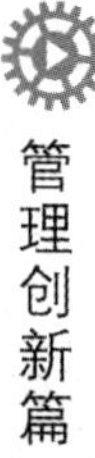

动去解决问题。一定要把彼此间的“疙瘩”尽早解开，否则，年深日久就会成为“老大难”问题，也可能形成干群之间的“情感障碍”、“意义障碍”，势必会缩小校长的影响力。

教职工出于对学校的关心和爱护，或是为了满足个人的某种需要或欲望，就会对校长施加影响。这种影响力有哪些表现呢？他们可能利用上级指示、中央文件或某次会议决议中适合自己需要的一部分影响校长；可能凭借个人的资历、社会地位、校内骨干地位以及在群众中的号召力向校长施加影响；可能利用自己社会关系网中权威者的作用或社会舆论影响校长；可能利用胡搅蛮缠、无理取闹的方式对校长施以影响；可能利用民主权利和正式渠道对校长施加影响。

校长如何对待来自教职工的影响力呢？首先要增强每一位教职工的主人翁意识和社会责任感；其次，要发扬民主，建立教职工参与学校管理的制度，为他们发表意见或建议提供条件和机会；再次，在诸多影响力中要区分积极的影响力与消极影响力。对于消极影响力要进行引导；最后，要开展公共关系活动，建立意见沟通和信息反馈系统，改进教职工之间的关系，增强教职工群体的凝聚力。

五、成功的校长要善于调动教职工的积极性

调动教职工工作的积极性是办好学校的关键。因为任何一所学校的质量、效益、目标都是通过教职工实现的。在当今时代，人们的民主意识、参与意识大大增强，自主精神大大提高。在这种情况下，如何调动教职工工作的积极性呢？

1. 激励教职工的工作热情、责任感和成就欲。一个人的工作热情从哪里来？来源于工作本身的目标价值。每一项工作都存在着目标价值，目标价值的大小、实现目标价值可能性的大小，与个人的能力有关。目标

价值越大，实现目标价值的可能性越大的人，其工作热情越高。有这样一个公式：激发力量=目标价值×期望概率。所谓期望概率是指想要得到的目标价值可能性大小。只有这两个因素都高，人的工作热情才会高。因此，激励教师的工作热情，首先要考虑目标价值要高。

2. 要为每一位教职工知识与才能的发挥提供机会与条件。任何一个人，即使德才兼备，但缺乏机会，其才能也难以发挥出来。小平同志讲：领导就是服务。校长为教职工服务什么？就是要为教师发挥知识与才能提供条件、创造条件。如教育界经常搞一些评优课活动、研讨会活动，目的都是为了推出新人。有些学校借口工作忙，不予组织，就是失去了机会。

3. 消除人与人之间的矛盾与冲突。人与人之间的矛盾与冲突是难以避免的。因为首先人与人之间存在角色冲突。不同的人扮演不同的角色，站在不同的角度去看问题，其结果就不会相同。当班主任的，会站在班主任的角度对校长提出问题，做任课教师的，往往从本学科角度提出看法。因此，每个人角色不同，考虑问题的方式也不同。解决角色冲突的方法要用心理上的位置互换。第二，人与人之间有利益冲突，利益是有份额的，这样在分配时就会造成某些教职工心态上的不平衡。对利益的分配通常有两种：一是平均主义，另一种是集中分给某一个人，这就会出现“马太效应”。“马太效应”来源于《马太福音》中的一句话：“凡是有的还要给予他，让他有余。没有的，连本应得到的那一份也被别人剥夺了。”生活中有许多这样的现象。因此，校长在进行利益分配时，既不能搞平均主义，也不能出现“马太效应”。第三，人与人之间有文化冲突，也就是观念上的冲突，行为习惯的冲突。城市人与乡村人之间、中国人与外国人之间都存在着文化差异。在同一个单位工作的人之间也往往会出现这种差异，随之带来矛盾。

作为校长就要想方设法消除这些矛盾，把消极行为转变为积极行为。要鼓励每位教职工取得成就，而成就的背后会有挫折。人在受到挫折后

会有什么表现呢？一种是积极的表现，即激发出一种再生力，即“吃一堑、长一智”，把失败视为成功之母；另一种是消极行为，即从此改变目标，或放弃、或对抗、或破罐破摔。在这种情况下，校长要采取以下措施：一是让他们发泄不满，通过宣泄缓解心中愤怒。二是归因，任何失败原因都可以归为4条：①个人努力程度不够；②个人能力不够；③工作任务艰巨；④运气、机遇不好。其中，第一条、第四条是不稳定因素，另外两条是稳定因素。校长帮助教师寻找失败的原因，要尽可能地归为第一条与第四条，以此调动教职工积极性。

六、成功的校长必须构建一个良好的工作环境和育人环境

作为校长，必须创设一个良好的校园环境，即育人环境。它包括三个方面：首先是物质环境，即教学设备环境；二是精神环境，每一所学校都具有其个性，这种个性表现为校园精神，其形式就是校训，而校歌则是校训的具体化，要通过这种精神环境，使师生人人感到光荣；三是信息环境，学校是一个相对封闭的场所，教师埋头于教学，对外界事物缺乏了解，校长就要想办法，“请进来、走出去”，扩大教师的知识面，开阔其眼界，从而构建一种新的学校环境。

第十六章
学校的制度管理

第一节　中学校长管理学校要强化五种职能

校长是学校工作的管理者和改革者，受党和国家的委托，对内团结兴校，对外树立形象。其职责就是要全面贯彻执行党和国家的教育方针、政策，团结、依靠广大教职工，发挥学校教育的主导作用，努力促进学校、家庭、社会三位一体的协调发展，形成良好的育人环境。培养新一代人才，需要一流的学校，需要富有现代思想和现代意识、技能的一流校长，从某种意义上说，有什么样的校长，就有什么样的学校。

要实现学校管理的最佳效能，关键在于校长怎样强化职能。

一、强化战略决策职能

纵观著名校长办学成功经验，他们的共同特点是：善于总结办学治校实践中的成功经验和失误教训，在理论中融入了校长的个性特点、独到见解和独特的教育风格，形成了一整套行之有效的教育指导思想。一个校长的教育思想首先体现在他的办学思想上，端正办学思想是管理好学校

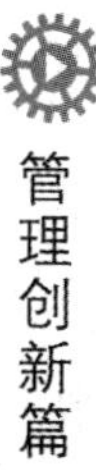

必须解决的首要问题。这就要求校长必须要有经营意识和经营头脑，精心谋划学校的发展战略，而正确的战略决策又来源于校长良好的政治素养，包括：坚决贯彻党和国家的教育方针和政策，把坚持社会主义办学方向放在首位；具有一定的理论修养，能运用马克思列宁主义的立场、观点、方法指导学校工作；热爱教育事业，热爱学校，热爱学生，通情达理，与人为善，尊重、团结、依靠教职工；实事求是，勤奋学习，作风民主，联系群众，顾全大局，公正廉洁，艰苦奋斗，严以律己；对待工作一丝不苟，认真负责；具有勇于进取和改革创新精神；认真抓好全面育人，促进学生健康发展。

强化校长的战略决策的核心问题是善于提出学校的发展目标。校长要善于摆脱以往的从属思想，学会独立思考，要对学校的未来进行长远思考，对学校的适应性进行审慎思考，对学校的发展特色进行深入思考，要搞清楚我们是怎样的学校？我们应该是什么样的学校？我们将来会是什么样的学校？……据此提出自己的办学发展目标。随着校长管理主体地位的进一步强化，校长的战略决策职能将更有迫切性和开拓性。校长不仅再现决策，更应当创造决策，使学校管理收到预期的效果。

二、强化教学管理职能

教学是学校工作的中心，是学校的主要工作内容。学校就是一个以教学为中心层层展开的有机系统。作为学校最高管理者的校长，必须抓住教学工作这个中心，取得对教学的驾驭权，才能有序高效地管理好学校。北京八中龚校长的成功经验已得到充分的证明：长期以来，他坚持以教学为中心，把课堂教学作为实施素质教育的基本途径，对课堂教学提出了六方面的改革，他重视教学管理，强化制度建设，倡导“改革心要热，改革的头脑要冷静，要理智”。多年来，他以教育科研为先导，重调查研究，使八中的教育教学质量和管理水平始终保持在北京市教育系统的前列。

正如陈孝彬先生所说的“教学是教育的主体部分，又是教育的基本途径”也是“教育改革及教育质量提高的需要”。

坚持以教学为中心和加强素质教育并不是矛盾的。教学是学校实施德、智、体、美等诸方面的基本途径。那种把教学仅仅理解为传授知识的观念是一种陈腐的观念，把加强素质教育理解为减少基础知识教育而加强社会活动教育也是片面的。素质教育的基本内涵应该是一种整体的基础性的教育。它的整体性，即教育要面向全体学生，教育内容要全面，要全面提高教育质量；基础性，即它是基础教育。特别是在义务教育中，是为学生今后的全面发展打好基础，基础性不仅仅是指全面的基础知识，还包括基本的能力和健康的心理。加强素质教育是指在指导思想上的突出地位。明确素质教育在全面发展教育中的定向作用和动力功能，并不意味着去弱化文化课教学，强化技能课教学，强化品德课教育。现代教育是一种立体教育，教学工作的渠道除了课堂教学外，还应包括课外活动、社会实践等非教学因素。教学活动除了课程表上规定的课程之外，还包括隐形的课程，如校园文化建设等等。以教学为中心，就是要求校长要抓好教学活动的各个环节，使素质教育得以真正落实到位。

学校的教学工作是由教学常规、教学改革、教育科研三个相互联系的层次组成的，三者同步运行，有机结合，推动着教学质量的提高。课堂教学则是教学工作的基本组成形式，教规、教改、科研的成效必然集中体现在课堂教学之中。因此，校长要对教学理论和教学决策，对教学系统结构及其构成要素，对教学过程及其基本环节，对课程结构和教学内容，对教学模式和教学方法，对教育质量的控制与反馈，对教学组织及环境等系统地进行研究，从而准确地把握教学管理的重点、难点，提高管理教学的自觉性、针对性和有效性。

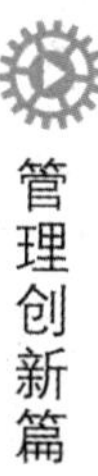

三、强化内外协调职能

在新的环境下，学校已经成为一个开放的系统。越来越多地直接与社会各方面发生联系。面临社会各利益集团提出的种种复杂要求，校长的公关职能将越来越重要。公关是一种“内求团结，外求发展”的经营管理艺术，是协调组织内外关系的管理职能。学校是公关的主体，也要面对组织内外的公众，并与之发生各种各样的联系。这就要求校长要掌握公关艺术，更好地发挥协调的职能，正确处理好内外协调的几个关系。

1. 处理好校长领导与民主管理的关系。校长的领导作风要民主化，不能想怎么干就怎么干，要善于走群众路线。教师是学校工作的依靠对象，学生是学校工作的服务对象。校长要和教师及学生保持密切的联系，关心他们的疾苦，保障他们的合法权益，倾听他们对学校工作的意见和建议，使他们真正成为学校的主人。校长要维护领导班子的团结，尊重集体领导，要使班子中每一个成员的才能都得以发挥；校长还要定期向全体教职工大会或学校教职工代表大会述职，充分发挥教代会在学校民主管理中的职能作用，尊重教代会的职能和权利，主动争取教职工代表的民主监督，尊重教职工的民主权利。学校的重大决策要经过教职工大会或教代会通过，以组织手段保证学校的民主管理的实施。

2. 处理好与教职工的关系。校长应该十分注意自己在教职工面前的仪表、言行和举止，善于听取各种意见和建议。当遇到矛盾时，校长要冷静对待，切不可感情用事，要主动解决问题。校长平时能严格律己，有奉献精神，率先垂范，就会使人感到亲切，备受人们尊敬，产生一种感染力，促使教师自觉地为办好学校努力工作。如果校长言行不一，要求教师做到的，自己首先做不到，人们自然会敬而远之。校长还必须克服偏见，客观正确地衡量评价每一个人，并要善于创造条件，满足教师的合理需要。对于生活需要，要关心体贴，亲自过问，及时帮助解决；对于自尊需要，要从尊重出发，真心诚意地信任教师，依靠教师，让他们在工作中获得充分的归属感、安全感;对于成就需要,要尽力为广大教师,特别是年轻教师,提供可以大有作为的机会。这样,校长就能用自己的人格魅力,在教职工中赢得尊严和威信。

3. 争取上级的支持。上级领导的支持是校长工作最有力的保证,为此,校长应当积极主动地完成好上级交给的任务,及时与上级沟通,同时还要以开拓精神、卓有成效的业绩得到上级的认可。

4. 争取社会、学生家长的配合和支持。

四、强化信息管理职能

当前,信息技术将使学校教育突破时空的限制,使学校的教育方式和管理方式发生全新的变革。目前,国内外一些学校正在开发计算机信息管理系统,将计算机技术运用到学校各项管理工作中,利用计算机进行教学质量监控,发布信息,开展 CAI 教育进行数据库管理,开发网络课程等,极大地提高了教学效益和管理效能,使信息管理成为校长的重要职能。现代科学技术的发展,将对传统的学校管理模式形成巨大的冲击,学校管理技术的现代化正向我们走来。

五、强化开拓创新职能

教育事业是创造性的事业,现代教育的核心是培养人的创造精神和创新能力。校长管理学校不能因循守旧,要重视研究新情况、新问题,善于利用内部、外部环境的优势,因地制宜,改革创新,不断开创新局面。

管理思想创新是校长管理学校的首要问题。要求校长对教育的改革和发展进行超前思考,包括对整个社会变革和发展,具有敏锐的观察力和感受力;要求校长能用联系和整体的方法来分析与思考当前学校教育改

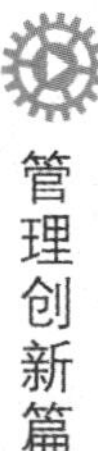

革面临的现状和发展的需要，从而创造性地思考整个学校教育改革的总体思路，并引导教师统一认识，同心同德沿着校长的改革思路去思考和实践。

当然，创新绝非突发奇想，心血来潮。校长应当把创新的必要性和可能性有机结合，立足于学校的现实基础，提出学校的创新目标和策略。应当着力培养学校师生的创新意识、创新精神和创新能力，鼓励和支持师生的创新实践。为此，校长应当确立创新的理念，把组织思想运用到学校组织中，通过大力提倡组织学习、自我管理，使广大教职工自我超越，不断创新，最终达到学校组织的创新和进步。

面对校长管理职能新的变化，校长应当做好充分的思想准备。为此，要求校长要尽快转变认识，改变以往被动的思维模式，进行角色换位，明确自身的职责、权利和义务，以充分发挥自身作为管理主体的地位和作用。同时，校长还要迫切提高自身的管理能力，尤其是预见力、决断力、人际关系协调能力以及掌握和运用现代管理技术手段的能力，重塑自我。

领导就是开拓创新。这是 21 世纪教育改革与发展对校长管理学校的呼唤。这种创新，不仅向校长提出了管理学校的思想、目标、措施和手段等方面的创新要求，而且更需要校长根据学校管理内外环境的变化，以及整个社会、整个国家，乃至整个世界的发展情况进行系统、整体的创新。

第二节 学校管理制度的三个体系

一、全面目标计划体系

学校的核心功能是保证和不断改进对学生及其相关消费者的服务。学校根据学生及其相关消费者的需求、学生发展和未来社会对人才素质的需求、国家教育方针与法令法规的要求，确定学校的办学理念，它包括办学宗旨、办学方针、育人目标、办学特色、发展目标、管理机制等部分。这些办学理念如何转化为可操作的管理行为，远期发展规划如何转化为各阶段的具体目标，关键要建立科学的目标计划体系。全面目标计划体系将学校近期、中期、长期发展规划，分解转化为学校各学年的目标任务。据此学校制订学期工作计划，各部门根据学校工作计划制订部门工作计划，直到具体岗位与个人。各层面的目标具体全面，定性与定量相结合。工作计划分层制订，分层审批，分层管理。总目标可以指导分目标，分目标保证总目标，构成一个全面的目标计划体系，并围绕目标的实现展开一系列的管理活动。全面目标计划体系与传统的计划管理相比，其创新表现：

1. 多维测定，使目标更具客观性、可操作性。学校各项目标是建立在对上一学年质量、团队素质、综合效益的比较，部门之间质量、效益的比较，与同业之间的比较，外部环境的变化等数据和情况认真测定、分析的基础上确定的。

2. 学校内各级各类人员都参与目标的制订和实施，根据学校总目标

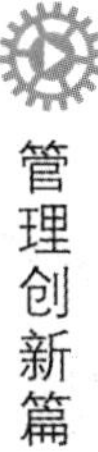

和上一级的目标确定本岗目标。

3. 从总目标到分目标全面而具体，目标涉及学校各方面的主要工作，如在校生巩固率指标，学生家长满意率指标，中考指标，高考指标，德育指标，各年级素质教育指标，学生安全指标，教职工队伍建设指标，后勤服务工作指标，成本控制指标等。

4. 目标时时处于受控状态。一是对目标的制定进行评审，确保总目标的可操作性并能有效分解到部门和个人；二是对目标的实施进行监控，把握各部门及个人目标达成的趋势，及时调整措施，确保目标的达成；三是对目标的达成进行验收。学校所有人员都要参与管理并以目标来指导行为。学校各项工作、各部门、各岗位、各级各类人员的工作过程，都处于目标计划的指导之下。

二、质量管理体系

目标计划体系建立之后，需要通过一系列组织精细、严谨、扎实的管理活动，引导教职工将目标落到实处，落到管理的全过程，而不是将目标束之高阁就是秋后算账。为此，学校需建立 ISO9000 质量管理体系。ISO 是“国际标准化组织”(International Standardization Organization)英文首个字母的缩写，ISO9000 是国际标准化组织颁布的一组质量管理和质量保证标准的总称。我国在 1992 年正式采用了 ISO9000 族标准，大量应用于企业的质量管理。ISO9000 的本质是建立一个保证及提高质量的系统的管理体系，明确保证质量应达到的基本要求，通过对一个组织的各个管理环节的有效控制，使出现问题的可能性降到最低程度，保证产品质量的稳定和提升。以扎实有效的过程管理，确保目标的达成。在国内基础教育领域应用 ISO9000 尚无先例的情况下，我们借鉴其基本思想和管理模式，结合教育行业和学校管理的特点，在全国率先创造性地建立起了适用于基础教育领域的学校质量管理体系，这个过程的本身就是重大创新，突破了原有的教育思想观念。该体系的主要特点是：

1. 建立起“教育是服务”的管理机制。教育被视为一种服务，传统的受教育者学生及其家长、社会成为“消费者”，学校的教职工成为内部“消费者”。学校对内部消费者需求的关注及其和谐成为满足外部消费者需求的保证。在这样的视点下，学校关注满足消费者的利益与需求成为必须，学校对消费者是一种服务关系成为必然。保证和不断改进对学生及其相关消费者的服务成为学校的核心功能得到了确立。学生是学校的第一类消费者，学校教育的“产品”，是学校生存、信誉的决定性因素，因而学生德、智、体、美全面发展，不断提高的多元需求成为学校工作的聚焦点，受到全面的关注。这一管理体制的确立规范了学校、教师的教育服务行为。在教育教学、后勤等各项管理中，对如何确保以学生为中心，提出了基本要求，建立了学生、家长满意度测评机制，把学生、家长满意度作为衡量学校管理业绩和各级各类人员业绩的关键指标。学生的主体地位，得到了全面的强调。

2. 突出了“以人为本”的现代管理理念，尽一切可能关注人的需求成为学校管理工作的精髓。在全面关注学生与家长的需求，并使其确保得到落实的同时，注重发挥教职工的积极性，鼓励教职工积极参与学校管理，在要求教职工努力达到体系中基本标准的同时，以制度鼓励全员创新、创造性工作，不断超越体系的要求，只有做得更好，而没有最好。

3. 坚持全面、全员、全程管理。一是对学校教育、教学、科研、行政、后勤工作全面进行质量设计并全部进行质量控制，紧扣教育教学这一学校的中心工作，将凡是影响质量的因素都纳入强化管理的范畴，基本实现了“凡事有准则，凡事有负责，凡事有程序，凡事有监督”。以此为前提，将质量管理的重点向全体学生、学生的全面发展质量以及教育、教学这一中心环节的质量管理倾斜。二是把学校各级、各类人员作为“服务网”、“质量

链”中的一环，强调全员参与和团队配合。同时强化全员的教育与培训，使学校每个部门、每个人员都有强烈的消费者意识、服务意识、质量意识，不断提高服务水平。三是抓好过程管理。紧紧抓住教育、教学的每一环节，过程的每个阶段的质量管理，以阶段性目标的达成保证高质量结果的实现。注意对管理、教育、教学工作的各个层面，各个环节的“接口”进行设计和质量控制，以保证学校各项工作能紧紧围绕着教育质量目标和谐、高效地开展。

4. 规范了对制度本身的管理。对各种文件的制定、审批、修改、印制、发放、保管、回收、销毁等各环节进行严格控制，保障了制度本身的有效性、完整性、严肃性。

5. 管理职责明确，流程清晰，规范具体，指导性与可操作性强。从校长直至每一个员工的岗位职责都建立了文件，使不同岗位人员都清楚有哪些职责和基本工作要求。每项工作都建立管理的流程，说明管理的步骤和要求，在此基础上，细化了工作规范。新入校的干部和教师通过学习、培训，能在短期迅速有效地开展工作。

6. 充分发挥了纠正与预防的功能。通过事前的预防，过程的检查，事后的及时纠正等一系列制度，保障了各项工作的有效落实，使学校管理不断持续提升。如通过强化学生安全管理，完善学生保护措施、安全教育措施、防火防爆防中毒措施、学校安全工作检查制度等，确保了学生的安全。又如通过家校的沟通管理，既保障了家长能及时了解孩子在校情况、学校发展状况，又保障了家长的意见能及时反馈到学校，得到及时解决，密切了家校关系。

7. 强化了监督机制。通过内部质量审核，以科学有效的检查原则、方法、步骤等，体现了检查的客观性。平时抽查与阶段性检查相结合，加强了对管理过程的监视和测量。建立体系后申请认证，外部检查机构必须对学校进行系统全面的评审，通过认证后每个学期来学校进行评审，若评审不合格，将被取消认证资格。这种外部驱动机制解决了“自己的刀不能削儿自己的把”的问题。既加大了监督的力度，又增强了监督的客观性、公正性。

三、全员业绩考核体系

学校两支队伍建设(人力资源管理)始终是学校建设的根本，建立学校质量管理体系有效解决了质量的过程管理，从过程上保障了质量，但没能有效地解决管理中第一要素“人”的科学管理、评价与激励，这是学校管理中的重中之重和难点所在。我们吸取国内外人力资源管理的先进思想和经验，创建了全员业绩考评体系(TIP 考核体系)。从对象上分，包括团队考核、个人考核。从考核模块上分，包括过程质量、业绩、职能素质与表现考核。该体系与传统的考核制度相比，取得了重大突破，主要表现在：

1. 用系统的方法使人与事复合。传统的考核管人的权力主要集中在人事部门，管事的权力则分散于各学部领导身上，致使考核资讯相互脱节，学部和人事部门均难以获得全面、完整的资讯，导致考核结果往往片面、主观。

2. 用联系的方法使团队、个人、业绩成为整体。形成个人、团队学校，紧紧围绕质量、效益的价值、利益导向，培养团队精神，凝聚整体发展意识。

3. 用评价链贯通目标、过程、结果，保障目标的实现。

4. 用工作行为的过程，职能素质、能力表现、业绩的统一，促进教职工综合素质的增值、创值，使学校目标的可持续性提升更具保障。

5. 用激励的机制，引导教职工发挥潜能，超越现行管理制度，不断创新、创造。

6. 用整合的思维，使考核的资源最大化共享，实现人力资源的综合管

理。考核的结果成为教职工奖金、升降、培训、评优、福利分配、去留的基本依据。

7.用开放考核资讯的办法，创造公开、公平的考核环境。上至校长下至教职工既是考核者，又是被考核者，考核的结果强调证据，考核的结论与被考核人见面，并允许申诉复议。

第三节　学校管理中的制度文化

学校制度文化是指党和政府的有关方针、政策、法规、条例以及社会主义道德观念、行为规范等在学校日常工作学习和生活中具体体现出来的学校管理的独特风格。是学校全体成员共同认可并自觉遵守的行为准则。学校的规章制度是学校办学经验的结晶和反映，它对规范教育教学秩序，达成办学目标起着保障作用。建立、健全学校规章制度，塑造学校制度文化是学校文化建设的一项重要内容。

学校制度文化作为学校文化的一部分，是维系学校正常秩序必不可少的保障机制，是校园文化建设的保障系统。没有规矩不成方圆，只有建立完整的规章制度，规范师生的行为，才能保证学校各方面工作和活动的开展与落实。但是，学校规章制度建立是否合理科学，以及贯彻执行是否有效果，直接反映了学校校园文化的建设程度，学校领导文化素质以及学校科学管理的水平。虽然制度是人定的、人创造的，但是规章制度的制订，不要只在管、卡上做文章，要体现教师的工作特点，促进学校管理机制的良性循环。即制度必须能够管理人，制度常常也能塑造人，使人不自觉地适应制度。建设学校文化从制度入手是一条强有力的行之有效的途径。

对制度文化的理解，人们常常陷入“文化与制度”认识的误区。或者对立，或者混为一谈，分不清二者在学校管理中的地位和作用。一般来讲，学校文化包括三个层次：物质文化、制度文化和精神文化。这种广义角度界定的学校文化，无疑把制度也包含在内，即在制度建设中，完全是可以融入文化的，制度是可以衍生文化的。或者说制度本身就是一种文化。如果从狭义角度看学校文化，制度只是文化的载体。制度与文化属于两个不同的管理层次和两种不同的管理方式。制度管理是务实的，以管人的具体行为为底线。文化管理是务虚的，管人的道德追求与精神向导的。制度是有形的，文化是无形的，是一种精神状态，通过有形的事物或活动反映表现出来。但往往有形的制度中渗透着文化，无形的文化通过有形的制度载体得以表现，文化管理高于制度管理，制度管理是文化管理的底线。因此，我们在学校管理中应该研究学校的制度文化，刚柔相济，科学合理地运用。

刚性的制度管理与柔性的文化管理相结合，即依法治校与以德治校相结合。依法治校就是刚性的制度管理，从严治理，用规章制度去约束人、规范人的行为，使学校秩序井然，学生行为规范统一，养成良好习惯，从而达到管理的目的。习惯养成性格，性格决定命运，严师出高徒就是这个意思；柔性的文化管理，就是以德治校，以正确的舆论引导人，以高尚的精神塑造人，以渊博的知识培养人，以高雅的气质影响人。以人为本，弘扬人文精神，通过尊重人、理解人、关心人、鼓舞人、激励人、教育人的潜移默化的效应，使自觉遵守各项规章制度成为自觉行为和理念。其实，教师工作的原动力在于他们的主观内驱力和精神境界。所以，以德治校的柔性管理就是通过管是为了不管，达到由他律到自律，使人们在心情舒畅、民主自由、尊重个性的环境中创新和创造，拥有乐业的空间，这才是学校管理的至高境界。

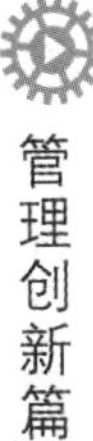

无论是制度管理还是文化管理，都应该因地制宜、量入为出、合理运用。特别是我们这样的企业学校更是如此。事业留人、感情留人、待遇留人，归根到底是人的问题。如何管出实效管出水平，取决于领导者的办学水平、自身素质、校园文化的建设程度。所以，在管理的过程中应该依法治校与以德治校相结合，刚柔并存。既有严格的管理制度，又有适当的感情投资，才能管而不死，较好地调动师生自我管理自我教育的积极性和主动性，完成教育目标，实现教育目的。学校必须进一步加大力度，强化校园文化建设，通过研究学校的制度文化，以制度为底线，使刚性的规章制度与浓郁的人文氛围有机结合，使制度闪耀着人文的光辉，实现高水平的管理和管理水平的最高境界。

第十七章
学校管理中存在的问题及解决对策

第一节 学校管理存在的问题

尽管现在的教育发展迎来了黄金时期，给学校的管理提供了更为广阔的空间。但是，在部分学校的管理中出现了一些需要我们反思的问题，较为突出的就是在学校的建设和发展中违反了科学的可持续发展观，不利于学校、教师和学生健康和谐地发展，应该引起我们足够的重视。

一、为学校自我诊断出良方

1. 校长可以当医生

在学校管理自我诊断中，校长可以当医生，有针对性地对学校进行把脉、诊断，开方子。一个学校，就是“一个浓缩的小社会”。它五脏俱全，万事都包括，哪儿出了毛病都是事，管起来自然不是一件省心的事。现在的大多数校长往往是从一个优秀教师慢慢就转变到了校长的角色，对于管理，较少系统学习，基本是靠自己摸索。他们迫切需要有人提供切实的指

导，更希望教育部门能够提供更多的系统培训。针对校长们的需求，由北京教育学院季苹教授牵头的“学校管理自我诊断”课题研究组的成立，就是要探索一套行之有效的理论和方法，帮助校长们解决这些问题。课题组把研究重点放在学校自我诊断、反省的方法上。校长经过使用《学校组织状况调查问卷》进行问卷调查、分层次座谈以及个别访谈之后找到了三个影响学校发展的问题：首先是学校管理机构设置层次过多，与十几个教学班的规模不相称；其次是学校干部队伍过大，沟通环节增加，内耗增多；再者是干群关系紧张。找到关键所在之后，校长对学校组织管理和运行机制进行了调整，使得学校重新回到了正常发展的轨道上，变差事为差使。当了校长就是接了一份差事，但是情况并不这么简单，校长恐怕还需要干很多“差使”的活。

2.学校管理自我诊断

北京教育学院季苹教授认为，学校管理自我诊断不仅是一种策略，而且是一种方式，一种推进学校发展、校长成长和学校管理研究的重要方式。目前校园自我诊断已经推出三个系列，即学校管理诊断、学校文化自我诊断、学校发展自我诊断。

学校管理自我诊断的基本方法是观察法和访谈法。基本步骤是：校长首先要整理自己的办学思想和办学成绩；通过听课、观察、访谈、教师有关作品研究等各种方式，了解学生学习、生活及相关认识；通过听课、观察、访谈、教师有关作品研究等各种方式，了解教师教学、生活及相关认识；观察校园和社区，包括教室、图书馆、食堂、教研室、卫生间等校园内外环境的相关情况；寻找“客观真实状态”和“主观认识状态”的差异；诊断差异形成的原因；提出改进意见或指出学校管理新的发展方向和目标。

3.学校管理存在的问题

(1)重物质轻精神

笔者当中学校长多年，因为工作的关系，接触过许多校长，大家经常一起谈论学校的改革、学校的发展等话题。听到的最多的是关于学校的各种各样的变化和发展规划——我们学校已经完成了示范校的建设，建起了××楼××馆××场；我们学校正在进行设备更新，电脑全联网，多媒体进教室，手提电脑每个教师一台；我们的学校准备进行二次扩建……

在学校建设中，重要的应是学校文化建设。而学校文化建设中往往容易出现重视物质文化建设，轻视制度文化和精神文化建设的现象。我们常见一些名校征地扩建起高楼、装修设备超一流，却忽视了学校的制度文化和精神文化的建设。其结果是有形的物质基础得到了加强，而这名校经多年历史积淀的优良文化传统却淡化了。在现今各校争创“名牌”的大比拼中，总感觉我们失去了些什么。

(2)重国外轻国内

无论做什么事，都给自己找个理由，这对于我们是习惯的，特别是前人没有做过的，我们都不习惯去做的，因为那样有违古训。孔老夫子也说过，“述而不作”。不知是否有意为之，老夫子教导我们很多的，我们都没有记住，偏偏“记住”了这一条。不，严格来讲我们也只是“记住”了此条的后半条。我们近代的教育理论，空对空的理论争论的多，实际论证的少；要么学苏联，要么学美国，没有了我们自己的东西。究其原因，真正的教育实践家太少了。

现在的教育改革、教学研究，普遍存在着一些不良的倾向。其一，片面苛求理论依据，忽视实际现象分析；其二，单纯追求理论的完备，忽视理论的指导作用；其三，炒作改革舆论宣传，缩水改革实践过程；其四，实际论证很不充分，夸大结果无病呻吟。

在教学改革中，重纯理论的争论，轻实践层面的操作。在教研管理中，以理论理过多，以事论理过少。结论的正确性应该是以客观的事实和严谨的论证为依托的，而在具体教研教改工作中，我们常常见到的是：宏伟的蓝图，周密的计划，肤浅的实践，干瘪的过程，华丽的总结，“三天耕耘

不足，竟然开花结果”。甚至在个别研究中出现杜撰案例、虚构数字、夸大结果的现象，其结果是“实践不入地，理论难上天”。我们以前教改的失败也有此因吧。

(3)重教学轻教育

也可能是受市场经济竞争规则的影响吧，人们越来越关注事情的结果了。这一现象在我们教育界，特别是在基础教育阶段更为明显，很多的教育管理者对教学结果给予了更多的关注，而忽视了对教学过程的关注，从而教学过程失去了应有的教育性。其一，我们应该明白，单纯的抓教学是抓不上去的，正如专家所言，离开教育的教学是不存在的；其二，我们即使谈到教育，也是围绕着如何提高学生的学习水平和学习成绩展开的，好像教育的目的就是为了考试，为了一个好的分数一样。其三，圣人早就说过，“君子入则孝，出则悌，泛爱众以亲仁，行有余力则以学文”，我们却常常忘却了先人的教导。

教育教学问题，说到底还是一个教育问题。学校和教师的一切努力，最终要转化为学生的自觉行动才是教育的成功。因我们培养的是未来事业的接班人，所以我们不仅关心学生学习的结果，更要关心学生学习的动机和学习目的；不仅要关心学生学习的成绩，更要关心学生的学习行为和学习习惯。我们今天的教学管理中的众多失败，究其原因，从一定程度上来说，是因为我们的教学单纯强调了教学内容的科学性和思想性，淡化了教学过程的教育性。

(4)重眼前轻发展

目光短浅、杀鸡取卵，很大程度上是因为利益(特别是经济利益)驱动造成的。学校是为未来社会的发展培养人的，学校教育特有的公益性是与功利性相左的。学校管理和学生教育工作中只顾眼前而不顾将来的行为是危险的，特别是对学生世界观、人生观、价值观的形成是极其有害的。小平同志曾经说过，“宁可牺牲一点儿速度，也要把我们的教育问题解决好”。可见，伟人的教导是高瞻远瞩的，也是寓意深刻的。

现在学校的管理中，特别是涉及到学校、教师和学生的发展的问题时，存在着众多的以牺牲将来的可持续发展作为代价，而换取眼前的规模和效益，而这恰恰是与兴办学校的初衷相违背的。这其中当然有管理者的理念问题，但也有管理者的思想问题，急功近利的思想在一部分管理者的头脑中是存在的。

(5)重使用轻培养

我们经常见到报刊中的招聘启事，一些学校不惜重金聘请名师专家加盟。当然，我们也看到了名师专家引领的作用，但本校老师整体素质的提高，才是学校持久发展的不竭动力。教师的使用和培养问题，不仅是关系到一个学校的生存与发展问题，也关系到整个教育事业的兴衰问题，甚至关系到一个民族兴衰的问题。退一万步来讲，如果所有的学校都这么想，只重视教师的使用而轻视教师的培养，那我们的薄弱校怎么办，我们的贫困地区怎么办，存在的薄弱校和贫困地区的师资流失问题，这些责任该由谁承当，简单地把责任归到教师头上就解决了吗？所以说，教师的使用，不仅有如何“使”还有“用”在何方的问题；教师的培养，不仅有如何“培”还有为何“养”的问题。历史上，名人大家精心雕琢、细心哺育下一代的感人故事，我们耳熟能详；才俊英华潜心求学、不耻下问的优秀品质，我们至今称颂。而今天我们呼唤更多的英华才俊们能够秉承前人的优良品德，继承这一伟大的事业，虽然我们的事业不是轰轰烈烈，但是我们的事业却是“厚德载物”。古人云，桃李不言，下自成蹊。这就是我们的事业，给人以希望，给人以光明，此时不也成就了我们自己吗？

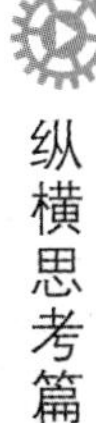

在教师的教育、培养、使用和管理中，很多的学校重视了教师的使用，忽视了教师的培养；强化了教师业绩的考核，淡化了教师专业的引领。我想，这不仅是因为教师培养成本的问题，很大程度上是对教师培养的观念问题。

(6)重形式轻落实

重形式、轻落实,存在于学校管理的诸多方面。在学校行政工作中的计划总结管理,党务工作中的党员教育管理,教学工作中的教研活动管理,德育工作中的思想教育管理等方面,普遍存在着这种重计划、轻落实、重总结的"两头重、中间轻"的现象,到头来只能是搞文字游戏、做表面文章的形式主义。

有些问题之所以是形式化了,是因为我们自己对这些问题没有给予足够的重视。看起来是淡化了具体落实,实际上是淡化了责任意识。在学校管理中,有很多的问题不是不可为的,而是我们不去为之罢了,说到底是主观上的轻视,实际中应付了事,得过且过,工作作风不扎实,反而抱怨形式化的东西太多。其实世间本没有形式化的东西,任何东西都以一种形式存在,任何事物的发生、发展和结果都有其对应的形式,只要我们把不应该形式化的东西千万莫形式化也就够了。

(7)重考核轻过程

学校管理中存在的"应试"教育现象又异化出新的"重(zhong)考"现象,以"考"代教、以"考"代育,甚至以"考"代一切。而且这种"重考"现象已渗透到学校管理的各个方面,如德育中的"应评"、体育中的"应赛"、美育中的"应展"、卫生中的"应查"等等。这种重考核、轻过程的管理,使得诸育功能降低,甚至是失去了其应有的教育性。作为教育工作者应该明白,其实过程往往比结果更具有教育性。重考核、轻过程的管理,不仅违背了养成教育的原则,甚至可能诱导出"为达目的不择手段"的恶果。

在现实生活中,很多的地方都在采用"以考代评"、"以考促管"的管理方式。就"考核"的本意来讲是无可厚非的,而且从一定意义上来讲,"以考代评"有利于评比结果公正性的保证,"以考促管"有利于强化过程的监督和管理。凡事怕走极端,如果不能量化的亦量化,不该考核也考核;为了量化而量化,为了考核而考核,就会大大降低量化和考核的功效,甚至会出现“只顾考核弃过程”的现象。特别是学校的教育管理行为,考核应充分体现导向、激励和促进的作用,如因过于强化考核的评价和甄别作用,而弱化考核应有的监控和教育功能,是对考核的曲解和异化。这不是考核本身的过错,而是我们的人为所致。运动会前一通练,运动会后就解散;卫生评比忙一通、评比之后乱哄哄;检查来时一通忙,检查过后回原样……更可怕的是,我们这样的管理、这样的教育,会给的学生留下什么?

(8)重规模轻效益

“以规模充效益、以数量充质量”的现象在学校的管理中也是存在的。当前高教的扩招,导致了高中成倍的扩招,听听那些“县中”、“一中”的校长们的无奈吧:“七八十人一个班,三四千人一个校,哪里还有什么因材施教,哪里还有什么素质教育,就连安全、稳定都是问题呀!”“我们现在还谈什么教育艺术,什么全面贯彻教育方针!”

不考虑学校的实际情况,盲目地扩大招生数量,使得本来就紧缺的教育资源更加紧张,影响了教师和学生的发展。教育质量的降低,导致社会信誉下降,最终也会影响到学校的持续发展。这种不切实际的全面扩招,总觉得有教育的“大跃进”味道。究其原因,除了学校管理者的认识问题外,恐怕是管理者的好大喜功和经济利益的驱动问题了。

(9)重褒奖轻惩戒

在学校的奖惩管理中,随处可见各种翔实的奖励项目和奖励条款,但对不履行义务、不尽职尽责的惩戒条款则泛泛而谈或者有形无实。也许主观上是想要体现惩戒条款追求教育的人文性,但是客观上却对学生的养成教育不利。惩戒条款的含糊、惩戒方法的不当、惩戒力度的不足,均会造成惩戒效果的丧失。究其原因,其一就是有些教育管理者惧怕承担责任,不敢运用必要的惩戒手段;其二就是有些教育管理者对惩戒教育重视的不够。其实,在人的一生的发展过程中惩戒教育是不可或缺的。从某种意义上讲,在一些问题上,惩戒的教育性往往大于褒奖的教育性,而

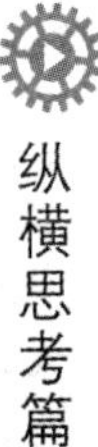

且是其他方式不能替代的。

我们这里所说的“重褒奖,轻惩戒”,主要是指两个方面,一方面是指对褒奖的滥用。我们常见的“快乐教育”、“成功教育”等各种纷起的教育名词中,褒奖的无序无度,也使得褒奖失去了应有的价值。另一方面,是由于轻视对惩戒条款的界定,而导致对惩戒的乱用。具体表现,其一,不考虑惩戒的初衷和目的,就惩戒谈惩戒。其二,不考虑惩戒的尺度。其三,不考虑惩戒的时机。古人云,“认罪者,伏法也”,就是强调惩戒应在说理、教育之后。没有必要的说理、教育在先,再轻的惩戒也是重。古人云,“不教而杀谓之虐”,说的就是这个道理。

(10)重感性轻理性

重感性、轻理性,这类问题在我们教育、宣传部门是很常见的。这里主要是谈谈在一些教育、宣传口号运用上的问题,其一,口号满天飞,不分人群地点。我们常见对教师职业要求的口号,类似“只有不会教的教师,没有教不会的学生”等口号,不应贴到教室里,而应“贴进”教师的头脑中。否则的话,我们的学生们有可能给自己不上进、不进取找到了一个冠冕堂皇的借口。其二,口号内容让人疑虑,理性思考不足。这里是讲过度或者不当的口号不仅起不到宣传教育的结果,还会起到消极的作用,类似我们常见到的“一切为了学生,为了学生的一切”、“学生是上帝,教师是仆人”等口号,就明显是欠斟酌。其三,口号震天响,实际难兑现。这种问题在我们很多部门都可见到,教育部门也是存在的。口号喊上了天,脱离了实际情况,冲天的激情和美丽的想法结果根本就无法实现,往往会给人一种被愚弄的感觉。

(11)重科学轻人文

就社会的发展和团队的建设而言,科学与人文是其两个重要的评价参数。但就科学与人文二者的关系而言,科学性更多体现的是过程和手段,而人文性更多强调的是结果和目的。重“科学”,轻人文的管理恰恰又会导致非科学、非人文的不良结果。表现在诸多的方面，现在学校的建设，特别是诸多的规章制度和考核方案中，面对各种客观存在的差异，过多地强调了科学性，淡化甚至忽视了制度建设的人文性。而这恰恰是忘记了学校不同于其他企、事业部门的根本特征。有的学校的管理往往是打着科学的幌子，使其行为脱离了人文性，也违背了其科学原则。科学性和人文性是一个事物的两个方面，是矛盾的统一体，脱离了科学性也就无法体现人文性，失去了人文性也失去了科学的本义，有的时候是我们人为地将二者对立起来了。

第二节　解决管理问题的对策

宏观上，要解决这些学校管理中存在的问题，首先，要端正办学思想。把为学生的一生负责、为家庭的幸福负责、为社会的发展负责作为学校办学的宗旨。其次，要树立先进教育理念。在学校管理中要贯彻科学的可持续发展观，使学校、教师和学生都得到健康、和谐的发展，作为学校管理永远追求的目标。

具体来讲，在学校管理中起码要处理好以下几个关系：

1. 在学校的建设和发展上，要加强理性的思考，处理好现在与将来、规模与效益、和谐与发展的关系。

2. 在学校文化的建设上，特别是在学校的物质文化和精神文化的建设上，要处理好物质与精神、继承与创新、改革与发展关系。

3. 在具体教育教学工作中，要转变单纯重视教学内容、轻视教育过程的现象，要处理好形式与内容、过程与结果的关系。

4.在教研教改工作中,先要务实,才能求真。特别是现行的教改,要一切从实际出发,尊重实验结果,处理好良好愿望和现实差距的关系。

5.在建立健全教师和学生的培养、考核和奖惩机制同时,要加强过程的管理和人文的关怀,处理好考核与奖惩、评价与激励的关系。

人们常说,一个好校长,就是一所好学校,那么,要解决这些学校管理中的问题,关键是要解决校长的管理思想问题。那么,作为一校之长,怎样才能建设好、管理好一所学校呢?著名教育家苏霍姆林斯基说过:领导学校,首先是教育思想的领导,其次才是行政上的领导。也就是说,校长作为学校的领导者,就是要用先进的教育思想和教育理念,引导教师、教育学生,形成良好的校园文化氛围,促进学校、教师和学生健康和谐的发展,这是学校管理的出发点,也是学校管理的归宿点。只要我们尊重教育规律,遵循科学的可持续的发展观,坚持以人为本,做到求真务实,素质教育一定能实现。

现在,国内外的管理者越来越注重软管理,即以情感因素为主的管理。因而,我认为学校是以"人"管理为主的单位,也许软管理是最佳的管理方案。其管理的关键则是运用心理学中的激励原理,来调动教师的积极性。那什么是激励呢?顾名思义是激发和鼓励的意思,指的是持续激发人动机的心理过程。具体说,则是激发人的动机,使人有一股内在的压力,朝所企望的目标前进的一种心理活动过程,通过激励使人在某种内部或外部刺激影响下,始终维持在一种积极的兴奋之中。

进入21世纪,基础教育内容与方法的更新换代,已成为教育改革的主旋律。目前,中学教育一方面所面临的是目标明确,任务艰苦,工作繁重;另一方面,中学教师的社会地位不很高,经济收入不可观、工作、生活环境也不太理想的情况下,学校力求运用管理心理学的原理,在多环节、多方法、多层次的激励上多下功夫,以最大限度地调动广大教师的工作积极性。

对教师进行多环节激励

激励的心理学的基本问题，就是需要动机和目标问题，行动的发生及其努力与否，就决定于需要动机的强度和对目标的期望程度，对教师积极性的产生和是需要——动机——目标的过程。因而激励必须抓住三个主要环节：

1.需要环节。即要注意满足教师的不同需要，使教师保持良好的心理状态。需要是个体对其生存发展的必要条件（自然的或社会的、物质的或精神的）转化为主观体验时的心理状态，按照心理学所提示的规律需要产生动机，动机支配行为，行为指向目标。由此可见，需要是人们产生行为的原动力，是人的行为积极性的心理基础。学校教师同其他人一样，积极性心理源泉也来自他们的需要，因此，进行教师心理管理，要从满足教师的需要出发，以有效地激发动机，达到调动教师积极性的目的。首先，学校管理者要了解教师的各种需要。美国心理学家马斯洛认为人的基本需要分为五个层次，即生理需要、安全需要、归属与爱的需要、尊重和自我实现需要。教师个体也如此，他们有生活福利的需要，有家庭、社会生活需要，包括社会需要，希望社会安定、团结；希望社会经济繁荣、道德高尚等。也有集体关系需要，如要求同事之间团结、友好、互助、尊重、理解等。他们还有工作、学习和晋级等需要，希望得到学校、社会的重视，职称能晋升。渴望得到各级各类先进的称号，特别是当代的教师还有强烈的求知欲。其次，管理者要根据教师的各种需要，尽可能地给予全方位关心、关注，并力求帮助解决。教师安居才能乐业，只有解决好了教师的衣、食、住、行、医疗、子女上学招工等生活问题，教师才能安心工作；逢年过节发给实物，使教师能与家人欢度佳节；搞好学校的校办企业，提高教工的奖金福利，提高教工的生活水准，特别是在教师本人或家属得重病或遇到其他重大困难、灾难时，学校管理者竭尽全力予以关心和帮助，这样才能解

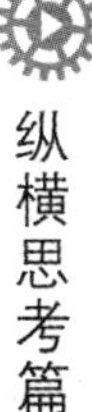

除教工的后顾之忧。以上这些是教师的低、中层次的需要。此外,要给教师创造更多的学习、进修的机会,以获得进一步的提高;当教师获得成绩或出色的工作时则要及时地予以表扬和奖励,管理者要想方设法使优秀教师获得各类先进称号,获得学科带头人、特级教师等称号,享受政府特殊津贴等。为优秀中青年教师搭设舞台,促其成才等。以上这些是教师的中、高层次的需要。

2. 动机环节。需要到动机是一个发展阶段。需要虽然是活动的内部动力、积极性的源泉,但只有在转变为动机时,才有现实的动力意义。综上所述,教师需要是多样的,它们可以变为各种活动动机,推动教师从生活的各个方面去求得需要的满足。学校管理的任务,则是使这些需要的动力机能,在学校工作上现实化,使其成为有力的工作动机。动机即是直接引起、推动和维持人的活动以实现一定的目标的内部动因。管理者在学校中既要注意对教师进行直接的工作动机激发,又要注重对间接性的工作动机激发。

3. 目标环节。动机是活动的动因,目标是活动的目的。目标是一种期望,是人的各项活动所追求的预期结果在主观上的超前反映。学校管理者不仅要满足教师已有的正当需要,而且更重要的是根据党和国家要求、社会需求和办学的客观需要,进行目标决策和机会诱导,把教师的行为引导到实现学校集体的总目标中去,引导教师确立明确的奋斗目标,因而要做到使国家、集体、个人目标协调一致,使大小目标、远近目标相结合。总之,要提高教师的价值观、道德观、人生观,提供满足教师的信任、创造、成就等心理需要的条件和机会,激励教师实现目标的行为,直到目标的实现。

对教师进行多方法激励

为了实现学校的教育目标,学校管理者要从思想政治、业务、工作和学习上对员工进行多样化的激励。

1.责任感的激励。教师的职业是“太阳底下最光辉的职业”。教师为人师表，担负着培养人才的重任。特别是重点中学培养的学生将投入世界上人才激烈竞争的行列，我们培养的学生不仅要有较高的科学技术水平，而且要有坚定正确的政治方向。只有这种责任心激励，才能增强教师的事业心和责任感，产生持久而稳定的积极性。

2.荣誉性激励。我国历史上有尊师传统，当今党和国家又特别强调尊师重教，以及教师在培养人才上的价值，都是发展教师荣誉需要的客观条件。另外，由学校管理者及全体教师的共同努力使学校获得“市文明单位”、“全国德育先进学校”、“全国体育传统教育先进学校”、“全国科技特色先进学校”、“市行为规范示范学校”等先进集体的荣誉称号，无疑是一种集体荣誉的激励。

3.奖励性激励。即以精神奖励和物资奖励等手段，表示对教师行为的肯定。在学校范围内实施各种有效的精神奖励，诸如评选先进、表彰、提职、晋升等。教师对精神享受的追求胜过对物质利益的追求，有时精神奖励的意义高于物质奖励的意义。我们学校对教师先进的事迹，闪光的思想深入挖掘，积极倡导，定期在全校教工和学生大会上做广泛的宣传和表彰，并把这些教师的照片和事迹陈列在学校的宣传橱窗里。总之，通过一系列的宣传、教育活动，以达到树立、激励先进典型的目的。我们在授予精神奖励的同时也配合一定的物质奖励，使精神奖励有一定的物质支持，又使物质奖励的精神价值得以突出。

4.民主性激励。依靠广大教师来办学，调动教师“民主治校”，参与学校各项管理的积极性，从而来激发教师的主人翁精神。发挥教师的集体智慧，畅通信息反馈渠道，提倡群策群力，鼓励教师献计献策。让教师畅所欲言，参加对学校重大问题的议论，发表对学校的教育、教学和管理工作的意见和建议。教师对管理者进行必要的监督，能使教师产生心理上

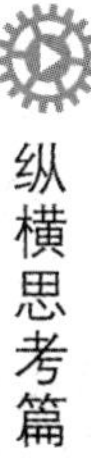

的认同感,激发主人翁精神。

5. 环境激励。创造一个良好的学校内部环境,来激励教师的工作。其中既包括人际关系的心理环境,又包括物质环境。营造一个良好的校园环境和氛围,使教师身临其境,无不受到熏陶、感染和激励。校内制定《教职员工的工作规范》。在教师中创建一种团结、互尊、宽容、和谐、谦逊、坦诚的氛围。我们为教师创设了一个宽敞、舒适、安静、高雅、设备齐全的一流办公环境。教师感到,在校如同在家一般舒适、和睦、温馨及振奋。良好的精神风貌和基础设施,对鼓舞教师的士气,调动教师的积极性,起着无声的教育和推动作用。

6. 信息激励。在当今社会中,信息作为一种资源,也被认为是一种生产力。从系统论的观点来讲,教师工作的实质就是对人类文化的一切基本信息进行接收、归纳、整理、过滤、加工、传递、传播和再生产。可以说,教师掌握的信息越多,其工作动力就越大,工作业绩就越显著。因而,要加强信息的传播和再生产者,要及时地、大量地摄取人类所涌现的各种新的信息和知识。

第十八章 管理与学校发展关系

第一节　办学理念的提炼

一、办学理念是学校发展的灵魂

一个学校的办学理念是办学者能动地把先进教育思想与学校实际相结合的产物，是一种信仰、一种境界、一种追求，是办学灵魂之所在。它是校长教育信仰与价值观在学校工作中的体现，是校长在贯彻党的教育方针中表现出的办学谋略，是校长办学实践经验和感悟的结晶。

要成为一个指挥员，首先应该是一个“思想者”。校长在办学中，就是要给学校生存以灵魂，要给学校发展以方向，要给学校前进以动力。这灵魂、方向与动力就是学校的办学思想、办学理念。这也正是苏霍姆林斯基讲这话的要义所在。

理念对学校发展的作用是决定性的，是学校发展的灵魂；理念比行动更重要。学校是一个独立运转、多方联系的有机体，而保证这个有机体充满生机与活力的重要因素是学校的办学理念。从这个意义上说，办学理念制约着学校发展的方向和速度。

事实就是这样，有时怎么看、怎么想的思路决定了出路。对于普通的人，思路决定着一个人和一家人的出路；对于领导人，思路则决定着一个

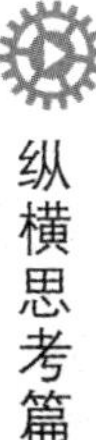

组织、一个地方乃至一个国家的出路。

办学理念既然是这样的重要和不可或缺，那么办学理念到底是什么意思？毋庸讳言，办学理念是近几年来使用频率较高的概念，目前对它的说法也还不尽一致，归纳一下，大致有如下几种表述：

第一种表述为：办学理念是介于办学思想、办学观念之间的，针对学校实际的对办学问题的看法。

第二种表述为：它是一种教育思想，是教育理论加之办学实践产生的具有很强针对性的教育思想，不是一般意义上的教育思想，对教育理论在进行校本化加工和改造后所形成的，才是指导办学实践的办学理念。

第三种表述为：办学理念实际上就是办学思想，说白了就是办学者要把学校办成什么样。办学理念的核心是要把学生培养成怎样的人。办学理念应该是办学的指导思想和理想追求。

第四种表述为：理念就是信念加行动，并且具有持久性。它介于思想与实践之间，且兼具有二者特点。

从上面四种不同的表述看，办学理念是不同于一般意义上的教育理论、教育思想、教育观念的。本人认为第四种表述更科学、更容易接受和理解。因为我们在办学中所说的“理念”已经不是纯理性的概念，而是个理论向实践转化的过程，已经具备着二者的特点，是一种在坚定信念指导下的持久行动。

讲这些纯理论性问题似乎很空洞，但我们又必须想这样一个不可回避的问题。学校为什么要有自己的办学思想、办学理念，是不是非有不行？回答应该是肯定的，学校必须应该有自己的办学理念。

校长作为办学者，总要有个客观的、相对稳定的目标要求。“要办什么样的学校？”“要培养什么样的学生？”在办学校培养学生的实践中“学校怎样管理？”“教师怎样教？”“学生怎样学？”干群关系、师生关系、学校与家长的关系等如何处理？校长都应该有个明确的、相对稳定的要求和宏观的目标引领。这样看是不是就很有必要了。明确办学理念也就是要从大处明白学校的办学目标,以及为实现这个目标各部分人应该怎样去做。

为了实现学校的办学目标,还要考虑到“物”的要求。如:学校的教育教学设施如何?学校的育人环境如何?学校硬件建设如何?这也是办学理念应该涉及的重要方面。

近几年来,许多学校越来越清楚地认识到,办学理念在办学实践中具有重要地位和作用,并根据自己的实际情况,提出了各具特色的办学理念,收到了明显的办学效益。

上海建平中学的基本办学理念是:遵循学校发展的客观规律,满足社会多样化的需要。在这一理念的引导下,建平人潜心研究学生发展的巨大潜能,使每个学生“扬长避短”、成长为社会需要的人才,满足了社会多样化的需要,办出了中国一流、世界知名的基础教育学校,给中国的基础教育工作者树立了旗帜和榜样。

潍坊外国语学校建校短短三年的时间,凭借先进的办学理念,取得了学校的大发展。他们结合学校实际,明确提出了自己的办学理念:(1)特色立校,质量生存,竞争取胜,创新发展;(2)以法治校,特色立校,科研兴校,改革活校,开放拓校。

吉林一中以创新继承传统,提出为每一位学生的终生幸福奠基的办学理念。12 年的办学实践证明,办学理念决定学校的发展方向,体现学校的特色。

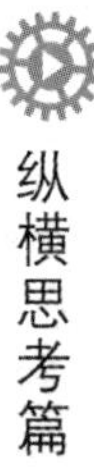

第二节　全面认识学校发展的内涵

在日常的计划、工作、总结、讲话中经常谈到“学校发展”问题，那么到底应该如何理解学校发展呢？一般意义上讲，学校发展主要被理解为是一个由量变到质变的过程，是学校规模的扩大、规范化建设以及特色发展等等，是个比较苦涩而专业的概念。其实，学校发展的内涵非常丰富，我们可从以下几个方面把握：

1. 学生和教师发展的需求是学校发展的根本利益和目标。学校管理中的“以人为本”近几年叫得很响，但真要把“以人为本”落到实处，最根本的是要以学生的发展、以教师的发展为本，最终推动学校的发展。我们完全可以这样说，教师的发展是学校发展的基础，学生的发展是学校发展的最终目的。因此，学校领导者要善于通过发展教师来发展学生，通过发展学生来发展学校。没有学生和教师的发展，学校发展是空洞无物的。这样看来，学校理应把教师发展与学生发展当作学校发展的根本目标。

2. 学校办学优势是学校发展的基础和可能。学生和教师发展的“需要”决定了学校发展目标的必要性，而学校的“优势”则决定了实现目标的可能性。优势既是学校发展目标确定的基础，同时还孕育着学校发展的机会。我们在分析学校优势时，既要看到显在的、直接的、现实的优势，又要看到潜在的、间接的、未来的优势；既要看到校内传统的、人的、物的优势，又要看到宏观政策的、机会的优势。我们对优势认识得越充分，对学校发展越有利。从这个方面说，在分析学校办学优势时，宏观观念一定要树立起来。

3. 学校管理是学校发展的重要生产力。我们知道生产力决定生产关系。在学校发展中，管理的水平标志着发展的程度，管理者是学校发展中的决定性因素。管理是将理论落实于实践的平台。有效的管理可以使先进的理论在学校发展中发挥重大的推动作用。学校什么都可以没有，但必须要有“有思想的管理者”；反之，学校的资源优势还可能从“有”变“无”。当“有思想的管理者”和先进理论结合时，管理才会变为促进学校发展的生产力。因此，我们要相信管理的力量能够积极推动学校的发展；也只有在有效的管理下，才能制订出好的学校发展计划，并真正实现之。

4. 学校发展是一个本土发展的过程。学校发展与学校历史和现实有着不可分割的联系，它既是历史的、又是现实的。学校本土资源孕育着学校发展的优势和机遇。作为校长，要充分认识学校本土资源，除物质的之外，还有制度的、文化的和精神的，把本土资源的开发和利用看成是学校特色发展最大、最先的可能。当我们深入到一个学校之后，会发现在这个学校中，人们用一种“特殊”的方式“交流与交往”，他们有着独特的动作和幽默，有着默契的省略与跳跃，彼此相互接受和认可。实际上这种“特殊的方式”就是学校发展过程中各种因素相互影响、作用、融合而形成的并为学校所有人所接受的形式，其核心是人们之间的可接受性。一所学校一定会有自己的“特殊方式”，并在这种特殊方式中发展，但它同时又要对外界做出积极的反映。

5. 学校发展过程的渐进式与跨越式并存。渐进式发展是指学校发展与其他事物一样，一般要经历初创阶段、发展阶段、规范阶段、特色阶段、自主发展阶段等几个不同的阶段。跨越式发展也是存在的（近郊农村校随着开发区的兴建成为新移民所要求的城区校，就成为跨越式发展的例子）。跨越式发展主要是指学校内在的质和内在结构上的跨越式发展。学校的跨越式发展有其特别含义：一是必须重新调整并确立学校的发展

目标和发展战略；二是不能仅仅期望内部力量而且必须借助外部力量促进学校的发展和变革；三是在大教育资源观的指导下，重新整合学校资源。上面三点是学校跨越式发展的基本要素。

6.学校发展中的主要专业发展指标。专业发展即学校质的内在结构的发展。学校专业发展应该成为学校发展追求的核心目标。一般地讲，衡量学校专业发展的主要指标有：一是学校使学生需要得到发展的程度；二是学校使教师得到发展的程度；三是学校的管理效能如何；四是学校是否形成了自己的独特而专业的教育方式；五是学校对于人力资源的开发状况；六是学校整个功效以及被社会认可的程度。

第三节　学校特色和特色学校

在繁杂的办学过程中，不可能千校一面。有人讲，办学如同自由体操和跳水，既有规定动作，又有自选动作，这话千真万确。我们办学中的规定动作就是规范，是党的教育方针和国家的政策、法规，如培养目标、课程设置、学时规定、学制、体制等。我们办学中的自选动作就是办学的特色，就是各个学校在办学实践中依据上级文件办学所显示出的特点，如校本教材、学校规章、文化氛围、优势发展、惯例程序等。

独特的办学经历、办学实践，必然形成各个学校自己鲜明的办学风格，即办学特色。这种风格、特色进一步优化发展，学校便成为特色学校。

解读“学校特色”与“特色学校”

一般说来，学校特色是指学校在办学过程中逐步形成的独特的个性风貌。学校特色是一所学校过去办学的总结、积淀与升华；是一所学校现在办学的优势、特长之体现；是一个学校在未来办学中的继续追求和优化发展。而学校特色的基本属性是：独特性、优质性、前瞻性、持久性。学校特色的形成是个自然而然的过程，不可强力而为之。当然在这个特色形成过程中，要经过办学者的选择、整合与提升。学校特色一旦产生则有它丰富的内涵和稳定的特性。

学校特色对一所学校的发展有着积极的推动作用。它可以影响和推动学校的整体工作向着成熟的目标和自主发展的方向前进。

近年来，有的人提出了“特色学校”与“学校特色”的区别，认为二者是同质而不同层次的两个概念，还是很有道理的。

根据这种观点，学校特色与特色学校的主要区别如下：

学校特色的“特色”指的是学校工作的某个方面形成特色，是局部特色，也可称之为特色项目或优势项目。它体现出的是学校独特的个性风貌，如写字教学、计算机教育、艺术教育、体育特色等。

特色学校的“特色”渗透在学校工作的各个方面。它体现出的是学校独特的整体风貌。

一个表现出的是“独特的个性风貌”，一个表现出的是“独特的整体风貌”，这就是二者的区别。

对于学校特色与特色学校二者之间的联系，我们可以这样来认识：

学校特色或说优势项目体现出来的先进性、独特性和优质性，逐渐向学校工作的各个方面持续扩展，经过不断深化和不断发展，并不断提升实践层次、理论层次和文化层次，就会逐渐形成学校独特的整体风貌和显著的育人效益。至此，学校便进入了特色学校的境界。这样的学校，我们便称之为特色学校。

如苏北有所小学，写字教学很有名气，这个学校的学生在教师的指导下，人人写字认真、端庄、秀美，练就了一手好书法，是远近闻名的写字教学重点校、名校。这样，写字教学就成为这所学校的特色。如果这所学校

的学生写字的基本态度(认真、规范、持久)持续向学生在校的各方面扩展,在学习、交往、处事等方面也讲求认真、讲求秩序、讲求质量,做人光明磊落,做事认真负责,久而久之,这种“特色”对学生的在校生活和人生就会产生积极的影响,那么这所学校便可称之为特色学校了。

计算机教育也是如此,它的落脚点是要学生以开放的心态接受新事物、体验瞬息万变的大千世界;艺术教育是要教给学生正确的审美观,以正确的心态看待、对待人生的美与丑;体育则是要学生学会积极向上的人生态度,懂得“爱拼才会赢”的人生真谛。一句话,当一所学校的特色对学生在校生活的各个方面以及人生产生良好影响时,“学校特色”就变成了“特色学校”,这也应该是教育工作者的追求。

在创办特色学校时,我们必须清醒地认识到:(1)特色是在规范办学基础上发展特色,是某一个教育要素的拓展与丰富,是在规范基础上的个性优化,并且是以此推动学校整体办学水平的提高,从本质上说,这是一种规范的办学行为。(2)创建特色学校是一个持久追求办学独特性和优质性的过程,有些成就显著的特色学校,往往经过几任校长持续不断的努力,不能急于求成。(3)创建特色学校要与时俱进,不断适应新形势和新要求,赋予学校特色新的内容,万万不可画地为牢,抱残守缺,因为特色学校距离名牌学校还有不少的路要走。

通过上面的分析,我们可以说,不管是从办学理论上,还是在办学实践中,由学校特色发展成特色学校是种完全可能的追求。在创建特色学校的进程中,我们不能停留在某一优势项目上止步不前,而要不断努力,完成整体优化,因为特色学校只是学校发展的一种中继形态。要使学校从特色学校走向名牌学校,还有很多工作要做,特别要想办法使学校深层次的独特文化特征逐渐凸显起来。在学校的发展过程中,这条路是条可行之路,即:学校特色——优势项目——特色学校——名牌学校。

从本质上说,特色学校与个性化学校、个性发展学校是相近的。

第四节　精心营造办学氛围

办学校，办的就是一种氛围，“氛围无价”。还有一种理论，叫作“泡菜水理论”。说的是南方人吃泡菜，兑制的泡菜水味道决定泡菜的味道。这种理论也是讲大氛围、大环境对个体的影响，并且是决定性的影响。

为什么说办学校办的就是一种氛围，而这种大氛围对培养出来的学生素质的影响是决定性的呢？

试想我们每所学校统一选配教材，上面统一配备教师，都建有标准教室，这么多相同相似的条件，为什么培养出来的人才却大不一样？究其深层次原因，关键还是学生在学校体验到的教育氛围的不同。多少年来，实践的总结和理论的研究都表明办学大氛围有重要作用。

教育对象是有思想、有个性、有情感的，如果我们只是一味地“封闭”与“规范”，学生就会像工厂流水线上的产品一样“千篇一律”，个性才能被抹杀，甚至一些优秀人才得不到发现。这应该不是我们办教育者的初衷。学术氛围、人际环境和求知风气是一种潜移默化的、循序渐进的积累和沉淀，其一旦形成，便难移易，成为一种强大的精神力量，影响代代学子。大凡教育家、教育的行家里手，都非常重视校园氛围的营造，让校园时时处处充满浓浓的文化气息，让这种良好的文化气息感染人、鼓舞人、启发人，让每个受教育者都得到全面协调发展。

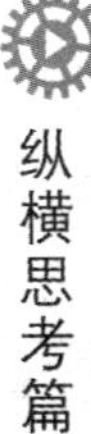

就教育本身而言，教育的成功是环境陶冶和人格熏陶的结果，而这种陶冶是润物细无声的；就教师而言，教育的成功是教师对学生施加良好的影响（感情的沟通、心灵的共鸣、知识的启迪、能力的开发）的结果，而且这

种影响始终是伴随着以德育德的。

学校的氛围决定着“此校”与“彼校”培养学生素质的不同,这种不同会伴随着学生的学习成长和走向社会而越来越明显地表现出来。一所学校的环境和氛围还会决定着学校教育教学的方式和方法,决定着学校深层次的“拿来”和引进。

可是,在学习外地先进经验时,有没有对“土壤”进行认真分析——分析外地学校的人际环境、学术氛围和求知风气,分析我们学校与他们的共同点和不同点,然后再决定如何采取措施去营造适合这种“经验之树”生存、生长的大环境。实际上我们是很少这样做的,这恐怕是我们学习外地先进经验而没学到的真正原因之所在吧。

专家们说:“再好的经验也不能移植。”我认为这里的“移植”指的是生吞活剥、生搬硬套、不加分析地照葫芦画瓢。只要我们在学习外地经验时,善于分析,注重选择,积极营造良好的校园氛围,“经验之树”不但可以“移植”,而且还会“成活”得很好。退一步说,只要我们把本校的学术氛围、人际环境和求知风气这种大氛围营造好了,学校这块肥沃的土地上就是不移植外地的经验,也会生长出我们自己的“经验之树”来,而且它会更有生命力,更具良好的发展前景。正如诺贝尔奖获得者、著名华裔科学家丁肇中先生所说:“获不获诺贝尔奖不重要,重要的是有没有这样的土壤。”

第五节　教育质量是办学的生命

学校教育纷繁复杂,但有其自身的规律,要想取得教育教学的高质量，求得办学的长效益，就必须按照教育规律办事，处理好学校工作中各要素之间的关系，从更深的层次、更广的范围为其提供保障。

国家教育部基础教育司原司长、国家副总督学王文湛说过：“教育思想是办学的灵魂，教育质量是办学的生命，学校管理是办学的关键。”那么，到底应该怎样做，才算得上“教育质量是办学的生命”，即“视质量为办学的生命”呢？

1. 充分认识到生命对于“生物体”的重要，没有了生命，“生物体”便失去了存在的意义；质量对于“办学”的重要在于，没有了质量、没有了对高质量的追求，学校也就没有了生存的空间，失去了办学的意义。远古时代的恐龙，多么厉害，真是八面威风，不可一世，可一旦失去了生命，就只能演变成今天的化石。生命对于生物体来说，是唯一的，只有一次。前几年，有的私立学校，高楼林立，人来人往，热热闹闹，可不几年的工夫，便关门了。究其原因，在于没有认识到教育教学质量在办学中的重要性。办学不是搞房地产，搞教育不只是硬投资。办学有思想，有软环境，有高质量，才有发展。

2. 只认识到了质量对办学的重要还不够，还要像热爱生命那样去对待质量。要有周密长远的计划，要有实际可行的方法、步骤，要有行之有效的措施，使“生命说”不至于成为空话。目标得不到实现，认识变不成实践，问题要么出在认识与实践的脱节上，只想不做；要么出在实现目标的计划、措施、方法、步骤上，或忽冷忽热，或忽大忽小，或忽高忽低，最终正确认识只能付诸东流。

3. 在前两个层面的基础上，还要继续做工作，要像追求“生命的长寿”那样，追求教育教学的高质量。要持之以恒，要矢志不渝，要千方百计，要把对高质量的追求、育人高效益的追求作为学校终极目标，一刻也不停地落实在办学实践中。我们了解到的长寿老人不是今天大补明天锻炼，今天愿做的事做个够，直至筋疲力尽，明天劳累了躺在床上尽情自我。人的

最终目标是什么？我们时刻都不能忘记，时刻都要想一想。人生“恒”字是直达目标的“舟和车”，别无运载工具，就看谁用得好，真正能够实践它。

“视质量为办学的生命”，校长应该树立“大质量观”，从宏观上把握“教育教学的高质量”，通过“全员”、“全程”、“全面”管理，达到这一目的。

首先是要提高全员质量意识。学校中的每一个人都要把各自工作的高质量作为工作追求的目标，从而达到每个人工作质量相互影响、共同提高的目的，形成人人追求高质量的大气候。学校工作是一个有机联系的整体，任何因素都会对质量形成影响。有位老教育工作者说，办学质量，从人的因素上说，学生加教师加领导是高质量；从管理要素上说，人力、物力、财力、时空、信息资源相加是高质量；从社会资源上说，学校加家长、加社区、加上级领导就是高质量。我们必须认识到学校工作的每一个方面都与质量有着密切的关系。其次，我们要在每一项工作自始至终的全过程里，时时追求各个工作环节的高质量，以过程的高质量保证结果的高质量。任何事情都有个自始至终的过程，没有这个过程中每个环节的优化优质，就不能保证最终结果的高质量。“过程比结果更重要”，不是淡化结果的重要，而是强调过程的重要，过程决定结果。再次，在整个校园里要营造全方位高质量的大氛围。校园里要处处为高质量提供保证，使学生时时处处受到高质量的熏陶。通常说的“让学校的每一面墙壁会说话，让学生每到一处受感染，让学生每次活动受教育”就是指良好大氛围的营造。这样做，对学生教育的结果是可想而知的。

“大质量观”的树立，是学校教育的必须，也是“教育教学质量是办学生命”的必然要求。老教育家安文铸先生说过：“育人是一个长周期、迟效益的社会活动，经不住忽左忽右、时东时西的折腾。回顾历史，我们有着深刻的教训。”

保证教育教学质量持续不断地提高，除树立“大质量观”之外，就要抓住常规不放。常规是学校教育教学的基础，是学校教育教学中规律性的东西。只有建立了良好的常规，学校的教育教学工作才会有秩序，才会孕育高质量。没有良好的常规，便不会有高的质量，即使一时有好的成绩，也只能是空中楼阁，不会长久，因为这种高质量它没有根基。

保证教育教学的高质量，还要全面认识和把握学校管理中常规与创新的关系。创新是学校管理永恒的主题，这是毋庸置疑的。但在这里我要说的是对创新的认识不到位、不全面，也会使学校管理事倍功半，难谈高效。明确创新是一个系统工程。创新是在常规基础上的发展与突破，相对于常规而言，它是“批判的继承”，而不是“全盘的否定”。创新要在常规的基础上分层次进行，先搞什么，后搞什么？重点解决什么问题？都应该有计划、有步骤，而不能信马由缰。创新是进一步揭示管理的规律，更全面地反映管理各要素间的必然联系，而不是换了新面孔就是创新，只要改就是创新。创新切忌犯“形式主义”、“一窝蜂”的错误。

常规与创新的关系，是个老话题，也是个大课题。不只在教育领域、学校管理中要面对它，就是在社会发展的方方面面也都要面对它；不只今天我们要面对它，在昨天我们已经面对过、明天还要面对它。简单一句话：没有常规就没有秩序，没有创新就没有发展。

另外，常规管理与常规还不同，它是教育教学管理的基础和基本框架，是学校教育教学管理中看得见、摸得着的运行方式，也是中小学管理的主要任务。我们要使其高效，就要使常规“常”起来，使各方面工作有序进行；要使常规“规”起来，“规”到位；要使学校工作中心突出，以中心促进全面工作的开展。

事实表明，当我们认识了教育教学质量重要性并知道怎样去做的时候，追求教育教学高质量就会成为我们的自觉行动。

第六节　学校文化对办学的深层次影响

学校文化从深层次全面影响着、制约着学校的发展和办学的效益，加强学校文化建设，是学校管理者需要认真解决的大问题。

在学校教育教学活动中，我们经常说的“校园文化建设”、“校园文化活动”、“校园文化氛围”等都属于学校文化的范畴，但这还只是学校文化的表层部分。而学校文化是不断向前发展的、使师生得到完善的学校生活的物质要素和精神要素的统一，是师生长期教育、教学、学习实践中创造的物质财富和精神财富的总和。它对办学的影响要比我们想象的大得多，绝不只是条幅的张挂、活动的开展和环境的简单营造。

在讨论学校文化以及其对办学的影响前，我们有必要首先弄清楚学校文化的特性。一是实践性：学校文化不是听你怎么说，而是看你怎么做，看你在实际行动中表现出来的行为方式、态度以及正确与否的判断；二是主流性：学校文化必须是学校中全体师生员工认同的处世方式、态度以及判断，是主流而不是个别人的所为；三是独特性：学校师生的差异、历史传统、办学条件的差异决定了各个学校不同的文化；四是可创造性：优秀的学校文化是可以重建和创造的，只要经过大家长期的共同努力就可实现。

学校文化的核心是人，是学校师生在教育教学活动中的行为方式、态度和对此的判断，其表现形式是丰富多彩的，但它又是可以建设和不断发展的，良好的学校文化是学校发展最可宝贵的资源。

一般认为，学校文化包括四个层面，即物质文化、制度文化、精神文化和行为文化。它们之间既相互区别又相互联系，从不同的层面对办学产生着积极的影响。

1.物质文化。学校的物质文化不仅包括校园里的整体布局、楼房建筑、设施设备、象征性的雕塑、独特标志物等，还包括师生选择、制作、安置这些“物”的方式和态度，以及师生对这种方式和态度的判断。举个例子说，潍坊八中利用校企创收和师生的自愿捐款，自行设计制作了校园主题雕塑《方圆》，成为学校的亮丽景观。这个《方圆》雕塑本身是学校文化的物质体现，而师生这种自愿捐款的态度，却为《方圆》赋予了丰富的文化内涵，反映出学校“堂堂正正做人，圆圆满满治学”的办学基本理念，会对教师的教和学生的学以及学校的发展起到巨大作用。因此，我们认为物质文化不是“物”本身，而是师生们对“物”的方式、态度以及由此产生的对与错、肯定与否的判断，是人的方式、态度、判断。

2.制度文化。说到制度文化，我们首先应该想到墙壁上张贴的各种规则、规定，想到成本、成册的制度汇编，以及由此产生的强有力的行为规范和执行制度的严厉与宽容。但对制度文化还要进行深层次思考。我们都有切身的体验，每个学校都有许许多多的制度和规定，有些制度是完全一样，如出一辙；有的制度根据校情，各有特色。但我们想过没有，就相同的制度而言，为什么在甲校和在乙校执行的结果会大相径庭、完全不同，原因是什么？实际上，还是师生对待制度的态度和方式决定的。甲校师生认为制度合情合理，宽严有度，就应该按照制度的规定去做，所以制度形成了良好的约束力。乙校师生认为制度过于苛刻，不近人情，只是摆出来给人看的样子，根本不用，也不能照着去办，结果制度就成了一纸空文。甲乙两校师生这种不同的对待制度的态度、方式，以及认为自己这样做正确与否的判断，就形成了制度文化。

3.精神文化。精神文化主要是指人们对各种道德行为的认可，以及

在现实中所体现出的真实道德水平。一个学校真实的道德与精神状态，是不能简单地从某句口号、某篇文章中去寻找的，它存在于学校各成员日常的做事方式和日常的行为状态之中。有的学校理念非常高调，“做行动的巨人”、“做文明的使者”，但现实可能是差的，师生连日常的互致问好都没做到，怎么去做文明的使者。也有的学校口号比较低调，但从师生日常的行为当中会发现，他们的道德素质很高、精神状态颇佳。就“精神文化”建设来说，我们倡导理念、口号与实际行动的一致性。

4. 行为文化。学校的行为文化是指师生行为背后所表现出来的对待自己的行为的态度、方式，以及对此的判断。对于同一种行为，各个学校或同一学校中的各个人可能会有截然不同的态度。举个例子来说，对“周日学生补课”这件事，张三是为了让学生多学点知识，更好地完成自己的工作任务；李四则可能是为了服从学校的安排，只是为了服从安排而已；王五则可能是为了获得一些加班费，在家没事闲着也是闲着；赵六则有可能几种想法都有，又说不上为什么，人家这样做自己就跟着这样做吧。这几个人对自己行为的态度，以及他们对这种态度对错的判断就是他们对这件事的行为文化；一个学校中大多数人都这样想、这样做、有这样的判断，则形成了这个学校的行为文化。

通过上面的分析，我们可以看到，在学校文化建设中，最重要的是学校中各成员对物质、制度、精神、行为所表现出来的态度、方式，以及他们对自己这种态度、方式正确与否的判断。因此，物质文化建设的重点是学校全员的参与；制度文化建设的重点是形成健康、民主、科学地对待制度的态度；精神文化建设的核心是师生对精神和道德的追求；行为文化建设的根本是师生不断改进对待各种行为的态度和方式。

上面谈了四个层面的学校文化，我们解读学校文化的目的是加强学校文化建设。学校文化是一个逐步积淀、不断升华的过程，只要我们善于把一些对学生发展有益、对教师发展有益、对学校发展有益的办学实践活动进行总结、提炼，这种积淀就会逐渐丰厚起来，并形成独特的学校文化。

学校文化对学校发展的影响、制约是深刻的、久远的，学校文化建设任重道远，我们应该下大力气做好。

第七节　校长要致力于学校管理效能的提高

校长负责，首先是要为提高学校的管理水平负责。最大限度地提高学校的管理效能，既是校长工作的出发点，又是校长工作的落脚点，是一个富远识、能干事、有作为校长的根本追求。所以校长一定要千方百计地致力于学校管理效能的提高。

提高学校管理效能的途径很多，在这里我只谈几点管理实践中的亲身体验。

1. 处理事情要掌握“度”，照规则办事。制定规则不易，执行规则更难，但真正的效率与效能恰恰是遵守规则而获得的，因为规则是科学的、智慧的，甚至是用血的代价换来的。

有人做过统计，当宾馆、饭店发生地震或火灾时，伤亡最小的是日本人。为什么？原来日本人一进门时就了解了预防震灾、火灾疏散的通道，他们按照指定的路线和方法撤离，自然伤亡会小。这说明按规则办事才会有真正的效能的提高。凡规则必讲“度”。说到处理事情的“度”，我们很清楚，是指一事当前，要权衡利弊，权衡轻重，权衡缓急，兼顾前后左右，以便采取最恰当的措施，取得最理想的效果。这里切忌偏激与顾此失彼。有个“穿越玉米地的故事”对我们是很有启示的。一群人进行穿越玉米地比赛，具体要求是：看谁穿越得最快，看谁掰到的玉米最多，看谁在穿越玉

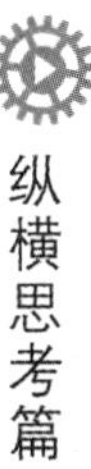

米地的过程中被玉米叶划破的伤口最少。这个小故事里的比赛含着速度、效益和安全，它给我们的启示是：在复杂事情处理过程中，必须从整体出发，全面考虑，宏观调控，统筹兼顾，把握各种要素的“度”，才能取得最大效能。有时一件事情中的各要素间的关系不是加法，而是乘法，一个为零，全部为零。即便是校园内设置垃圾桶、垃圾箱也有个“度”的问题，有垃圾筒、垃圾箱很方便，没有不行，但不能多了，一多就跟没设没什么大的区别。

2.注意目标的提出要现实、要到位。一个学校的目标分若干层次，有眼前目标、阶段目标、长远目标，甚至还有终极目标。在学校发展的过程中，既需要长远目标的激励，也需要阶段目标的有计划实施。专家学者的研究表明：一个单位如果没有长远目标的激励，其下属便不会有激情、热情和积极性；一个单位只有长远目标的激励，但没有实现长远目标的眼前目标和阶段目标的落实，其下属的激情、热情和积极性便不会长久。这就告诉我们，真正要把目标变为现实，提高学校的管理效能，就必须把长远目标分解成为阶段目标和眼前目标，成为单位全员走向成功的台阶，而眼前目标、阶段目标、长远目标实现的过程便是我们漫长的学校管理过程。例如：一个学校的奋斗目标是争创名牌学校。到底是提出办什么样层次的名牌学校更有激励作用，或说激励性更强？就一般的学校而言，还是争创全市名校更现实、更富激励性（即使提出这样的目标，也还要再行分析，多少年内完成？先干什么，后干什么？各职能部门怎样去干等），而创全省名校则应是在市级名校的基础上，中华名校则是在创省级名校基础之上的。我们要明白，一个层次的名校与同一层次的荣誉不是一回事，同级别名校的要求要比获得同级别荣誉的要求高许多。名校是你的办学在那个层次获得了认可，代表了那个层次的最高水平，虽不是“舍我其谁”，但是已经确确实实名列前茅了。其实办学目标的设立，跟教学目标的设立是一样的，“跳一跳，够得着”的目标，才是最好的目标，因为它既现实且有激励作用。校长善于设立这样的目标，就会充分调动教师的积极性，提高学校的管理效能。

3.注重解决学校工作中的薄弱环节。许多人都熟悉的“木桶理论”，说的是对于沿口不齐的木桶，它盛水的多少不在于木桶上那块最长的木板，恰在于木桶上那块最短的木板。要想多盛水，提高木桶的盛水效能，关键不是去加长长板，而是要补齐短板。这个理论形象地告诉我们，在学校管理中，要提高学校的整体管理效能就必须着力解决影响学校全局的“短板子”——薄弱环节。“取长补短”的要义是“补短”，而在学校管理实践中，往往是只“取长”，而忽视了“补短”，也不愿意“补短”，所以学校管理的整体效能受到很大影响。

在目前评价学校的方法日趋多元、全面、公正的情况下，作为学校管理者，对于办学中的“短板子”更应该有清醒的认识，不然就会严重影响管理效能和办学效益。例如，全区综合督导的内容共 6 大部分，20 多个小方面的工作，学校的哪方面工作是弱项、是薄弱环节、是“短板子”，都会影响整个学校的督导成绩。

随着我国教育事业改革与发展的不断深入，学校管理已经越来越引起人们的重视，也日益显现出其重要作用。学校管理是一门科学，科学是有规律可循的，这已经被理论研究和实践经验所证明。有时，我在想:学校管理也如同读书，读书有个“越读越厚”与“越读越薄”的过程，作为校长既要积极投身于学校的办学实践之中，又要从“烦琐”中走出来，把“学校管理这本书”“越读越薄”，遵循教育教学规律办事，这样才能提高管理效能，取得办学的最佳效益。还是那句话，按规则办，按规律办，就一定会达到我们的目的。

第十九章 中学管理与推进素质教育

第一节 素质教育的渊源

正确引导和帮助青少年健康成长，使他们能够德智体美全面发展，是一个关系我国教育发展方向的重大问题。

素质教育在全国推行了多年，取得不少成绩，学校领导和教师开始转变教育观念，钻研教学方法，把教育教学组织得生动活泼。但也有阻力，升学的压力来自客观社会，另一个则是校长教师素质，来自内部主观因素。

一、中国的国情

千百年来的传统教育“十年寒窗无人问，一举成名天下知”的科举制度；长期经验束缚；改革开放后的千军万马过独木桥等无不增添学校的沉重压力，在校园里发生了本不应该发生的异常状况。

1. 分数是唯一的标准。只要文化考试上线，就能得到社会的认可，上线的人数越多，学校的校长教师名气就越大。口讲德智体全面发展，现实却是贯彻智育第一的应试教育。

2. 一好代三好。在校中只要成绩过硬、分数高，他就是一名三好生。成绩差，一切都差，什么也别想评上。教师也是一样，高考的科目受青睐，考分高就是好教师。因为分数成绩和上线人数是硬功夫、硬任务，其他工作是软件，无关大局。

3. 无休止的评比。考试排名次，学生按成绩分重点班、普通班、分流班。千方百计搞小动作，力争这冠军、那第一，力夺这状元那榜首，两极分化日益扩大，搞得一些学生抬不起头来，连家长也羞于见人。

4. 速成教学法。赶进度，三年教材一年半学完；找了大量资料搞题海战术；双休日被废除；文艺体育活动被迫停掉；该学的学科被砍掉，整天在必考的应试科目的小圈子中转。

5. 分！分！分！学生的命根子。少一分要花好几千元，这是家喻户晓的公开秘密。本来分数高低并不完全判定学生学识水平和能力高低，但要跨入高一级学校门槛少一分就得破费，尤其在义务教育阶段就以钱买分、以钱择校，这明显违背国法却还畅通无阻。

6. 以考为中心，有考必动，没考就不动。如体育，以往仅测测体育达标而已，一旦列入中考总分，体育就备受初三学生重视。考跳绳到处是运动场，考跳远到处有沙坑。

总之，急功近利，以考为中心，分数第一，剥夺受教育者应有的权益，牺牲他们的一切来换取高分的现象在学校中司空见惯。

二、师资水平的差异

中国的师资水平有着千差万别。教师的素质也是亟待提高。要培养跨世纪人才，除了要改革升学考试制度外，还要培养和造就千千万万高素质的教育者（校长和教师），即教育者先受教育，这样我们的事业才能兴旺

发达。

三、教育观念的转变

教育是一个系统工程，要不断提高教育质量和教育水平，不仅要加强学生的文化知识教育，而且要切实加强对学生的思想政治教育、品德教育、纪律教育、法制教育。

（一）要理直气壮地抓素质教育

我国要走向现代化，最大的障碍不是资源问题，不是资金问题，甚至也不是技术和设备问题，而是十几亿人口的素质问题。素质教育要以全面提高公民思想品德、科学文化和身体心理劳动技能素质，培养能力、发展个性为目的的教育。不着眼于提高整体国民素质的教育应该说不是我们所需要的教育，这种教育也不能说明是成功的教育。因而我们应该把素质教育的旗帜举得高高的，要理直气壮地抓素质教育。

（二）要转变教育观念

1.是着眼于单纯帮助学生升学，还是着眼于全体学生的全面发展，这是应试教育与素质教育的根本所在，是分水岭。

2.应试教育是比较单纯地为了送孩子升高一级学校，素质教育就不能只重视少数人的发展，而应当重视每个学生的发展。

3.是培养英才神童的人才观，还是对普通人培养一技之长做法，从“蚯蚓兑巴掌米”和“发现蜗牛新天敌”两个事例，两种不同教育方法，得出两个不同结果，很多未知事物需要他们去发挥、发现、发明、发展。

4.决不能把考试分数当作评价教育质量的唯一标准，其是提高国民素质一条狭窄的路、片面的路，是不合符国民和社会需要的老路。分数能够选拔人才，也能够埋没良才。

5. 学校教育中只重视知识的培养，德育、体育、美育、劳动教育得不到应有的重视；教学中重知识积累而忽视学生的能力个性培养；身体方面问题就更明显了，我国学生近视眼的比例居世界第二，快成了眼镜王国。

6. 教育学生学会做人是素质教育的第一任务，这不是口号，一定要踏踏实实地努力培养关心他人的人，承受困难和挫折的人、忠于职守、待人宽厚的人、艰苦奋斗勤俭节约的人，要教说真话学做真人的人，总之使受教育者做一个堂堂正正的中国人。

第二节　素质教育的核心

一、实施素质教育的根本是建立一支高素质的教师队伍

国家教育方针的贯彻，一代新人的培养，归根结底要依靠广大教师的教育教学实践。是否建立一支高素质的高水平的教师队伍是实施素质教育成败之举。这支队伍要有较高业务素质、精通所教学科的专业知识，还应具有综合运用知识、解决教育教学中各种实际问题的本领，懂得教育规律，知道怎样通过教育实践来达到教育目的。只有正确的科学教育，才能促进青少年身心健康发展。教师对学生冷漠、粗暴、不公等会伤害幼小的心灵，过重的课业负担和不适当的奖惩会迫使孩子偏离正确的人生轨道。

二、关键要培养一批好的园丁领班人——校长

办一所好学校，最重要的一点就是要靠教师的领班人——校长。从

某种意义来说，一个好校长就是一所好学校，即校长是决定因素。在办学的过程中，校长处于管理系统的核心地位、主导地位、决策地位。校长的思想、行为和作风在学校工作中影响全局。实施素质教育，需要许多好校长，他们要对人民教育事业无限忠诚；他们要有正确的教育思想；他们要有科学的管理能力和方法；他们要有公正廉洁的品格；他们要有实事求是的思想作风；总之实施科教兴国战略，加强校长队伍建设是学校转向素质教育的关键之举。

第二十章
学校素质教育管理

第一节　学校素质教育中的教学管理

华东师大教授叶澜曾指出："教学改革要改变的不只是传统的教育理论，还要改变千百万教师的教学观念，改变他们每天都在进行着的、习以为常的教学行为。这几乎等于要改变教师习惯了的生活方式，其艰巨性就不言而喻了。"这就是说，学校实施素质教育将引起学校工作的一系列变革，将改变教育行政工作人员、教师习惯了的工作方式与管理模式。

什么样的教学管理模式是素质教育所要求的？我们认为，与素质教育相适应的学校教学管理模式，应具有以下特征：一是面向全体学生。二是面向全部素质。不只是对学生的学力素质进行管理，还应对其品德、身心、兴趣等素质的发展创设良好的教学环境，使学生的各方面素质能在原有基础上都得到发展。三是促进学生生动活泼主动地发展。根据以上三方面特征，学校教学管理就要改变过去静态的、见物不见人的管理，代之以动态发展的、以人的发展为本位的管理，并建立起相应的教学制度与管理机制，使学校教学管理真正成为学校素质教育发展的推动力量。

一、改变教学管理观，以素质教育的要求调整学校教学管理思想

素质教育教学观着眼于学生的发展和成长，重视学生德、智、体、美诸方面的发展，使学生通过学校教育，成长为具有良好素质的未来社会的接班人和建设者。这一教学观体现于校长的管理观，是其社会观、价值观、质量观以及育才观的综合体现。校长的管理观支配着学校教学管理的行为，决定着校长对教学工作的态度和工作方式，指导着教学管理中的有关目标、内容、手段和评价等方面的实施。因此，素质教育首先要求校长确立正确的教学管理观。

校长应确立的教学管理观主要是：1. 确立“教与学”的统一观；2. 确立“教书与育人”的统一观；3. 确立“创造与继承”的统一观。但是，只是校长有正确的教学管理观要实施素质教育是远远不够的。校长要通过各项有效的工作，引导教师认识新的教育形势，了解社会对人才的要求，帮助教师树立正确的教学观，从而使每一学科的教师将教学观自觉地贯彻到日常的学校管理和教学工作中去，这是搞好教学管理的最重要的保证。要使教师逐步确立正确的教学观，很重要的一点是要使教师认识到学校必须以教学为主，寓教育于教学之中，使素质教育课程化得以切实落实。

教学是学校中最基本的工作。通过师生之间特殊的双边交往，培养学生学习能力和学习兴趣，培养学生良好的学习习惯，进而陶冶学生的道德情操等。因此，我们认为教学应当成为造就德、智、体、美全面发展人才的基本途径，而 40 分钟的课堂教学是主渠道。基于以上认识，我们组织了广泛的素质教育理论学习活动，引导干部、教师解剖分析学校教学管理活动中症结与弊病，找出与素质教育不符的管理制度、要求、方式、方法等，代之以学生为本位的，能促进学生生动、活泼、主动发展的制度、方式、方法。特别是对课堂教学常规大动“手术”，使之服务于素质教育的培养目标，给学生留下自主发展的空间，赢得了学生的欢迎，课堂上出现了生动、活泼、主动学习的氛围。

二、明确素质教育中教学管理的要求，建立健全有效的教学管理组织制度

1.明确教学管理的内容是每个学期开学工作的重头戏，通过各类会议使管理内容深入人心，以指导教师的日常工作。实行的教学管理的内容主要有以下4个方面。

(1)确定教学管理目标，落实教学计划和各学科教学“大纲”。

(2)切实抓好教学过程的各个环节，提高教师的工作质量。

(3)重视做好教学科学管理的基础工作，建章立制，为稳定教学秩序，保证大面积提高教学质量奠定了基础。认真安排“三表”：课程表、一周工作安排表、学期工作流程表。

(4)开展教学研究，促进教学改革。

2.健全有效的教学管理组织系统，促使教学管理工作取得成效。

夸美纽斯指出：“学校各个组成部分只有处在一种有规律的、和谐的依次关系中，才能成为有机的整体而存在。”学校要提高教学工作的管理效率，必须建立健全教学管理的组织系统，发挥组织的管理职能，建立运转有序、整体协调、指挥有力、上下畅通的学校管理运行机制。

3.加强教研组的建设，也是学校经常性的工作。除了切实抓好教研组活动外，还要重视教研组长的培养。除了采用老带新、传帮带、组织交流经验等做法外，还应组织教研组长学习岗位职责，并根据教育形势的发展，不断提出新的要求。着力于通过提高教研组长的工作水平，来促进整个教研组工作的开展，并通过各年段把关，从而提高全校的教学质量。

不断强化教导主任的“责”“权”也是学校素质教育管理的基本做法。校长不包揽一切，而是充分调动教导主任的工作积极性，激发他们的工作

责任感，使他们明确自己处于学校教学管理工作的中心位置，承担着提高教学质量，促进教学改革的举足轻重的责任。教导工作是抓好学校教学管理工作的重要因素。确认教导处相对独立的管理职能，确保教导主任责、权、利相统一。校长在处理与教导主任的关系上以“六个要”为准则：一要信任；二要放手；三要明确职权；四要全力支持；五要检查反馈；六要对工作实绩明显地给予嘉奖。

三、加强素质教育中的教学质量管理，努力提高教学质量

质量是学校的生命。要通过各种途径将这种意识传达给全校教师，并且通过有效途径，在全校形成共识，从而建成一种校园氛围。一是要全面关心学生德、智、体、美的发展，着眼于培养学生学习的主动性，着眼于培养学生的各种能力；二是要面向全体，要让每一个学生都得到老师的关心和培养，“教好学生”而不只是教“好学生”。

第二节　素质教育重在全员育人

一、素质教育必须坚持德育为首

毛泽东同志在《关于正确处理人民内部矛盾的问题》一文中，提出了“我们的教育方针，应该使受教育者德育、智育、体育几方面都得到发展，成为有社会主义觉悟的有文化的劳动者。”邓小平同志在1983年10月为北京景山学校的题词中指出：“教育要面向现代化，面向世界，面向未来。”同时还指出：“毫无疑问，学校应该永远把坚定正确的政治方向放在第一

位。”因为从长远来看，这个问题关系到我们的事业将由什么样的一代人来接班，关系到党和国家的命运和前途。我们要着眼于未来，培养出有知识、有能力、有才干、有胆识、有开拓思想、有创造精神，还必须有科学的思想方法，有坚定的无产阶级政治立场和共产主义道德品质的一代新人。也就是说，在实施素质教育的过程中，应把德育放在首位。

建国60多年来，特别是党的十一届三中全会以来，我们国家经历了举世瞩目的历史大转折和事业大发展。教育事业也越来越兴旺。但我们也必须清醒地看到，在一些地方和部门的领导工作中，忽视精神文明，在社会精神生活方面存在不少问题，有的还相当严重。一些领域道德失衡、拜金主义、享乐主义、个人主义滋长；封建迷信活动和黄赌毒等丑恶现象沉渣泛起；假冒伪劣、欺诈活动成为社会公害；文化事业受到消极因素的严重冲击；腐败现象在一些地方蔓延，党风、政风受到很大损害；一部分人国家观念淡薄，对社会主义前途发生困惑和动摇。这也必然危害青少年的身心健康，并反映到学校教育中来。再加上现行教育中的“应试教育”倾向，片面强调“智力开发”的偏向，更导致学生的政治思想道德素质下降。这也不能不引起我们的足够认识和警惕。

学校工作就是教书育人。对生产力构成要素中最积极、最活跃的成分的劳动力——人来说，单单去提高他的智力素质是不行的。而没有政治思想品德素质保证，这种智力素质的提高和有效发挥也是要受限的。学校教育的过程，是学生道德理想、道德感情和道德习惯形成的最重要时期。因此，我们必须坚持马克思列宁主义、毛泽东思想这一正确的政治方向，把实现共产主义的最终目的和社会主义初级阶段的现实有机结合起来，根据党在社会主义初级阶段的历史任务，和改革开放以来的历史经验，解放思想，更新观念，坚持“三个面向”，探索德育新思路。

1. 全员抓德育，全面育人。坚持社会主义办学方向，坚持思想建设的主旋律，从校长到普通教职员工，人人抓德育，事事讲育人。努力使思想

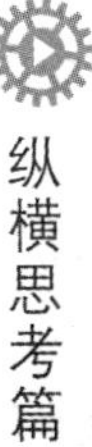

政治教育渗透到教学、科研、管理、服务等学校工作的各个领域和各个环节中去。当然，领导者和教育者言行一致的品德，对于各种教育效果的影响是很大的。学校领导和教育工作者只有不断提高自己的政治觉悟，做到理论与实践的统一，给学生做出表率，才能提高教育效果。

2. 发挥课堂教学的主渠道作用，寓德育于各学科教学之中。列宁曾经说过："在任何学校里，最重要的是课程的思想政治方向。"课堂教学在各种教育途径中占有特殊重要地位，高校的"两课"更以主渠道地位发挥理论指导作用。学校德育要以"两课"为核心，配合各学科教学对学生进行潜移默化的教育和熏陶。"两课"教学要紧密联系社会实际和学生的思想实际，从理论上提高学生观察问题、分析问题的能力。各科教师要挖掘教材中的德育因素，与传授知识紧密结合，使学生在接受知识的同时受到思想教育。如文科教学对学生进行语言美、形式美、意境美的熏陶，进行爱国主义教育和理想情操教育等；理科教学培养学生辩证思想，实事求是，勇于探索的精神等；艺术课程要努力培养学生正确的审美观等。

3. 加强师德建设，建立高素质的教师队伍。教师是对受教育者施加影响的主要方面。一名称职的教师，除了要有广博的文化素养、精通所教学科的知识和技能、懂得教育教学规律之外，重要的是应具备高尚的思想道德品质。德高为师，身正为范。身教重于言教。教师的心理品质、政治立场、价值取向、言谈举止都直接影响着学生。教师如果不重视自身思想品德修养，在言行上表现出双重人格，就会在学生面前丧失自己的威信，学生对教师的教诲就难以信服，甚至产生逆反心理，也就达不到预期的教育效果。教师应时刻记住自己的特殊身份，加强"自塑"意识，严于律己，做到自尊、自重、自爱，为学生提供积极的正面的教育影响。各级领导部门和学校也要重视教师的师德建设，通过组织多种形式的学习和活动，加强教师的师德培养，使教师具有明确的政治方向和坚定的事业心，正确的思想方法和良好的品德修养，无私的奉献精神和高度的责任感，能够坚定不移地贯彻党的教育方针，为培养全面发展的一代新人而奉献终身。

4.净化育人环境，使教育效果得以保证。从大教育的观念来看，“国家兴亡，匹夫有责”，每一个共和国公民的政治观点、思想与品德修养，都与生产发展的质量和速度、政治局势与社会稳定的程度等息息相关。育人工作是个全方位的系统工程，需要各方面互相配合。社会、家庭、学校都要努力营造有利于青少年健康成长的身心环境。在思想教育过程中，社会、家庭、学校三者之间是互相联系、互相影响的。当家庭、社会和学校的教育发生矛盾时，学校的教育作用就会受到严重干扰，降低以至抵消它的教育效果。只有从社会最基本的细胞抓起，努力提高全民族的思想道德素质，加强党风廉政建设和民主法制建设，加大反腐败、扫除社会丑恶现象和打击刑事犯罪活动的斗争力度；全社会都讲政治、讲正气、全心全意为人民服务；坚持正确舆论导向，繁荣社会主义文化，弘扬主旋律，才能净化育人环境，使社会、家庭、学校紧密配合，共同担当教育下一代的光荣使命，使之健康成长，迎接未来的挑战。

二、素质教育必须强化育人功能

德育工作已有明显加强，中小学生的思想道德面貌也有明显进步。但是，中小学德育实效性差仍是一个突出的问题，主要表现在教育内容上，既不适应市场经济体制提出的新要求，又脱离学生的实际，老师讲的与学生想的是两层皮，教师的要求与学生的追求往往是两回事；在教育方法上，或流于简单管束，或流于迎合牵就受教育者的趣味，或呆板生硬地灌输，没有吸引力。

造成学校德育实效性差的原因是多方面的，但就教育自身分析，有两个问题不容忽视：一是教育者缺乏洞察青少年心灵的能力，把握不住教育要求与学生精神需求的结合点；二是对如何把社会要求转化为受教育者

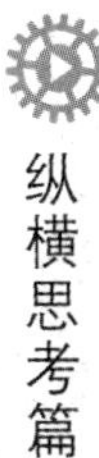

自我要求的规律缺少认识与研究。因此,要提高学校德育的实效性,把德育落到实处,必须重视对德育内化效应(即接受效应、共振效应)与内化规律的研究,这是当前改进、加强中小学德育工作的重要课题,更是为创造改革开放条件下学校德育改革的新经验,把教育工作提高到一个新水平的关键。

(一)接受效应

重视接受效应是提高德育实效性的出发点。所谓接受效应,就是如何使受教育者接受教育,并增强了想听、要听教育者的要求。德育实践与心理学研究告诉我们,研究与把握青少年心理上的可接受教育的范围,是接受效应的关键。当受教育者对某一问题有了一定看法(观念)时,他就会对来自外界的信息进行选择,或接受、或回避、抵制。心理学家还指出,在人的固有观念外,有一个可接受的范围,只要教育者的要求在这个范围内,受教育者往往不会产生回避和抑制的态度。因此要使受教育者产生良好的接受效应,必须做到:

1.鉴于人对于某些问题无所知时,容易产生接受效应,教育者要特别重视“先入为主”的教育原则,在中小学生的思想道德观念尚未形成时,尽可能抓紧时机以生动活泼的形式灌输好正确的观念。

2.对已形成了某些错误观念的中小学生,要从可接受教育的范围出发(指教育内容),寻找一个恰当的载体(如“生日小条”),逐步对学生施加教育影响,纠正不正确的思想。

3.对已形成了一定正确思想观念的学生,提高接受效应就要重视变换角度,选择不同的载体,不断提出更高更新的教育要求,以不产生重复或老一套的感觉。

（二）共振效应

所谓共振效应，就是选择教育要求与学生精神需求的最佳结合点和最佳教育时机，使教育要求在教育者与受教育者的情感共鸣、共振中得以认同、内化与升华。

多年来，一批德育理论工作者与实际工作者为提高学校德育的内化效应做了艰辛的努力，并在教育要求与学生精神需求的结合点、结合时机上提出了许多宝贵的意见。李意如同志提出的尊重理解的相容效应，以爱换爱的动情效应，触及兴奋点的磁化效应，虚功实做的导行效应，自我教育的内驱效应，多渠道多影响的综合效应等，都是共振效应的表现，都能使受教育者乐于接受教育，不但可以入耳，而且可以入心，达到“内化”的效果。

物理上的共振现象是有条件的，它产生于两个振动频率相同的物体之间，当一个发生振动时，引起另一个物体振动。同理，施教者与受教者之间的心灵共振也是有条件的，为了提高德育的实效性，认识研究施教者与受教者之间心灵共振的条件极为重要。那么，共振效应的基本条件有哪些呢?

相知，即相互了解。师生贵相知。如果教师能打开通向学生心灵的渠道，理解并掌握学生的内心世界，那么师生间就能相互了解，并找到共同语言。因此，师生间的相知又相通是产生共振效应的首要条件。

相投，即感情合得来。教育过程是教与学的双边活动。没有师生之间的情感交流，就没有教育。师生间感情交流要靠教师对学生的爱，只有教师真诚地热爱学生，才能感染、影响学生，产生心灵上的沟通和震撼，动之以情才能晓之以理，因此，师生间相亲又相投是产生共振效应的必要条件。

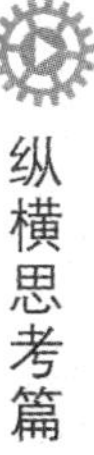

相机，即相机而教。最佳教育时机是教师把热忱和智慧结合起来的结果，最佳教育时机不是教师主观确定的，而是当学生在心理需求上的某种矛盾出现激化时捕捉到的。如果教师能抓住最能触及人的心灵，震撼人的情感的特定环境或情境，在这种情况下，去激发学生的道德情感与道德认识，就会产生一种强烈的情绪体验，就会使受教育者在心灵上留下难以磨灭的印记，此时的教育最有实效。

（三）内化规律

所谓“内化”，这里是指教育者如何将社会要求转化为受教育者的自我要求。我们对“内化”过程与效应进行分析研究，目的是寻求对内化规律的科学认识。

人们从对雷锋等英雄模范人物成长过程的研究中认识到，青少年良好品德、行为、习惯的养成，起决定作用的往往来自三个基本要素，即教育的情感体验，受教育者自我教育的能力，以及受教育者身体力行与实际锻炼。由此，有人经过多年研究把社会要求内化为受教育者自我要求的规律归结为这样一个公式：内化规律＝情感体验＋自我教育＋身体力行。研究认识这个规律，对提高德育实效性有重大意义。

1. 情感体验。心理学研究指出，情感是良好思想品德形成的心理条件，强化情感体验是发展人的思想品德的心理基础。我们分析雷锋等英雄人物的共产主义思想品德形成的一个重要条件，就是他们对党对社会主义建设热爱感情的反复体验和升华。正如列宁所指出的那样，没有人的热情就从来没有也不可能有人对真理的追求。一个人如果麻木不仁，对生活冷漠无情，就不可能是非分明，不可能有良好行为，青少年要树立为社会主义真理而奋斗的理想，首先要培养他们追求社会主义真理的感情、热情、激情。人们不会去喜欢他不爱的人，做他不喜欢做的事。没有高尚的情感的支持，人就不会产生自觉、坚定的行为，从这个意义讲，情感体验始终是青少年形成良好品德行为的内驱力。因此，教师必须学会拨动学生心灵上那根情感的琴弦，激发学生爱家乡，爱自然，爱父母师长、兄弟姐妹，爱真理、知识，爱周围一切美好的事物，这才是产生教育效应，将教育要求转化为受教育者道德认识、信念、行为、习惯的基础。

2. 自我教育。“真正的教育是自我教育。”这既是教育的本质要求，又是教育艺术、内化水平的体现。德育工作实效性最终应体现在学生自我教育能力的培养和提高上。所谓“自我教育”就是要学生能提出任务，主动采取措施，自觉进行思想转化与行为控制。只有自觉地把客观要求与影响内化成自我需要的人，才能达到自我期望的思想境界，这种思想境界一旦与原有思想水平构成思想矛盾，就会成为自我教育的新内容，才能成为良好品德形成的内驱力。从这个意义讲，不引导中小学生进行自我认识和自我塑造，中小学德育就失去实在意义。

3. 身体力行。培养良好行为是学校德育工作中培养良好品德的根本环节，人的行为从来是一种有目的的实践活动，是把人的主观世界与客观世界联系起来的桥梁。更是德育内化效应的外在表现。因此，培养学生良好品德一定要注意引导他们身体力行，切实从小事做起，从身边事做起。教师更要为学生创造自我磨炼、实际锻炼的机会与条件，这样才能把我们灌输的正确的政治信念、道德认识、伦理观念内化成学生自己的精神财富，并在良好行为、习惯上表现出来，把自己培养成社会主义可靠的建设者、接班人。

第三节　素质教育的管理任重道远

提高公民的素质，培养跨世纪的人才是我国教育和世界教育的迫切要求。虽说教育界对素质教育争论不休，甚至连素质教育的概念能不能成立、其含义是什么都尚未确定。但素质教育是针对应试教育提出来的，且素质教育是以培养、提高公民基本素质为根本目的，这是大家的共识。本文不想牵涉有关素质教育的理论争端，只是想讨论一下，当我们将目光投向素质教育时，我们该怎样看待原来的管理？又该如何适应素质教育的需要来实施管理呢？笔者试图从素质教育的运行机制，素质教育的管理体制和素质教育的管理方式与方法几方面来加以简要地分析。

一、素质教育的运行机制

1. 导向机制，即引导教育主体行为实施方向的体制、机构、方法、规章及其实施的总和。应试教育的祸根之一，便是我国过去单一升学模式的教育体制。加之，在教育实践中没有一个衡量学生素质的具体可操作的目标体系，教育结果本身又具有模糊性，难以用一般的方法加以测量、评价。那么以什么来衡量学生的质量呢？以什么为招生的指标呢？以什么来评价一所学校的优劣呢？人们自然想到了考试，想到了分数，故而，学生为分数而学，教师为分数而教，管理人员也为分保驾护航。于是乎，不是考试科目不教，不是考试科目不学，考试便成了没有明文规定的“指挥棒”。所以，要实施素质教育，我们首先要按照教育目标、时代的要求和学生成长发展的规律制订出切实可行的素质目标体系。这个目标体系应该包括学生的认知、能力和态度等内容，应具有可操作性。同时，我们也应探索一些有效的评价技术，能较好地收集资料和评价教育的结果是否确实达到了某一目标，以及达到的程度怎样。另外，便是着力改革招生考试制度，逐步取消小学升初中的入学考试，拓宽初中升高中、职业学校的渠道，妥善协调好普通中学、职业学校和成人学校的关系，改革教育体制，改革人事制度等。从而彻底根除应试教育的原动力，扭转教育实践中和社会上对教育形成的不良导向。

2. 评价机制，即对教育效果和行为进行测量、评估的机构、规章、方法及其实施的总和。评价机制是导向机制的基础，是激励机制、制约机制的依据，也是协调机制的工具，没有得力的评价机制，其他机制将不能有效地运行。过去，评价机制不完善，评价手段单一，形成了以分数论英雄的毛病。所以，探索有效的评价机制是实施素质教育的一项重要工作。素质教育的评价机制至少包括：学生综合素质评估机制，教师综合素质评估机制，学校综合素质评估机制和地方综合办学水平评估机制等。这样形成上下一致的评估体系，有力地保证素质教育落到实处。在评价的实施过程中，应注意定性和定量相结合；诊断性评价、形成性评价和终结性评价相结合；他评和自评相结合；上对下、下对上和同级评价相结合。这样，才能增加了解，相互促进，使评价有说服力，发挥导向作用，保证素质教育不流于形式。

3. 协调机制，即保证教育活动有序、平稳、协调地进行的有关机构设置和制度的总和。在高度集中的单一的教育体制下，教育是一个封闭的系统，与社会是隔绝的，社会不关心教育上的事务，教育也漠视社会的变化；教育系统内部各部门之间也缺乏内在联系，下级部门只要根据上级指示照章办事就行。而素质教育是一种“立体型教育”，是一个开放系统，要

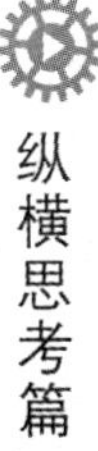

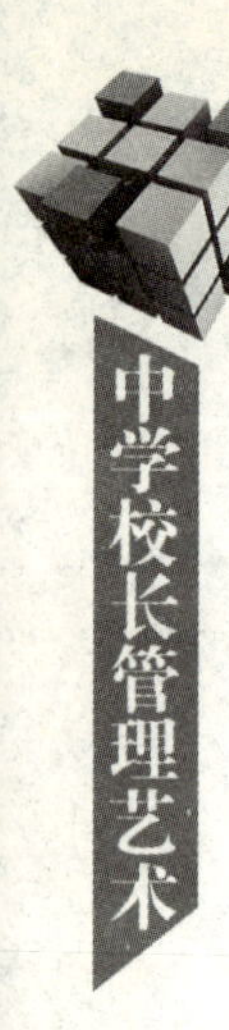

求"教育必须内部加强纵向和横向沟通。因此,实施素质教育,单靠学校或教育部门是难以实现的,必须综合各种力量,协调进行。那么建立一个行之有效的协调机制是必须的。协调机制包括运行前协调、运行中协调和运行后协调。运行前协调,关键是对进行素质教育的各部门间的人、财、物、事和时进行合理的配置,使各部门之间减少矛盾。运行中协调是随着实际情况的变化,合理组织各部门间的各种资源的流通,减少扯皮现象。运行后协调主要是通过总结对实施过程进行调整。协调是教育外部客观情况经常变化,教育内部各因素不断调整的必然要求。现在,各级教育委员会和社区教育委员会都具有协调功能,从而使素质教育具备了协调机制。

4.激励机制,就是激发教育主体和个人不断积极努力工作的措施、手段及其实施的总和。原来也有激励机制,但是,在应试教育的前提下,一切都围绕分数转。学生分数高才能升学,教师教的学生分数高、升学率高在评职称、分房子、涨工资中就有优势,学校的升学率高才能得到荣誉和拨款,否则,就难以得到任何好处。这种激励机制只能使应试教育愈演愈烈。所以必须抛弃原来的激励机制,代之以实施素质教育的成效为标准的激励机制。根据学生的全面素质来招生,以教师的水平定优劣,以学校的整体办学水平论成败,按地方办学的整体效益得荣辱。这样可以削弱原来片面追求升学率的驱动力,有利于激励教师、学校和地方积极实施素质教育。

5.制约机制,即约束教育主体和个人实现教育目的的体制、机构、规章制度、实施方法和具体实施的总和。制约机制是其他几种机制发挥作用的保障。过去,法制不健全,法治观念淡薄,加之又没有适宜的监督措施,导致教育中的随意性强,往往以人代法,以领导的某一句话代替政策,这种状况与素质教育是不相容的。之所以要设立制约机制,就是要对运行目标的实现及提高实现质量的障碍,进行有效的制约。制约的对象主要是素质教育的实施主体，包括教育行政部门、各级政府、各级学校、各类办学团体，其次才是个人。一般地，制约机制有外部制约和内部制约。外部制约是指教育督导部门、监察机构对素质教育实施主体的制约；内部制约是组织部门内部的领导人对组织集体行为采取的制约。制约又分硬制约和软制约，硬制约是指依法办事，这要求教育组织和个人必须遵循教育法律、法规以及上级行政部门的教育政策、命令和决定等，如有违反，则受到一定的制裁或惩处；软制约主要是教育督导部门，对教育主体偏离素质教育的行为，提建议、劝告甚至警告，但只要及时调整，能达到运行目的，一般不采用强制手段。我国逐渐颁布了一系列的教育法律和法规，从1986年始，设立了教育督导机构，这对健全教育的制约起了很大作用，这无疑为素质教育的实施扫平了道路。

以上各方面构成了素质教育运行机制的总体，各机制之间相互依赖、相互牵制，缺一不可，反映了素质教育运行机制的内在规律性。

二、素质教育的管理体制

1.“分级办学、分级管理”，即中央、省、市（地）、县、乡几级政府对办学和教育管理明确分工，各负其责，有利于调动各方面的办学积极性，形成多元化、多层次的办学模式。根据《中国教育改革和发展纲要》的规定，“逐步建立经政府办学为主体、社会各界共同办学的体制。在现阶段，基础教育应以地方政府办学为主。”“国家对社会团体和公民个人依法办学，采取积极鼓励、大力支持、正确引导、加强管理的方针。国家欢迎港、澳、台同胞、海外侨胞和外国友好人士捐资助学。在国家有关法律和法规的范围内进行国际合作办学。”这样在中央的大政方针的指导下，将办学的责任下放到地方，且强调了“现阶段，基础教育应以政府办学为主”，并将其作为考察当地政府政绩的一个重要方面，这十分符合我国当前的国情，

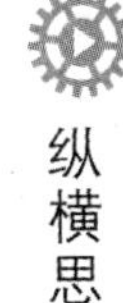

有利于刺激地方政府和社会各界办学的积极性，为形成新型的办学体制闯开了方便之门。有些地方，在实施素质教育的过程当中，摸索出了政府办学，企业办学，企业和学校、学校和学校之间合作办学，民办公助、私立学校，承办学校，中外合作办学等，多元化、多层面的立体办学体制。这就能为我国教育事业调集大量的人力、物力、财力，一定程度上缓解了“以最少的钱，办最大的教育”的矛盾，从而有力地保证了素质教育的实施。

2. 分级办学、分级管理，明确地划分了各级主管部门的职责权限。中央从宏观上指导，为素质教育制定方针、政策。省级政府是地方基础教育行政的最高机关，全面负责分级办学、分级管理的责任，全面指导素质教育的实施。它有权确定本地区的学制、年度招生规模，确定教学计划，选用教材和审定省编教材，确定教师职务限额和工资水平等。市（地）是中间环节，担负着统筹规划和指导所属县（市）基础教育的责任。县（市）统筹管理基础教育、职业技术教育、成人教育和统筹规划经济、科技、教育发展的责任，是实施素质教育的关键一环。乡一级主要任务是协助县（市）管理地方基础教育事业。村主要是改善办学条件、提高教师待遇、筹措解决民办教师的工资、维护农村中小学校权益和秩序、动员适龄儿童入学。乡、村两级在素质教育的实施中起着保障的作用。同时，也积极鼓励社会参与教育管理，监督、支持素质教育的实施。通过对实施素质教育进行明确的分权，理顺各级的关系，能有力地保证素质教育的实施。

3. 学校应完善校长负责制。校长负责制在上级主管部门的领导下，由校长全面负责，党支部保证监督，校务委员会审议决策和教职工代表大会民主参与的四位一体的学校管理体制。当前，关键是必须实行政校分开，这样才能保证校长有职、有权、有责，否则，光有责而无权，则责也将是一句空话。现在，仍有许多地方存在政府和教育行政部门对学校不放权的现象，极大地束缚了学校的自主权，使学校缺乏生气。学校要办出特色、提高综合办学水平、为学生的素质教育负责，没有自主权是难以保证的，其他的措施也将落空。学校要充分实行民主管理，发挥校务委员会、教职工代表大会、党支部和学代会的作用，使学校里形成全员参与管理的局面，探索出适合本校的素质教育的教师管理和教学管理，在此基础上，各校探索出适当的具体的管理体制。这样有利于搞好素质教育。

4.鼓励社会参与管理。过去，我国只注重国家管理教育事业，结果不利于发挥各种社会团体、组织和个人的办学积极性，不利于社会各界参与教育事业的规划和监督，也不利于培养、发展学生的全面素质。实践证明，社会参与管理，能为学生创造一个良好的精神文明氛围，创造良好的素质教育园地，发展学生良好的思想素质，是实行素质教育强大的精神后盾。学生在与社会的接触过程中，能更深刻地了解社会；通过参与社会实践，形成多方面的能力。所有这些对素质教育都将产生积极影响。

三、实施素质教育的管理方式和手段

1.过去是严格的下级服从上级的垂直层级式管理，权力高度集中，在地方没有自主权，只能形成单一的管理模式。而现在实行“分级办学、分级管理”，权力下放，基本会形成中央与地方均权的格局，地方可以根据当地实际，探索多种管理方式。同时，素质教育也是开放式的教育，具有全面性、公正性和独特性，过去封闭的单一的管理方式已不能适应，它要求社会、学校、家庭必须综合协调，教育内部、学校内部必须相互配合。通过几年的摸索，我们已经发现，对教育的管理分不同情况，具体地既可以由政府管理、团体管理、个人管理、也可以由政府和团体、个人联合管理。如：上海市的“社区办学”“教育集团”方式，海南洋浦的“主办方式”，湖南的政府统筹、部门主办、教育主管的“综合协调方式”等。这些管理方式都有利于调动各方办学的积极性，有利于普及九年制义务教育，有利于提高教育的质量和公民素质。

2.必须采取综合的管理手段。在垂直式的管理体制下,管理手段主要是行政手段,往往是上面说、下面听、照着干,要求整齐划一、步调一致。这样极易忽视不同地方的差异,并形成形式主义和官僚主义的工作作风,不利于办实事,不利于提高教育质量,更不利于实施素质教育。实行“分级办学、分级管理”,地方政府和学校有较大的自主权,他们在一定范围内,可以确定学制、招生规模、教师聘任、教材编写和选定等。这样传统单一的行政手段将不能起到有效的作用,而应代之以多种手段综合协调地应用。就现时情况来看,既要有行政的手段,更需要法律的、经济的手段和教育的手段等。由于我国传统上习惯于“大一统”的管理模式,往往依赖于上级的指示与命令,对依法办事的观念比较淡薄,所以在加强立法的同时,必须着力进行法制宣传与教育,提高人民的法制观念。当前,我国虽然颁布了《义务教育法》、《教师法》、《教育法》、《未成年人保护法》,但执行起来仍然困难重重,这严重地影响了我国基础教育的实施,不利于扩大受教育面和提高教育质量,严重地阻碍了素质教育的实施。因为历史的原因,我国教育发展是极不平衡的,不仅东西差距大,而且同一个地区之内,不同的学校之间也存在相当大的差距,如果不从整体上考虑,加以协调,缩小差距,将仍然不能扭转“择校风”“收费风”的现实,做不到充分提供入学机会,也势必给铲除应试教育保留了障碍。同时,我们也应看到,经济手段是一种激励手段,可以起到很好的导向作用。

3.政府和上级行政部门要切实做到简政放权,转变职能,从过去垂直的直接式的领导,转到主要依靠政策、方针、经济和信息等手段进行宏观的、间接的领导;从过去主要是监督和检查的职能转到主要是服务职能方面来。这样使被动管理变成主动管理,使管理的客体变成管理主体。地方有了自主权,才能根据自己的实际行使决策权、人事权、经济权、这样有利于引进竞争机制,使资源形成优化配置,也就能更好地协调各方面因素提高地方办学水平。学校有了自主权,才能根据实际,切实地行使各项权力，搞好教学，负起素质教育的责任。当前，学校尤其要注意处理好与上级行政部门的关系，做到该管的管、不该管的便不管，使学校集中力量，全面提高教学质量，提高学生素质。

四、关于素质教育管理的几点理性思考

1. 素质教育在全国上下搞得红红火火，然而，其管理机理却很少有人去研究，这是一个很不协调的现象。如果不弄清素质教育的管理机理、改变应试教育的管理观念，便不能很好地将其付诸实施，那素质教育也就无异于纸上谈兵，所以研究素质教育的管理，应是一个十分急迫的课题。

2. 运行机制是制定体制的依据。管理行为是根据运行机制的规律，利用体制的原则而具体实施的，而运行机制随着具体情况发生变化。这就决定了管理体制和管理方式方法相应的变动性。由此看来，弄清机制的运行规律是关键。而当前对素质教育的运行机制尚揭示得不够，如：它与应试教育的运行机制的本质区别究竟在哪里？它与全面教育的运行机制又有哪些联系？我们说，教育运行机制是其构成要素及其相互关系。那么，素质教育运行机制的构成要素是什么？它们之间的关系又怎样？有人说，那就是动力系统、司控系统、受控系统和监控系统，及其相互间的有机联系。但是，难道应试教育没有这些要素吗？也就是说，我们必须找出其间的根本区别，才能确切地挖出它的运行规律，从而来指导制订管理体制和具体实施管理。既然运行机制是变动的，宏观上的和微观上的管理体制也迟早得跟随变化，那么它们之间是怎样的变动关系？如果要经常变动的话，那由于各地情况千差万别，变动也就不可能一致，而且如果强求一致的话，势必造成有些体制会束缚运行机制的功能，这样又是不科学的。那么是不是允许多种体制同时并存呢？

3. 素质教育最根本的目的是发展人的基本素质，说到底是强调了教

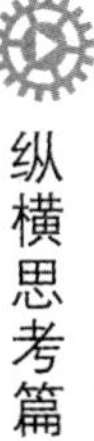

育中发展人的功能，素质教育的管理也必然服从这个目的。但教育不仅有发展人的功能，还有政治、经济和选择功能。我们怎么可能视而不见，从一个极端走向另一个极端。那么，我们又该如何来认识它们之间的关系呢？在素质教育管理中又该如何体现呢？

4. 素质教育的管理必然不是一种独立的现象，它与社会上的其他领域肯定存在着多种多样的联系，与历史上的教育管理也有千丝万缕的联系，为此，我们在研究素质教育管理时应善于用系统的眼光来处理它们之间的关系，做到综合协调，扬长避短，为我所用。

总之，素质教育的管理是一个有待研究的重要课题。我们相信，随着素质教育实践的不断深入，人们对其管理的认识必将越来越深刻，并终将揭示其规律，指导我们的实践。

参考文献：

[1] 赵国忠. 校长最关键的管理智慧[M]. 南京：江苏人民出版社，2009.

[2]方国才. 中国著名校长的管理细节[M]. 南京：江苏人民出版社，2008.

[3]程凤春编. 学校管理的 50 个典型案例[M]. 上海：华东师范大学出版社，2010.

[4]刘金玉. 学校高效管理六讲[M]. 上海：华东师范大学出版社，2012.

[5]程振响. 新时期怎样当好校长：100 位优秀校长管理心得[M]. 南京：江苏人民出版社，2010.

[6]夏军. 百年吉林一中[M]. 长春：吉林教育出版社，2007.

[7]刘英杰. 中国名校优良传统丛书[M]. 北京：中国大百科全书出版社，2007.

[8]夏军. 吉林一中名人录[M]. 长春：吉林人民出版社，2012.

[9]宋绍华. 新时期中学校长应具备哪些素质[J]. 学校党建与思想教育，2010(24).

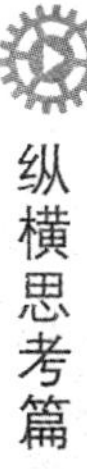

图书在版编目（CIP）数据

中学校长管理艺术 / 夏军著. ——长春：吉林文史出版社，2013. 2（2021. 6重印）
ISBN 978 - 7 - 5472 - 1457 - 2
Ⅰ. ①中… Ⅱ. ①夏… Ⅲ. ①中学 - 校长 - 学校管理
Ⅳ. ①G637. 1
中国版本图书馆 CIP 数据核字（2013）第 027957 号

现代学校校长管理攻略

中学校长管理艺术

ZHONGXUEXIAOZHANGGUANLIYISHU

编著/夏军
责任编辑/高冰若
封面设计/小徐书装
出版发行/吉林文史出版社
地址/长春市福祉大路5788号
邮编/130118
网址/www. jlws. com. cn
印刷/三河市燕春印务有限公司
开本/710mm × 1000mm 1/16
印张/17 **字数**/250 千字
版次/2013 年 6 月第 1 版 2021 年 6 月第 3 次印刷
书号/ISBN 978 - 7 - 5472 - 1457 - 2
定价/39. 80 元